Die Lyrik des Abendlandes

Die Lyrik des Abendlandes

Von den Griechen bis zur Gegenwart

Herausgegeben von
Simone Frieling

Anaconda

Die Orthographie und Interpunktion älterer Texte wurde vom Verlag behutsam modernisiert.

Die Deutsche Nationalbibliothek verzeichnet diese Publikation in der Deutschen Nationalbibliographie; detaillierte bibliographische Daten sind im Internet unter http://dnb.d-nb.de abrufbar.

Umschlagmotiv: Barbara Regina Dietzsch (1706–1783), »Iris germanica mit Raupe und Käfer«, Fitzwilliam Museum, University of Cambridge / bridgemanart.com
Umschlaggestaltung: www.katjaholst.de
Printed in Czech Republic 2009
ISBN 978-3-86647-428-4
www.anacondaverlag.de
info@anaconda-verlag.de

Inhalt

Antike

Frühe Neuzeit
Renaissance und Reformation

Moderne

Antike

Sappho von Mytilene
(um 600 v. Chr.)

Golden thronende Aphrodite,
Listenersinnende Tochter des Zeus,
Nicht mit Angst und Sorgen belaste,
Hocherhabne, dies pochende Herz!

Sondern komm, wenn jemals dir lieblich
Meiner Leier Saiten getönt,
Deren Klängen du öfters lauschtest,
Verlassend des Vaters goldenes Haus.

Du bespanntest den schimmernden Wagen,
Und deiner Sperlinge fröhliches Paar,
Munter schwingend die schwärzlichen Flügel,
Trug dich vom Himmel zur Erde herab.

Und du kamst; mit lieblichem Lächeln,
Göttliche! auf der unsterblichen Stirn,
Fragtest du, was die Klagende quäle.
Warum erschalle der Flehenden Ruf?

Was das schwärmende Herz begehre?
Wen sich sehne die klopfende Brust
Sanft zu bestricken im Netz der Liebe?
Wer ist's Sappho, der dich verletzt?

Flieht er dich jetzt, bald wird er dir folgen,
Verschmäht er Geschenke, er gibt sie noch selbst.
Liebt er dich nicht, gar bald wird er lieben,
Folgsam gehorchend jeglichem Wink.

Komm auch jetzt und löse den Kummer,
Der mir lastend den Busen beengt,
Hilf mir erringen, nach was ich ringe,
Sei mir Gefährtin im lieblichen Streit.

(Grillparzer)

Zu einer Hochzeit

Selig wie die Himmlischen scheint der Mann mir,
Der an deiner Seite dir sitzt, der deine
Süße Rede höret und deines Lächelns
  Reizende Stimme.

Ach! dies ist es, das in dem Busen mir das
Herz erschüttert! Schau ich dich an, so dringt kein
Laut in meine Kehle, so starrt gelähmt die
  Zunge mir plötzlich;

Zartes Feuer läuft mir umher in jeder
Ader, sehlos ist mir das Auge, dröhnend
Saust's in meinen Ohren, und kalter Schweiß rinnt
  Über die Glieder.

Ungestümes Beben ergreift mich, blasser
Werd ich wie verwelkende Blumen, ohne
Puls und Odem bin ich und scheine mich dem
Tode zu nahen.

(Stolberg)

Ach, die gliederlösende böse Liebe quält mich,
Lieblichbitter singt der untreffbare Vogel.
Liebste Atthis, du warst mir einst so spröde,
Nur auf Andromeden dein Herz gerichtet.

(Herder)

Alkman
(um 600 v. Chr.)

Der Schlaf

Nun ruhen der Berge Gipfel und Schluchten,
Die Matten und Täler der Flüsse,
Alles Gewürm, das die dunkle Erde gebiert,
Das Wild im Wald am Gebirg
Und die schwärmenden Völker der Bienen,
Die Ungetüme am Grunde des purpurnen Meeres;
Nun ruhen die vielen schmalgefiederten Vögel.

(Rüdiger)

Alkaios
(um 600 v. Chr.)

Trinklied

Zeus kommt im Regen, mächtig vom Himmel braust
Der Wintersturm, schon stockt der Gewässer Lauf
Im scharfen Frost, und kaum im Wetter
Hält der bewipfelte Forst sich aufrecht.

Beut Trotz dem Eiswind! Schür auf dem Herd empor
Die Lohe, schenk süßpurpurnen Traubensaft,
Schenk reichlich, und zum Trunk gelagert
Lehne das Haupt in die weichen Kissen.

(Geibel)

Das Staatsschiff

Nicht mehr zu deuten weiß ich der Winde Stand,
Denn bald von dorther wälzt sich die Wog heran
Und bald von dort, und wir inmitten
Treiben dahin, wie das Schiff uns fortreißt,

Mühselig ringend wider des Sturms Gewalt;
Denn schon des Masts Fußende bespült die Flut,
Und vom zerborst'nen Segel trostlos
Flattern die mächtigen Fetzen abwärts.

(Geibel)

Ibykos von Rhegion
(um 550 v. Chr.)

Frühling ward es, und wieder blüht,
Vom sanftströmenden Bach getränkt,
Der Kydonische Apfelbaum,
Wo jungfräulicher Nymphen Schar
Tief im Dunkel des Haines spielt
Und die Blüte der Rebe schwillt
Unter schattendem Weinlaub.

Doch nicht achtet der lieblichen
Jahrszeit Eros und läßt mich ruhn,
Nein, wie thrakischer Wintersturm
Widerleuchtend von Blitzesschein
Fällt er, Kyprias wilder Sohn,
Mit blindsengender Wut mich an
Und erschüttert gewaltsam mir
Die Grundfesten des Herzens.

(Geibel)

Anakreon von Teos
(580–495 v. Chr.)

Flehend nah ich dir, Jägerin,
Zeus' blondlockige Artemis,
O Wild schirmende Göttin!
Komm zum raschen Lethäos nun!
Huldreich wende die Blicke du
Auf hochherziger Männer Stadt:

Denn roh schaltende Bürger nicht
   Sind es, welche du schützest!

(Mörike)

Knabe du mit dem Mädchenblick,
Nach dir such ich, doch hörst du nicht,
Weißt nicht, wie du am Band allwärts
   Meine Seele dir nachziehst.

(Mörike)

Simonides von Keos
(556–468 v. Chr.)

Gesundheit ist dem sterblichen Mann
Das erste; das zweite Wohlgestalt;
Das dritte Reichtum ohne Betrug;
Das vierte, mit seinen Geliebten sich jung erfreun.

(Herder)

Wanderer, kommst du nach Sparta, verkündige dorten,
                                        du habest
Uns hier liegen gesehn, wie das Gesetz es befahl.

(Schiller)

Anakreons Grabschrift

Dieses Grabmal decket Anakreon; ihn, dem die Musen
Unvergänglichen Ruhm gaben und süßen Gesang:
Seine Lieder atmeten Liebe, die Grazien lehrten
Und Aphrodita sie ihn und ihr geflügelter Sohn.
Nun ist er in Elysiums Tale! Mit Blicken der Ruhe
Sah er den Acheron, sah, wie ihm die Sonne verlosch.
Dennoch netz ihm die Wange der Sehnsucht Träne, Likoris,
Auch in Elysiums Tal ist sie des Liebenden Wunsch.
Lethes Becher raubten dem Dichter die lieblichen Lieder
Nicht, und der Tartaros horcht seiner Leier Gesang.

(Stolberg)

Theognis von Megara
(550–490 v. Chr.)

Höre mich, Zeus im Olymp, ich erflehe ja nur,
was gerecht ist:
Endlich für so viel Leid gib zum Ersatz mir ein Glück!
Laß mich sterben, dafern von den drückenden
Sorgen ich nimmer
Ausruhn soll und Verlust ewig sich reiht an Verlust.
Doch so scheint es bestimmt; nie soll ich die
Frevler bestraft sehn,
Die mit schnöder Gewalt, was ich besaß, mir geraubt
Und nun schwelgen, indessen ich selbst aus dem
Strom des Verderbens
Elend und nackt, wie ein Hund, nur mit dem
Leben entrann.

Dürft ich ihr Herzblut schlürfen! Und führt ein
vergeltender Dämon,
Wie mein Sinn es begehrt, endlich herauf das Gericht!

(Geibel)

Keiner ist ganz und in allem ein Glücklicher, aber der Edle
Trägt, wenn ihn Kummer umfängt, ohn es
zu zeigen jedoch.
Feigen indes weiß nimmer im Leide sich,
nimmer im Glücksstand
Gleich zu gebärden der Mut. Gaben der
Himmlischen nahn
Vielfach gestaltet herab zu den Sterblichen:
aber mit Standmut
Ziemts zu empfahn, was je himmlische Götter beschert.

Zutraun raffte mein Gut mir hinweg, Mißtrauen erhielt es,
Aber zu beiden nur mag schwer sich entscheiden das Herz.

(Mörike)

Blühe mir, liebes Gemüt: bald werden ja andere Menschen
Hier umwalten, doch ich modern zu düsterem Staub.

(Mörike)

Pindaros von Thebai
(518–438 v. Chr.)

Vierte olympische Ode
Für Psaumis von Kamarina im Jahre 452

Höchster Schleudrer des Blitzes
Mit unermüdetem Fittich, Zeus! Denn
Deine kreisenden Horen
Sendeten mich mit der liederreichen
   Harfe Gesang zum
Zeugen der ersten der Kämpfe.
   Bei dem Glücke der Freunde
   Schwellt mit Wonne der Edlen
Busen die liebliche Botschaft.
      Aber, o Kronos'
Sohn, der du den Ätna bewohnest,
   Typhons, des rüstigen Hundertköpfigen
Sturmumbrauste Bürde, empfahe
   Ob des olympischen Sieges Glanz diesen
      Festlichen Hymnos,

Der weitwaltenden Tugend
   Nimmerverlöschendes Licht! Auf Psaumis'
Wagen kommt er frohlockend,
   Der in des pisischen Ölzweigs Schmuck mit
      Ruhm Kamarina
Schön zu bekränzen eilt. Günstig
   Sei die Gottheit auch seiner
   Wünsche Überrest. Denn ich
Preis ihn, Gespanne zum Sieg zu
Nähren bereit, an
Gästereicher Tafel sich freuend,
   Und zu beglückender Bürgereintracht mit
Reinem Sinn gekehrt. Nie entweih ich

Lügend die Rede. Der Ausgang richtet der
Sterblichen Worte.

Er, der auch Klymenos'
Sohn von der lemnischen Weiber
Schmähungen rettete,
Als er in eherner Rüstung
Laufend den Sieg errang.
Freudig den Kranz aus Hypsipyleiens
Händen empfangend, sprach er zu ihr: dies
Bin ich; der Füße Schnelligkeit gleicht das
Herz, gleicht der Hände rüstige Stärke.
Doch auch der Jugend Haupt
Umglänzen oft, eh die Jahre
Es heischen, silberne Locken.

(Humboldt)

Fünfte olympische Ode
Für Psaumis von Kamarina, den Sieger mit dem Maultiergespann im Jahre 452

Hoher Tugenden und
Olympischer Kränze
Süße Blüten empfange,
Tochter des Ozeans,
Mit freudewarmem Herzen,
Sie, unermüdeter Mäuler
Und des Psaumis Belohnung,
Der, deiner Stadt Preis erwerbend,
Bevölkertes Kamarina,
Auf sechs Zwillingsaltären
Verherrlichte die Feste der Götter
Mit stattlichen Rindopfern

Und Wettstreits fünftägigem Kampf
Auf Pferden, Mäulern und Springrossen,
Dir aber siegend
Lieblichen Ruhm bereitete,
Da seines Vaters Akrons
Name verkündet ward
Und deiner, neubewohnte Stätte.

Und nun, heranwandlend
Von des Oenomaus
Und des Pelops heblichen Gründen,
Völkerschützerin Pallas,
Besingt er deinen heiligen Hain,
Des Oanis Fluten,
Des Vaterlands See
Und die ansehnlichen Gänge,
In welchen die Völker
Hipparis tränket,
Schnell dann befestigt er
Wohlgegründeter Häuser
Hocherhabne Gipfel, –
Führt aus der Niedrigkeit
Zum Licht 'rauf sein Bürgervolk.
Immer ringet an der Tugend Seite
Müh und Aufwand
Nach gefahrumhülltem Zwecke.
Und die Glücklichen
Scheinen weise den Menschen.

Erhalter, wolkenthronender Zeus,
Der du bewohnest Kronions Hügel,
Ehrest des Alpheus breitschwellende Fluten
Und die Idäische heilige Höhle,
Bittend tret ich vor dich
In Lydischem Flöten-Gesang,

Flehe, daß du der Stadt
Mannswerten Ruhm befestigest.
Du dann, Olympussieger,
Neptunischer Pferde
Freudmutiger Reuter,
Lebe heiter dein Alter aus,
Rings von Söhnen, o Psaumis, umgeben.
Wem gesunder Reichtum zufloß
Und Besitztums Fülle häufte
Und Ruhmnamen drein erwarb,
Wünsche nicht ein Gott zu sein.

(Goethe)

Achte olympische Ode
Für den jungen Alkimedon von Aigina,
den Sieger im Ringkampf im Jahre 460

Mutter, o du des goldgekrönten
Kampfspiels, Olympia,
Du Herrscherin der Wahrheit, wo ahnende Männer
Aus heiliger Flamme schließend,
Erfahren von Zeus, dem helleblitzenden,
Wenn etwa er hat ein Wort von Männern,
Strebend nach großen
Tugenden, im Gemüte zu empfangen
Und der Mühen Umatmung.

Er neigt aber zur Gnade
Frommer Männer Gebeten.
Aber, o Pisas bäumereicher über dem Alpheus Hain,
Diesen Siegsgesang und das Kronenopfer
Nimm. Groß ist der Ruhm allzeit,
Wem auch dein Preis folget, der herrliche.

Andere über andere kommen
Der Güter, viel sind der Wege
Mit Göttern des Wohlseins.

Timosthenes, euch aber hat erwählet das Schicksal
Zevs, dem Geburtgott, den es
In Nemea benamt,
Alkimedon aber bei Kronos' Hügel
Gemacht zum Olympiensieger.
Er war aber anzuschauen schön; und mit der Tat,
Nicht nach dem Aussehn fechtend
Sprach er aus, kräftig im
Kampfe, das weitschiffende Aegina, das Vaterland,
Wo den Erhalter, Zevs, des gastlichen
Genossin, übet Themis,

Trefflich unter den Menschen, so sie nämlich
In manchen und auf manche Weise überschwankt,
Mit rechtem zu richten, mit Sinn, nicht außer der Zeit,
Mißkämpfend. Ein Gesetz aber der Unsterblichen
Auch dieses meerumschlossene Land
Mit mancherlei beträufte, mit Fremden,
Die Säule, die dämonische
(Aber die heraufsteigende Zeit,
Dieses tuend, möge nicht leiden),

Von Dorischem Volk
Verwaltet von Aeakos her,
Den der Sohn Latonas und weitherrschend Poseidon,
Über Ilion trachtend eine Krone
Zu machen, beriefen zum Mitarbeiter
Der Mauer; dieweil es war für sie zuvorbestimmt,
In wildangreifender Kriege
Städteverwüstenden Schlachten
Tobenden auszuhauchen Rauch.

Graue Drachen aber, da sie gebaut war, zur neuen
Burg hinspringende drei,
Die zwei nun bissen an,
Hernach aber, da es ihnen widerte, warfen sie Othem aus.
Einer aber stürzte herbei aufschreiend.
Es sagte aber, das widrige bedenkend,
Das Zeichen, schnell Apollon:
Pergamos um deiner,
Heros, der Hände Werke willen genommen wird
(Wie mir das Gesicht sagt von Kronides
Gesendet, dem tiefrauschenden Zevs)

Nicht ohne die Kinder von dir. Doch
Zumal im ersten wird sie herrschen
Und vierten. So nun der Gott hell sagend
Zum Xanthos wegfuhr, und Amazonen, wohlbe-
rittenen, und zum Ister lenkend.
Der den Dreizack aber bewegt, zum pontischen Isthmos
Den Wagen, den schnellen, spannte;
Hinsendend den Aeakos
Hieher mit Rossen, goldenen,

Und zu Korinthos' Gipfel, hin-
Schauend zum Mahle, dem edeln.
Erfreuliches aber unter Menschen gleich ist nichts.
Wenn aber ich auf des Milesias
Aus Ungebürtigem den Ruhm zurückkomme im Hymnus,
Nicht werfe mich mit dem Steine, dem schweren, der Neid.
Auch von Nemea denn doch
Sag ich die Freude,
Und daselbst der Männer Streit

Im Fünfkampf. Zu lernen aber
Von einem Wissenden, leichter ist's.
Unsicher aber, nicht gelernt zu haben zuvor.

Denn leichter sind der unerfahrenen Sinne.
Mit jenen aber jener möchte sagen,
Mit den Werken, mehr als anderes,
Welche Weise den Mann hinbringe,
Aus heiligen Kämpfen
Strebend die wünschenswerteste Ehre zu finden.
Nun ihm den Preis Alkimedon,
Den Sieg, den dreißigsten, gewinnend,

Welcher durch Glück eines Dämons
Da die Männlichkeit noch nicht umfangen,
Bei vier der Knaben gebracht hat in die Glieder
Krankheit, feindlichste, und unehrsamere
Zunge, und dunkeln Pfad,
Und dem Vater des Vaters schnaubte der Zorn,
Um den Preis wetteifernd.
Im Hades ist verborgen,
Der Schickliches getan hat, der Mann.

Aber mir ziemt, das Gedächtnis
Erweckend, zu sagen
Der Hände Blüte den Blepsiaden siegend,
Die sechste welchen schon Krone
Anhängt von zweigetragenden Kämpfen.
Es ist aber auch den Gestorbnen ein Teil
Nach einem Gesetze beschieden.
Es verbirgt aber nicht Staub
Der Verwandten heilige Freude.

(Hölderlin)

Bakchylides von Keos
(um 450 v. Chr.)

Aus einem Gedicht an Alexandros, Amyntas' Sohn, König von Makedonien, kaum später als 490

Süßer Drang, den Becher zu kosten,
Tröstet die Seele. Hoffnung der Kypris
Des Bacchus Gaben gemischt
Erheitert den Sinn,
Denn von oben
Sendet er Sorgen
Ja und zerstört
Herrliche Städte;
Aber Gold und Elfenbein
Ziert die Häuser,
Purpurne Schiffe
Bringen von Ägypten
Den Reichtum der Früchte,
Des Trinkenden
Herz beruhigend.

(Goethe)

Platon von Athenai
(427–347 v. Chr.)

Beneidet mir, ihr schönbelaubeten
Fruchtlosen Bäume, meine Früchte nicht.
Seht, wie zerrissen ich an Zweigen bin!
Nicht meiner Kinder nur beraubet, auch

An Gliedern krank: denn ach wie selten weiß
Der, welcher Früchte sucht, zu brechen sie!

(Herder)

Asklepiades von Samos
(um 300 v. Chr.)

Süß, wie dem durstenden Wandrer in Mittagshitze
der Quell ist;
Süß, wie nach Wintergefahr Schiffern das blumige Land;
Also und süßer noch ist's, wenn einst nach langer Entfernung
Glückliche Liebe zwei sehnende Seelen vereint.

(Herder)

Freund, was sollen die Tränen, die von der Wange
dir schleichen?
Was soll schweigender Gram hier an dem
Becher der Lust?
Bist du der einge dann, den trügende Liebe gekränkt hat?
Du der einige, den Amor mit Qualen belohnt?
Trink und vergiß des Grams. Blick auf! Dort steiget Aurora
Aus den Wellen; wer weiß, ob wir den Hesperus schaun.

(Herder)

Reich mir den Becher, Knabe!
Viel besser ist es, trunken,
Als tot am Boden liegen.

(Mörike)

Gebt mir des Homeros Leier,
Aber ohne blutge Saiten!
Gebt den Becher, um gehörig
Nach dem Trinkgesetz zu mischen;
Daß ich trunken möge tanzen
Und, noch klug genug im Taumel,
Zu dem Barbiton ein Trinklied
Mit gewaltger Stimme singen.
Gebt mir des Homeros Leier,
Aber ohne blutge Saiten!

(Mörike)

Euch, lose Mädchen, hör ich sagen:
»Du bist ja alt, Anakreon.
Sieh her! du kannst den Spiegel fragen,
Sieh, deine Haare schwinden schon;
Und von den trocknen Wangen
Ist Blüt und Reiz entflohn.« –
Wahrhaftig! ob die Wangen
Noch mit dem Lenze prangen,
Wie, oder ob den Wangen
Der kurze Lenz vergangen,
Das weiß ich nicht; doch was ich weiß,
Will ich euch sagen: daß ein Greis,

Sein bißchen Zeit noch zu genießen,
Ein doppelt Recht hat, euch zu küssen.

(Lessing)

Auf eine Zikade

Selig bist du, liebe Kleine,
Die du auf der Bäume Zweigen,
Von geringem Trank begeistert,
Singend, wie ein König lebest!
Dir gehöret eigen alles,
Was du auf den Feldern siehest,
Alles, was die Stunden bringen;
Lebest unter Ackerleuten,
Ihre Freundin, unbeschädigt,
Du den Sterblichen Verehrte,
Süßen Frühlings süßer Bote!
Ja, dich lieben alle Musen,
Phöbus selber muß dich lieben,
Gaben dir die Silberstimme,
Dich ergreifet nie das Alter,
Weise, zarte Dichterfreundin,
Ohne Fleisch und Blut Geborne,
Leidenlose Erdentochter,
Fast den Göttern zu vergleichen.

(Goethe)

Bauch, du Unverschämter! Der Freiheit heilige Rechte
Gibt der Schmeichler hinweg um eine Suppe für dich.

(Herder)

Myron formte, Wandrer, die Kuh; das Kalb, sie erblickend,
Nahet lechzend sich ihr, glaubet die Mutter zu sehn.

(Goethe)

Gaius Valerius Catullus
(87–54 v. Chr.)

Weint, ihr Grazien und ihr Amoretten,
Und was Artiges auf der Welt lebt! meines
Mädchens Sperling ist tot, des Mädchens Liebling,
Der ihr lieb wie der Apfel in den Augen,
Und so freundlich, so klug war und sie kannte,
Wie ein Töchterchen seine Mutter kennet;
Er entfernte sich nie von ihrem Schoße,
Sondern hüpfte nur hin und wider, piepte,
Seiner Herrin das Köpfchen zugewendet. –
Ach! nun wandert er jene finstre Straße,
Die man ewiglich nicht zurücke wandert.
O! wie fluch ich dir, finstrer alter Orkus,
Der du alles, was schön ist, gleich hinabschlingst!
Uns den Sperling zu nehmen, der so hübsch war!
Welch ein Jammer! O Sperling, Unglückselger!
Hast gemacht, daß mein trautes Mädchen ihre
Lieben Äugelchen sich ganz rot geweint hat.

(Mörike)

Laß uns leben, mein Mädchen, und uns lieben,
Und der mürrischen Alten üble Reden
Auch nicht höher als einen Pfennig achten.
Sieh, die Sonne, sie geht und kehret wieder:

Wir nur, geht uns das kurze Licht des Lebens
Unter, schlafen dort *eine* lange Nacht durch.
Gib mir tausend und hunderttausend Küsse,
Noch ein Tausend und noch ein Hunderttausend,
Wieder tausend und aber hunderttausend!
Sind viel tausend geküßt, dann mischen wir sie
Durcheinander, daß keins die Zahl mehr wisse
Und kein Neider ein böses Stück uns spiele,
Wenn er weiß, wie der Küsse gar so viel sind.

(Mörike)

Hassen und lieben zugleich muß ich. – Wie das? –
Wenn ich's wüßte!
Aber ich fühl's, und das Herz möchte zerreißen in mir.

(Mörike)

Publius Vergilius Maro
(70–19 v. Chr.)

Bucolica X

Dieses letzte Geschäft vergönne mir noch, Arethusa,
Wenig begehrt mein Gallus, doch was selbst lese Lykoris,
Wenig des Liedes von uns. Wer versagt wohl
Lieder dem Gallus?
O daß, während du unter Sikaniens Fluten daherrinnst,
Nicht die bittere Doris dir einmisch ihres Gewoges!
Angestimmt; wir singen die schmachtende Liebe des Gallus,
Weil das junge Gesproß stumpfnasige Ziegen umnaschen.

Nicht tönt Tauben das Lied; antworten wird
alles der Bergwald.

Welches Gehölz, welches windendes Tal,
o najadische Jungfraun,
Hielt euch, indes unwürdig vor Lieb hinschmachtete Gallus?
Nicht ja des hohen Parnassus Umwaldungen,
nicht ja des Pindus,
Gaben euch irgend Verzug, noch Aeoniens Born Aganippe.
Ihn hat sogar Lorbeer und sogar Tamariske beweinet;
Fichtenbekränzt hat ihn, der in einsamer Grotte gestreckt lag,
Mänalus, ihn auch beweint das Geklipp des kalten Lycäus.
Ringsum stehn auch die Schaf, und nicht gereuet sie unser;
Laß auch dich nicht reuen der Herd, o göttlicher Sänger!
Selbst ja der schöne Adonis hat Schaf an Bächen geweidet!
Nahe kam auch der Schäfer, es kam schwerwandelnd
der Kuhhirt,
Wohldurchnetzt dann kam von der Wintereichel Menalkas.
Jeder forscht: woher doch die Liebe dir? Selber Apollo
Kam: Was rasest du, Gallus? beginnet er: deine Lykoris
Ist durch Schnee dem andern, durch schaudrichte
Lager, gefolget!
Auch Silvanus kam mit ländlichem Schmucke des Hauptes,
Blühende Ferulstauden und mächtige Lilien schüttelnd.
Pan, Arkadiens Gott, auch kam: den wir selber gesehen,
Rot von Mennig die Wang und blutigen Beeren des Attichs.
Ist kein Maß? so ruft er. Was kümmert sich Amor um solches!
Amors Wut wird der Tränen nicht satt, noch des
Baches die Kräuter,
Noch der Cytisusblume die Bien und die Geiße des Laubes!
Traurig jener darauf: dennoch, ihr Arkader, singet,
Singt dies euren Gebirgen, allein des Gesanges erfahrne
Arkader! O wie sollte mein Staub sanft ruhen im Grabe,
Würd einst eure Syringe von meiner Liebe begeistert!
Wär ich doch einer von euch, o nur Mithüter gewesen

Euerer Trift, nur Winzer der reifgeschwollenen Traube!
Wenigstens, möchte nun Phyllis mein Herz, und
möcht es Amyntas,
Oder was immer durchglühn (was mehr, sei auch
bräunlich Amyntas?
Dunkel ja sind die Violen, es sind die Vaccinien dunkel!),
Ruht ich umarmt im Weidicht, umarmt im Geflechte
des Weinstocks!
Blumen pflückte mir Phyllis zum Kranz, mir sänge Amyntas!
Hier sind kühlige Born, hier schwellende Wiesen, Lykoris;
Hier ein Gehölz! hier möcht ich mit dir ausleben das Alter!
Jetzo hält mich rasende Lieb in des schrecklichen Mavors
Rüstungen unter Geschoß anstürmender Feinde gefesselt.
Du, von der Heimat entfernt (o dürft ich's nicht
glauben!), so weithin!
Schauest den Alpenschnee, ach Grausame!
schauest des Rhenus
Frost, allein ohne mich! Ach daß dich der Frost
nicht verletze!
Ach daß schneidendes Eis dir nicht die Füßchen verwunde!
Auf denn! ich will, die einst im chalcidischen
Maß ich geordnet,
Meine Gesäng einhauchen dem Rohr des sikulischen Hirten.
Fest sei der Schluß: in Wäldern, umdroht von
Höhlen des Wildes,
Duld ich hinfort und schneid in zartgerindete Bäume
Meine Lieb; aufwachsen die Bäum; und wachse die Liebe!
Oft zu Nymphen gesellt umschwärm ich des
Mänalus Berghöhn
Oder erjage den Eber voll Trotz. Nie hemme mich irgend
Winternder Frost, Hetzhund um parthenische Tale zu stellen.
Schon durch Felsabhänge, mich däucht's,
und ertönende Forste,
Geh ich einher; mich erfreut der cydonische Pfeil
von des Parthers

Horne geschnellt! – Als ob dies Linderung
wäre dem Wahnsinn!
Oder der Gott je lernte des Menschenwehs sich erbarmen! –
Schon sind weder mir lieb die Hamadryaden, noch selbst mir
Lieb der Gesang! Ihr selbst, fahrt hin von neuem, ihr Wälder!
Nein, nicht jenen vermag zu besänftigen unsere Arbeit:
Weder ob mitten im Frost den starrenden Hebrus wir tränken,
Ausgestellt dem sithonischen Schnee des regnichten Winters;
Noch ob, wann einschrumpfet der Bast an dem
ragenden Ulmbaum,
Schafe der Äthiopen wir weideten unter dem Krebse!
Rings herrscht Amors Gewalt: auch uns laßt
weichen dem Amor!

Dies sei genug, Göttinnen, von euerem Dichter gesungen,
Während er sitzt und ein Körbchen sich webt aus
geschmeidigem Ibisch.
Macht, ihr pierischen Mädchen, o macht dies
teuer dem Gallus:
Gallus, ihm, des Liebe so hoch mir stündlich emporwächst,
Als im erneueten Lenz die grünende Erle sich aufschwingt:
Stehn wir auf! den Singenden wird leicht
strenge der Schatten,
Strenger Wachholderschatten; dem Korn auch
schadet Beschattung.
Heim nun, Hesperus kömmt, geht heim,
ihr gesättigten Ziegen.

(Voß)

Mantua hat mich gezeugt, mich raffte Kalabrien, birgt nun
Parthenope; ich sang Hirten und Feldbau und Krieg.

(Schröder)

Quintus Horatius Flaccus
(65–8 v. Chr.)

Oden I, 13

Wenn du, Lydia, Telephus'
Rosennacken mir lobst, Telephus' Arme dem
Wachs vergleichest: o dann empört
Sich die schwellende Brust eifernder Galle voll,
Dann vergehen die Sinne mir
Und die Farbe, dann schleicht heimlich ein Tropfen sich
Auf die Wang und verrät den Brand,
Der mir langsam das Mark in den Gebeinen frißt.
Wie entbrenn ich, der Schultern Weiß
Dir vom trunkenen Kampf schändlich entstellt zu sehn!
Ha! zu sehn, wie der Wütende
Deinem Munde des Zahns Spuren zurücke ließ!
– Hoffe keinen Bestand von dem,
Der, ein rauher Barbar, Lippen entweihen kann,
Denen Venus, die gütige,
Ihres Nektars ein Fünf-Teilchen verliehen hat!
Überglückliches Paar, um das
Sich friedselig ein Band schlinget, ein dauerndes,
Nie zerrissen vom bösen Zwist,
Und das Amor erst löst, wann sich das Leben schließt.

(Mörike)

Das Staatsschiff in Gefahr (Oden I, 14)

Trägt von neuem, o Schiff, dich in das Meer die Flut?
O, was tust du? Mit Macht strebe dem Hafen zu!
Siehst du nicht, wie die Flanken
Rings von Rudern entblößt? wie wund

Von des Afrikus jäh stürmender Wut der Mast
Samt den Rahen erdröhnt? wie mit zerrißnem Tau
Kaum der Kiel die Gewalt der
Allzumächtigen Flut erträgt?

Nicht ein Segel ist ganz, ach, und kein Gott mehr da,
Den du rufest, wenn dich neue Gefahr umdrängt!
Pontus' Fichte, der edlen
Waldung Tochter, was frommt es dir,

Daß du deines Geschlechts dich und des Namens rühmst?
Nicht dem Bildnis am Schiff trauet der zagende
Seemann. Sollst du der Stürme
Spiel nicht werden, so wahre dich!

Du, erst neulich mir noch Ärgernis und Verdruß,
Jetzt sehnsüchtigen Drangs, ängstlicher Sorge Ziel,
Flieh die Wogen des Meers, das
Durch die hellen Kykladen braust!

An sich selbst

Ich hab ein Werk vollbracht, dem Erz nicht zu vergleichen,
Dem die Pyramiden an Höhe müssen weichen,
Das keines Regens Macht, kein starker Nordwind nicht
Noch Folge vieler Jahr und Flucht der Zeit zubricht.
Ich kann gar nicht vergehn, man wird mich rühmen hören,
Solange man zu Rom den Jupiter wird ehren.
Mein Lob soll Aufidus, der stark mit Rauschen fleußt,
Und Daunus wissen auch, der selten sich ergeußt.
Dann bin ich der, durch den der Griechen schönes Wesen,
Was ihre Vers anlangt, jetzt römisch wird gelesen:

Setz, o Melpomene, mir auf zu meinem Ruhm
Den grünen Lorbeerkranz, mein rechtes Eigentum.

(Opitz)

Oden I, 31

Was wünscht der Dichter von dem geweiheten
Apoll? der Schal entströmend den neuen Wein,
  Was fleht er? Nicht gesenkte, volle
    Ähren Sardinias …

Nicht schöne Herden wie in Kalabrien
Gedeihn der Sonne; Gold nicht, noch Elfenbein;
  Nicht Fluren, die mit stiller Welle
    Lockert der leisere Liris …

Kalenersicheln führe, wem gab das Glück
Die Traube. Goldnen Kelchen entschlürfte der
  Lastreiche Segler Weine, die er
    Tauschte für Syrias Wohlgerüche,

Lieb selbst den Göttern; denn auch das viertemal
Im Jahr durchschifft er sicher des Atlas Meer.
  Endivien, die leichte Malve
    Labe mich, mich die Olive …

Gib mir, Latous, daß dem Gesunden sei
Genuß sein Tibur, gib auch dem Greise Kraft,
  Daß nicht vom Gram entstellt mein Alter
    Sei, noch der Kither entbehre …

(Klopstock)

Oden II, 13

Der pflanzte dich an einem unselgen Tag,
Der mit gottloser frevelnder Rechte dich,
O Baum, erzog, zum Weh der Enkel,
Allen Bewohnern des Gaus zum Vorwurf;

Ich glaub, er hatt den eigenen Vater selbst
Erwürgt und färbte nächtlicher Zeit mit Blut
Des Gastfreunds seine innre Kammer,
Kolchische Gifte zu mischen wußt er,

Und was an Frevel irgend ersinnlich war,
Verübte, der auf meine Gefilde dich
Gestellt, du Unglücksbaum, damit du
Stürzend den gütigen Herrn erschlagest.

Was jede Stunde jeder der Sterblichen
Zu fliehn hat, kennet keiner; dem Bosporus
Erbebt der Punier und fürchtet
Anderher nirgend ein blindes Schicksal.

Des Parthers Pfeil auf trügender Flucht vermied
Der Römer; jenen Parther erschreckte Roms
Gefangenschaft; und alle Scharen
Reißet und riß unversehens der Tod hin.

Fast sah ich schon der dunklen Proserpina
Behausung, sah den richtenden Aeakus;
Der Selgen abgetrennte Wohnung;
Und zur Aeolischen Laute hört ich

Der Sappho Klagen über der Mädchen Neid –
Auch dich auf deinem goldenen Saitenspiel,

Alcäus, alle harten Leiden
Krieges, der Flucht und des stürmgen Meeres

Hört ich in vollern Tönen; die Schatten rings
Bewundern beider stillegebietend Lied,
Durch Krieg und tapfer ausgejagte
Wilde Tyrannen erspäht der Haufe

Mit durstgerm Ohre; Schulter an Schulter steht
Gedränget er! Was Wunder? Der Höllenhund
Mit hundert Köpfen senkt bei solchem
Liede die Ohren, und in dem Haupthaar

Der Eumeniden legen die Schlangen sich
Danieder; Pelops' Vater, Prometheus selbst
Vergißt der Qualen, und Orion
Denket der Löwen- nicht mehr und Luchsjagd.

(Herder)

Oden III, 25 (Bruchstück)

Wohin ziehst du mich,
Fülle meines Herzens,
Gott des Rausches,
Welche Wälder, welche Klüfte
Durchstreif ich mit fremdem Mut.
Welche Höhlen
Hören in den Sternenkranz
Cäsars ewigen Glanz mich flechten
Und den Göttern ihn zugesellen.
Unerhörte, gewaltige,
Keinen sterblichen Lippen entfallene
Dinge will ich sagen.

Wie die glühende Nachtwandlerin,
Die bacchische Jungfrau
Am Hebrus staunt
Und im thrakischen Schnee
Und in Rhodope, im Lande der Wilden,
So dünkt mir seltsam und fremd
Der Flüsse Gewässer,
Der einsame Wald …

(Novalis)

Siehst du den Sorakte schimmern,
Schneebeladen? Kaum ertragen
Ihre Last gedrückte Wälder,
Und die Ströme hemmt der Frost.

Mildere die Kälte, schichte
Holz auf Holz zur Flamme reichlich,
Geuß auch in sabinsche Krüge
Williger den alten Wein!

Andres überlaß den Göttern,
Die den Kampf der Stürm und Meere
Sänftigen, daß unerschüttert
Ulmen und Zypressen stehn!

Frage nicht, was morgen sein wird,
Zieh Gewinn von jedem Tage,
Und verscheuche nicht die süßen
Musen, Knabe, nicht den Tanz,

Bis das Alter trüb dich heimsucht!
Jetzt versäume nie den Circus,

Und des nächtlichen Geflüsters
Anberaumte Stunde nie! …

(Platen)

Vierter Brief

Du milder Richter meiner unbedeutenden
Sermonen, wie genießest du, *Tibull*,
dein Leben auf dem Lande? Dichtest du vielleicht,
was selbst den anmutsvollen Kleinigkeiten
des *Cassius von Parma* länger nicht
den Vorzug lasse: oder schleichest still
und einsam im gesunden Wald umher
und suchst in deinem eignen Herzen – was
des Weisen und des Guten würdig ist?
Du warst nicht bloß ein schönes Bild, dem nichts
im Busen schlägt. Die Götter gaben dir
zur Schönheit Reichtum, gaben dir zu beidem
die seltne Kunst des Lebens zu genießen.
Was kann die Amme ihrem lieben Zögling
noch Größers wünschen, wenn er, unverdorben
an Kopf und Herz, die Gabe, was er denkt,
zu sagen, mit der Gabe zu gefallen
zu gatten weiß, und Gunst und Ruhms genug,
auch einen Überfluß an frischem Blut,
ein reinlich Haus, und immer noch für jeden
bescheidnen Wunsch so viel im Beutel hat,
als nötig ist? – Dies Glück, Tibull, ist dein.
Indes das Leben andern zwischen Hoffen
und Wünschen, zwischen Furcht und Zorn entschlüpft,
nimm du den Tag, der anbricht, für den letzten;
so wird dir jede unverhoffte Stunde,
die noch hinzukommt, desto werter kommen.

Mich wirst du wohlbeleibt, mit glattem Fell
und runden Backen finden, wenn dir einfällt, über
ein wohlgenährtes Schwein aus Epikurs
verschrienem Stalle lustig dich zu machen.

(Wieland)

Albius Tibullus
(54–19 v. Chr.)

Elegien I, 8

Mir ist ja wohl nicht fremd, was heimliche Winke bedeuten,
Was mit zärtlichem Ton flüsternd ein Liebender sagt.
Und doch lehren Orakel mich nicht und prophetische Fibern,
Und der Vögel Gesang kündet mir nicht, was geschieht.
Venus, die selbst mir die Arme mit magischen Knoten zurückband,
Hat mich dies alles, und nicht ohne zu schlagen, gelehrt.
Laß die Verstellung! Es suchet der Gott nur mit schärferer Glut den
Heim, an dem er gewahrt, daß er nicht willig erliegt.
Jetzt, was frommt's, daß du emsig die seidenen Locken gepflegt hast,
Daß du bald so, bald so modisch die Haare gelegt?
Daß ein glänzender Saft dir die Wange verschönert, so manchmal
Eine erfahrene Hand zierlich die Nägel gekürzt?
Leider umsonst wird jetzo das Kleid und die Toga gewechselt,
Und der knappere Schuh preßt dir vergeblich den Fuß.
Freilich, die Liebste gefällt, auch wenn sie die Wange nicht färbte,

Nicht mit zögernder Kunst schmückte das reizende Haupt.
Wie? hat ein finsteres Weib mit höllekräftigen Kräutern,
Hat sie mit Sprüchen in tief schweigender
Nacht dich verwünscht?
Zaubergesang entführt von des Nachbars Acker die Früchte,
Wütende Schlangen im Lauf bannet ein Zaubergesang;
Zauber versuchte schon Lunen herab vom Wagen zu ziehen:
Wenn nicht geschlagenes Erz tönte, gelang es gewiß.
Doch was klag ich, daß Kräuter und Sprüche
dem Armen geschadet!
Ach, die Schönheit bedarf nimmer der magischen Kunst.
Nein, er kam der Schönen zu nah! das ist es; er schmeckte,
Hüft an Hüfte gedrückt, lange verweilenden Kuß!
Aber, o Pholoe, du sei meinem Knaben nicht spröde;
Stolz und Härte vergilt Venus mit rächendem Zorn.
Lohn auch fordere nicht; Lohn gebe der lüsterne Graukopf,
Daß du im schwellenden Schoß frierende
Glieder ihm wärmst.
Goldner als Gold ist der Jüngling mit glattem,
blühendem Antlitz,
Der mit stachlichtem Bart nicht die Umarmte verletzt.
Ihm, o Mädchen, nur schlinge den blendenden
Arm um die Schulter,
Und auf der Könige Gold blickst du verächtlich herab.
Venus ersinnt ja schon Rat, dich geheim zu
ergeben dem Jüngling,
Wo er die liebliche Brust fester und fester dir preßt,
Wo mit den Zungen ihr kämpft und dem schwerer
Atmenden feuchte
Küsse du gibst und des Zahns Spuren ihm
drückst in den Hals.
Perl und Juwele, sie freuen *die* nicht, die das einsame Lager
Hütet im Winter, um die nimmer ein Mann sich bemüht.
Ach zu spät, wenn das welkende Haupt im
Alter sich bleichet,

Ruft man die Liebe, zu spät ruft man die Jugend zurück!
Dann erkünstelt man jeglichen Reiz und,
die Jahre zu bergen,
Färbt man das Haar mit der Nuß grünender
Schale sich braun;
Sorgsam wird nun das kleinste verdächtige
Härchen entwurzelt,
Und durch Wechsel der Haut schafft man
sich neu das Gesicht.
Aber, o du, nun eben in frischester Blüte der Jugend,
Nutze sie! nicht langsam gleitet von dannen ihr Fuß.
Quäle den Marathus nicht! Kein Ruhm ist's,
Knaben besiegen;
An dem veralteten Greis übe mir, Mädchen, den Trotz.
Schone des Zarten, ich flehe! nicht etwa
verborgene Krankheit,
Heftige Liebe allein machte den Jungen so blaß.
O wie verfolgt' er nicht oft die entfernte Geliebte mit bittern
Klagen, der Arme! wie oft schwamm er in Tränen vor mir!
»Warum verachtet sie mich? Sie konnte die
Hüter gewinnen«,
Sprach er, »es lehrt den Betrug Amor die Liebenden selbst!
Venus' Schliche, sie kenn ich und weiß, wie man
leise den Atem
Ziehet und unhörbar raubt den verbotenen Kuß;
Weiß um die dunkelste Stunde der Nacht in das
Haus mich zu stehlen,
Kann gar heimlich und still Riegel eröffnen und Tor.
Aber das alles, was hilfts, wenn ein Liebender also
verschmäht wird,
Wenn sie vom Bette sogar seiner Umarmung entspringt!
Oder auch, wenn sie verspricht, und doch, die Falsche,
nicht Wort hält;
Weh, da verbring ich die Nacht wachend
in eitlem Verdruß.

Immer dann bild ich mir ein: nun kommt sie!
beim leisesten Laute
Wähn ich, es habe der Fuß meiner Geliebten gerauscht!«
– Laß die Tränen, o Knabe! du rührst die
Unbeugsame nimmer;
Müde von Weinen, ach, schwillt, Armer,
das Auge dir schon! –
Aber dich, Pholoe, warn ich; es hassen die Götter Verachtung,
Weihrauch streust du umsonst auf dem geheiligten Herd.
So hat Marathus jüngst der Verliebten gespottet, er ahnte
Nicht, daß ein rächender Gott hinter dem
Rücken ihm stand.
Herzliche Tränen um ihn, so sagt man, sah er mit Lachen,
Und durch verstellten Verzug neckt' er den
Schmachtenden oft.
Jetzt, wie empört ihn alles, was Stolz heißt,
o wie verwünscht er
Tür und Riegel und was grausam entgegen ihm steht!
Dein auch harret die Rache, wenn du, Herzlose,
dir gleich bleibst,
Tage wie diese, dereinst rufst du sie kniend zurück.

(Mörike)

Elegien I, 10

Welcher der Sterblichen war des grausamen
Schwertes Erfinder?
Wahrlich ein eisernes Herz trug der Barbar in der Brust!
Mord begann nun im Menschengeschlecht, es begannen
die Schlachten,
Und du, gräßlicher Tod, hattest nun kürzeren Weg.
Doch was fluch ich dem Armen? Wir kehrten
zum eignen Verderben,

Was er gegen die Wut reißender Tiere nur bot.
Gold, dir danken wir dies! denn damals gab es nicht Kriege,
Als noch ein buchener Kelch stand vor dem heiligen Mahl.
Keine Feste noch war, kein Wall! Es pflegte des Schlummers
Sorglos unter den buntwolligen Schafen der Hirt.
Hätt ich damals gelebt! dann kennt' ich nicht Waffen des Volkes,
Nicht der Trompeten Getön hört ich mit klopfender Brust,
Aber nun reißt man mich fort in den Krieg, und einer der Feinde
Trägt wohl schon das Geschoß, das mir die Seite durchbohrt.
Häusliche Laren, beschützt mich, ihr habt mich gepflegt und erhalten,
Als ich, ein munteres Kind, euch vor den Füßen noch sprang.
Kränk es euch nicht, daß ihr aus alterndem Holze geformt seid;
So herbergte vorlängst hier euch im Hause der Ahn.
Damals gab es noch Treu und Glauben, als, ärmlichen Schmuckes,
Unter dem niedrigen Dach wohnte der hölzerne Gott.
Ihn versöhnte man leicht, man dürft ihm die Traube nur weihen
Oder den Ährenkranz winden ins heilige Haar.
Und wer Erhörung fand, der brachte selber den Kuchen,
Reinlichen Honigseim trug ihm das Töchterchen nach.
– Götter, verschont mich mit ehrnem Geschoß! und zum ländlichen Opfer
Fall euch ein Schweinchen aus vollwimmelndem Stalle dafür.
Ihm dann folg ich im weißen Gewand, und myrtenumflochtne
Körbe dann trag ich, das Haar selber mit Myrte bekränzt.

So gefiel ich euch gern! Ein andrer sei tapfer in Waffen,
Strecke, mit günstigem Mars, feindliche Führer in Staub,
Daß er beim Trunke nachher mir seine Taten erzähle
Und das Lager dabei zeichne mit Wein auf den Tisch.
Welche Wut, durch Kriege den dunkelen Tod zu berufen!
Droht er doch immer und hebt leise den nahenden Fuß.
Drunten ist keine grünende Saat, kein Hügel mit Reben,
Cerberus nur und des Styx scheußlicher Schiffer sind dort,
Und es irret, verzehrt die Wange, versenget die Locken,
Traurig die bleiche Schar hier zu dem düsteren Pfuhl.
O glückselig zu preisen ist der, den unter den Kindern
Sanft im Hüttchen von Stroh müßiges Alter beschleicht!
Selber treibt er die Schafe hinaus und das Söhnchen die Lämmer;
Und dem Ermüdeten wärmt Wasser zum Bade die Frau.
Wäre doch dies mein Los! und dürft einst grauen mein Haupthaar
Und erzählt ich als Greis Taten vergangener Zeit!
Friede bestell indessen die Flur. Du, Göttin des Friedens,
Führtest, o heitre, zuerst pflügende Farren im Joch.
Reben erzog der Friede, den Nektar der Traube verwahrt' er,
Daß noch der Sohn sich am Wein freuet aus Vaters Geschirr.
Pflugschar glänzet im Frieden und Karst, wenn des grausamen Kriegers
Jammergeräte der Rost hinten im Winkel verzehrt.
Weib und Kinderchen führet der Landmann, selig vom Weine,
Auf dem Wagen zurück von dem geheiligten Hain.
Nun entbrennen die Kriege Verliebter; das Mädchen bejammert
Sein zerrissenes Haar, seine zerbrochene Tür,
Weint, daß die liebliche Wang ihm der Jüngling schlug, und der Sieger

Weint, daß die Faust sinnlos solch ein
Verbrechen vermocht!
Aber Cupido, der Schalk, leiht bittere Worte dem Zanke,
Während gelassen er sitzt zwischen dem zürnenden Paar.
Wahrlich, von Eisen und Stein ist der Unmensch,
welcher sein Mädchen
Schlägt in der Wut! der reißt Götter vom Himmel herab!
Ist's nicht genug, ihr am Leibe das zarte Gewand
zu zerreißen?
Nicht, daß du tölpisch des Haars schönes
Geflechte zerstörst?
Siehe, sie weint! – was wolltest du mehr? o glücklich,
für welchen,
Wenn er zürnet und tobt, Tränen das Mädchen noch hat!
Aber wes Hand sich grausam vergreift, mag Schild
nur und Stange
Tragen und ewig fern Venus, der gütigen, sein!
Komm, o heiliger Friede, die Ähre haltend in Händen,
Und dir regne das Obst reich aus dem glänzenden Schoß!

(Mörike)

An Delia

Reichtum mögen die andern mit blinkendem Golde
sich häufen,
Mögen sie fruchtbares Land nennen ihr eigen weithin –
Mich soll geringer Besitz zu müßigem Leben geleiten,
Wenn nur auf eigenem Herd immer das Feuer mir brennt.
Selbst dann setz ich, ein Bauer, die Reben zur
richtigen Jahrzeit,
Äpfel von schwerem Gewicht zieh ich mit glücklicher Hand,
Doch ich verschmäh es auch nicht, mitunter zur
Hacke zu greifen

Und mit der Peitsche zu drohn, schreiten die
Ochsen zu lahm.
Oft auch macht es mir Freude, ein Schäflein
oder ein Zicklein,
Wenn sie die Mutter vergaß, heimwärts zu tragen im Arm.
Wenige Ernte genügt mir vollauf, darf ich nur meine müden
Glieder auf eigenem Bett strecken zu lösender Ruh.
Wie erquickt's dann, im Ruhen das Toben
der Winde zu hören,
Wenn man im zärtlichen Arm hält die Geliebte dabei!
Oder wenn's winterlich schüttet vom Himmel
in eiskalten Strömen,
Sich von dem Regen getrost wiegen zu lassen in Schlaf!
Gar nicht verlangt's mich nach Ruhm, mein Mädchen –
ja, darf ich nur immer
Bei dir sein, mag die Welt träge mich heißen und laß.
Dich will ich schauen einmal, wenn die letzte
Stunde gekommen,
Dich will ich halten im Tod noch mit erkaltender Hand.

(Teuffel)

Sextus Propertius
(49–15 v. Chr.)

Elegien I, 10

O du entzückendste von allen Nächten steige
Noch einmal vom Olymp herab, mich zu erfreun!
O wonniger Genuß! o seltenes Glück, der Zeuge
Von einer Seligkeit, der keine gleicht, zu sein!
Noch rauscht mir euer Kuß, ihr Liebenden, noch irren
Der leisen Töne viel, wie Nachhall, um mich her;

Noch hör ich, Gallus, dich in Seufzern sterbend girren
Und sehe deinen Blick von Sehnsuchtstränen schwer.
Du schlangst den Arm voll Glut um deines
Mädchens Glieder,
Sie hing an deinem Hals und stammelte Gefühl.
Schwer drückte schon der Schlaf auf meine Augenlider,
Doch riß ich mich nicht los; zu süß war euer Spiel.
O nimm (du hast den Freund durch dein Vertraun geehret
Und in das süßeste Geheimnis eingeweiht),
Nimm sein Geschenk dafür! Ein Herz wie meins gewähret
Zum Lohn für so viel Huld mehr als Verschwiegenheit.
Ich weiß den herben Sinn der Spröden zu versüßen
Und den getrennten Bund der Seelen zu erneun,
Die festverwahrte Tür dem Dulder aufzuschließen,
Zu sänftigen den Zorn und Zweifel zu zerstreun.
Vernimm, mich unterwies mein Mädchen und Cythere,
Was man im Lieben fliehn und was man suchen muß.
Sprich nie zu stolz und sei zu wortkarg nie und mehre,
Wenn die Geliebte schmollt, nicht zankend den Verdruß.
Laß, bist du gleich gekränkt, willfährig dich versöhnen,
Und zeig ihr stets ein Herz, das sanftem Flehen weicht.
Verachtet sich zu sehn, erbittert holde Schönen,
Und einmal angefacht verglüht ihr Zorn nicht leicht.
Je mehr du Sanftheit übst und ohne Widerstreben
Dich Amorn unterwirfst, je mehr wirst du belohnt.
Der wird am glücklichsten mit seinem Mädchen leben,
Der in ihr Joch sich schmiegt und ihre Launen schont.

(Manso)

An Tullus

Ob du in üppiger Ruh am Tibergestade gelagert
Aus bildreichem Pokal duftigen Lesbier schlürfst
Und mit Behagen dem Flug zuschaust der besegelten Kähne
Oder der Schleppschiffahrt träge verzögertem Gang,
Ob dich im Park ein Gewölb majestätischer
Gipfel umschattet,
Stämme von riesigem Wuchs, wie sie der Kaukasus trägt:
Nimmer vermag sich doch das mit unsrer Liebe zu messen –
Amor erscheint, und im Preis sinken die Güter der Welt.
Weiß die Geliebte des nächtlichen Glücks kein
Ende zu finden,
Oder vertändelt sie mir heiter gewährend den Tag,
Ja dann schwillt mir das Haus vom goldenen
Strom des Paktolus,
Dann im arabischen Meer les ich der Perlen genug.
Stolz vom Gipfel der Lust blick ich auf Könige nieder;
Also bleibt es, solang Odem ein Gott mir beschert.
Denn wer würde des Reichtums froh, wenn Amor
ihm feind ist?
Nichtig ist jeder Ersatz, wendet Cythere sich ab.
Weiß sie den Nacken doch selbst siegreicher
Heroen zu beugen,
Selbst in Gemüter von Erz flößt sie verzehrendes Weh;
Furchtlos setzt sie den Fuß auf die Zedernschwelle
des Krösus,
Und kein Purpur am Bett schreckt die Verwegne zurück,
Voll unruhiger Pein auf dem Lager zu wälzen den Jüngling,
Der sich umsonst in des Pfühls schillernde Seide vergräbt.
Aber ist sie mir hold, so bedünken die Reiche der Welt mir
Kleiner Gewinn, und gering acht ich Alkinous Schatz.

(Geibel)

An sich selbst

Nicht bloß reizt mich das Haar, um den schimmernden
Nacken sich ringelnd,
Nicht der Augen ins Herz zündendes Doppelgestirn
Oder die Brust, wenn sie sacht aus arabischer
Seide hervorlauscht,
Wahrlich um zärtlich zu glühn, braucht es der Gründe
nicht mehr,
Nein, das reißt mich dahin, wenn sie tanzt,
vom Weine begeistert,
Schön, wie den bacchischen Chor einst Ariadne geführt;
Denn die himmlischen Gaben verleiht uns
Menschen ein Gott nur,
Nicht von der Mutter genährt, glaube mir, sogst du sie ein,
Nein, solch hohes Geschenk stammt nimmer
aus sterblichem Samen,
In zehn Monden noch nie wurde so Köstliches reif.
Darum wirst du nicht stets mich beglücken
in irdischem Bunde:
Jupiters Lager dereinst teilst du, die Erste aus Rom,
Und ich verwundre mich noch, wenn unsre
Jugend in Brand steht?
Herrlicher wäre ja selbst Troja verlodert um dich.
Sonst zwar faßt ich es kaum, wie sich Asia dort mit Europa
In so schrecklichen Krieg nur um ein Mädchen gestürzt;
Doch jetzt geb ich euch Recht, dir Paris und dir Menelaos:
Dir um die Forderung – dir, weil du sie trotzig versagt.
Dürfte doch auch für Cynthias Reiz ein Achill
in den Tod gehn,
Priamus, schaut er sie nur, hieße die Fehde gerecht.
Wer drum Schöneres gern als der Vorzeit Meister erschüfe,
Wähle zum Urbild nur meine Gebietrin sich aus.

Zeige im Westen sie dann der bewundernden
Welt und im Osten,
Und in Liebe verglühn Osten und Westen für sie.

(Geibel)

Publius Ovidius Naso
(43 v. Chr. bis 17/18 n. Chr.)

Die Wohnung des Schlafgotts

Nächst den Kimmeriern ist die lang eingehende Steinkluft
Tief in den Berg, wo hauset der unbetriebsame Schlafgott.
Nimmer erreicht – aufgehend, am Mittag, oder sich senkend –
Phöbus mit Strahlen den Ort. Ein matt umdüsternder Nebel
Haucht vom Boden empor und Dämmerung
zweifelnden Lichtes.
Kein wachhaltender Vogel mit purpurkammigem Antlitz
Kräht die Aurora herauf; auch stört durch Laute die Stille
Kein sorgfältiger Hund noch die aufmerksamere Hofgans.
Weder Gewild noch Vieh noch von Lust geregete Zweige
Geben Geräusch, noch Rede von menschlichen
Zungen gewechselt.
Stumm dort wohnet die Ruh. Doch hervor am
Fuße des Felsens
Rinnt ein lethäischer Bach, durch den mit leisem Gemurmel
Über die Kieselchen rauscht die sanft einschläfernde Welle.
Rings um die Pforte der Kluft sind wuchernde
Blumen des Mohnes
Und unzählbare Kräuter, woraus sich Milch zur Betäubung
Sammelt die Nacht und tauig die dumpfigen
Lande besprenget.
Keine knarrende Tür auf umgedreheter Angel

Ist in dem ganzen Haus und keine Hut an der Schwelle.
Tief im Gemach ist ein Lager, erhöht auf des
Ebenus Schwärze,
Dunsend von bräunlichem Flaum und mit bräunlicher
Hülle bedecket:
Wo sich der Gott ausdehnet, gelöst von Ermattung
die Glieder.
Rings um jenen zerstreut in vielfach gaukelnder Bildung
Liegen die luftigen Träume, soviel als Ähren das Kornfeld,
Als Laub traget der Wald und gespületen Sand das Gestade.

(Voß)

Amores I, 5

Schwül wars; eben des Tags mittägliche Stunde verflossen:
Über dem Ruhebett hin hatt ich die Glieder gestreckt.
Halb stand offen das Fenster und halb von dem
Laden beschattet,
So wie das Licht hinspielt unter die Wipfel im Wald;
Oder wie dämmernder Schein nachschwebt
der entfliehenden Sonne
Oder der sinkenden Nacht, ehe der Tag sich erhebt.
Solch ein gedämpfteres Licht sei schüchternen
Mädchen bewilligt,
Wo sich die Scham Zuflucht heimlicher Schatten verheißt.
Siehe! Corinna, sie kam in entgürtetem Untergewande,
Frei das gescheitelte Haar wallend am Nacken herab,
Schön wie Semiramis wohl hintrat zu dem
purpurnen Brautbett,
Oder wie Laïs, dem Wunsch wechselnder Buhlen gesellt.
Zwar nicht viel mißgönnte das dünne Gewand der Begierde:
Sittsam wehrte sie doch, als ich es heftig entriß.

Nun so kämpfend wie eine, die selbst nicht
wünschte zu siegen,
Ward durch eignen Verrat leicht sie, die Schlaue, besiegt.
Als sie dem lüsternen Blick nun frei von
Umhüllungen dastand,
Nirgend ein Fehl zu erspähn war an der ganzen Gestalt:
Was für Schultern und Arme zu sehn, zu
befühlen gelang mir!
Für die umspannende Hand schienen die Brüste gewölbt.
Glatt der geebnete Bauch, abwärts von dem
strebenden Busen;
Schlank und erhaben der Wuchs; Hüften
wie jugendlich voll!
Doch, was zähl ich es auf? Untadelig alles erblickt ich,
Drückte die Nackte mir fest gegen den brünstigen Leib.
Wißt ihr das übrige nicht? Wir ruhten ermattet
vom Spiel aus.
Mittagsstunden wie die – würden sie oft mir gewährt!

(Schlegel)

Dejanira an Herkules (Heroides IX)

Schnell vernahmen ein schwarzes Gerücht
die Pelasgischen Städte,
Mache du mit der Tat wieder zur Fabel es mir!
Den nicht Juno bezwang, und die unermeßliche Arbeit,
Hat Iolens Joch, sagt man, den Nacken gebeugt.
Mehr als Juno schadete dir Cythere, denn Junons
Druck erhub dich, und die tritt dir zu Boden den Hals.
Siehe zurück, du gabst mit rächenden Kräften der Erde
Frieden, so weit sie nur bläulich der Meergott umfleußt.
Seine Ruhe dankt dir das Land und das ganze Gewässer,
Voll sind des Sonnengotts Wohnungen beede von dir.

Der dich einst trägt, den Olymp, den hast du selber getragen,
So die Sterne trägt, ruhet der Atlas auf dir.
Aber nur, dich erbärmlich zu schämen, errangst
du den Ruhm dir,
Wenn du mit buhlenden Lüsten die Taten befleckst.
Bist du's wirklich, der einst die beeden Schlangen so kräftig
Packte, des Donnerers schon in der Wiege so wert?
Besser fingest du an, als du endest, das letzte verkriecht sich
Hinter das erste, der Mann gleichet dem
Knaben nicht mehr.
Den der Bestien Heer und der Steneleische Feind nicht,
Den nicht Juno bezwang, Amor bezwingt ihn zuletzt.
Bin ich nicht glücklich vermählt? ich heiße
Herkules' Ehweib,
Und mit dem schnellen Gespann donnert im
Himmel mein Schwähr.
Aber wie an den Pflug ungleiche Stiere nicht taugen,
Ist dem geringeren Weib drückend der große Gemahl.
Eine Gestalt, worin wir uns ängstigen, ehrt nicht, sie lastet,
Willst du geziemend frein, freie, was ähnlich dir ist.
Immer ist ferne von mir, bekannter als Gast wie als Gatte,
Ungeuer verfolgt, furchtbare Tiere mein Mann.
Mich die Witwe quälen zu Haus errötende Wünsche
Und die Sorge, daß ihn fälle der häßliche Feind.
Unter den Schlangen treib ich umher, und den
Schweinen und gier'gen
Löwen und Hunden, wo ihn dreifach der Rachen bedräut.
An den Fibern der Tier' und des Schlummers
nichtigen Bildern
Häng, ich, in heimlicher Nacht seh ich nach
Zeichen mich um.
Trauernd fang ich es auf, der schwankenden
Sage Gemurmel,
Zweifelnde Hoffnung und Furcht steigen und
sinken in mir.

Fern ist die Mutter und klagt, daß sie der gewaltige Gott liebt,
    Hyllus, Amphitryon, Vater und Sohn ist mir fern.
Ihn, der Junons grausamen Zorn ausübt, den Eurystheus,
    Wie die Göttin, die nicht sänftiget, fühl ich an mir.
Dies zu tragen, acht ich für nichts, du plagst mit verirrter
    Liebe, und Mutter kann jegliche werden von dir.

(Hölderlin)

Petronius Arbiter
(gest. 65 n. Chr.)

Erhaben ist es, zu verzeihn!
Und schändlich ist's, verachtet sich zu sehen!
O das soll nimmer meine Ruhe sein,
Daß, welchen Weg ich will, auch mächtig bin zu gehen!
Ein Weiser stillt den Streit
Sehr klüglich durch Gefälligkeit,
Und ohne Köpf herabzuschlagen,
Weiß er den Sieg davonzutragen!

(Heinse)

Welch eine Nacht! ihr Götter und Göttinnen!
Wie Rosen war das Bett! da hingen wir
Zusammen im Feuer und wollten in Wonne zerrinnen!
Und aus den Lippen flossen dort und hier,
Verirrend sich, unsre Seelen in unsre Seelen! –
Lebt wohl ihr Sorgen! wollt ihr mich noch quälen?

Ich hab in diesen entzückenden Sekunden,
Wie man mit Wonne sterben kann, empfunden!

(Heinse)

Marcus Valerius Martialis
(40 – 104 n. Chr.)

Groß willst du und auch artig sein?
Marull, was artig ist, ist klein.

(Lessing)

Vier Zähne hattest du, wenn ich nicht irrig bin;
Ein Husten nahm dir zwei, und zwei der andre hin.
Nun huste Tag für Tag, und ohne dich zu grämen;
Nichts kann dir, Älia, der dritte Husten nehmen.

(Opitz)

Ich hasse dich, Sabin; doch weiß ich nicht weswegen:
Genug, ich hasse dich; am Grund ist nichts gelegen.

(Lessing)

Was ich von der, die mir gefallen soll, begehre? –
Ich will nicht, daß sie nicht, noch daß sie ganz sich wehre;
Was hier das Mittel hält, das findet bei mir Statt:
Ich mag nicht hungrig sein, doch auch nicht gar zu satt.

(Opitz)

Dein Söhnchen läßt dich nie den Namen Vater hören:
Herr Doktor ruft es dich. Ich dankte dieser Ehren! –
Die Mutter wollt es wohl so früh nicht lügen lehren?

(Lessing)

Die, der *ein* Auge fehlt, die will sich Sextus wählen?
Ein Auge fehlet ihr, ihm müssen beide fehlen.

(Lessing)

Wie geht es deiner Hure?
– Was heißt das? – Ach, mein Junge,
Ich meine nicht dein Mädchen,
Ich meine deine Zunge!

(Fischer)

Im Finstern nur beweinet Galanthis ihren Mann;
Sie schämt sich, scheint es. – Freilich! weil sie
nicht weinen kann.

(Kuh)

Du lobest Tote nur? Vax, deines Lobes wegen
Hab ich blutwenig Lust, mich bald ins Grab zu legen.

(Lessing)

Dem Marius ward prophezeiet,
Sein Ende sei ihm nah.
Nun lebet er drauflos; verschwelgt, verspielt, verstreuet:
Sein End ist wirklich da!

(Lessing)

Die alte reiche Magdalis
Wünscht mich zum Manne, wie ich höre.
Reich wäre sie genug, das ist gewiß;
Allein so alt! – Ja, wenn sie älter wäre.

(Lessing)

Der Schwan singt, wenn er fühlt, er lebe nun nicht länger.
Er unter allen ist sein eigner Leichensänger.

(Opitz)

Mesomedes
(2. Jh. n. Chr.)

An die Sonne

Fei're ringsum, hoher Äther!
Und ihr Täler und ihr Berge,
Erd und Meer und Lüfte schweiget!
Schweigt ihr Vögel, schweig o Echo,
Denn zu uns wird Phöbus nahn,
Der lockige Sänger.

O du der holden Aurora
Vater, der ihren rosigen Wagen
Mit dem Flügeltritt der Rosse verfolgt,
Frohlockend im goldenen Haar
Den unendlich hohen Himmel hinan.

Um dich windend den vielgelenkigen Strahl
Lenkst du den güterreichen Glanzquell
Rings um die ganze Erd,
Und Ströme ambrosischen Feuers
Bringen von dir uns her den lieblichen Tag.

Der schöne Chor der Sterne tanzt
Am Olympus dir, dem Könige, Reihentanz,
Anstimmend dir sein heiliges Lied
Entzückt von der Phöbeischen Leier Klang.

Indes vor ihnen her die blasse Luna
Anführt den frühen Chor,
Bespannt den Wagen mit weißer Stiere Gespann.

Er aber freut in seinem Gemüt sich hoch
Und eilt hin über die vieldurchpfadete Welt.

(Herder)

Orphische Hymnen
(5. Jh. n. Chr.)

An den Äther

Heiliger Äther, ich bete dich an, du aller Gestirne
Schwingende Kraft, die sie hält und bezähmt und mit
lebendem Feuer
Anhaucht! Mächtiger Gott, du aller Lebenden Atem,
Kraft und Geist und Sinn und Gemüt und sterbliches Wesen!
Blume der Schöpfung, du Glanz-Aussenderin,
die die Gestirne
Leuchten macht, die Sonne, den Mond und
die Blüte der Erde,
Fröhliche Menschen! Sie strahlen von dir,
unsterblicher Äther!

(Herder)

An den Himmel

Alles schauender du und alles umgebender Himmel,
Hütte der Welt, und der Götter Haus, ihr prächtiger Tempel;
Teil der Welt, unteilbar und sonder Anfang und Ende:
Darf ich dich nennen, o du, du Raum der Wesen, unendlich
Ausgegossen und trägst auf deiner unsterblichen Brust nur
Einen Namen, das All, der Unendliche alles umarmend.
Denn dem göttlichen Weib ist nur die Notwendigkeit selber
Mächtiger! ich erliege; doch bet ich in ruhigem Antlitz
Himmelsblaue dich an, und schaue Sonnen und Sterne
Leicht hinwandelnd in dir, und ahne fröhliche Zukunft.

Wenn du dein Haupt verhüllst und die Stirn verdeckest
mit Wolken,
Zirkelnder Himmel, auch dann bist du den
Sterblichen Vater.

(Herder)

Mittelalter

Hrabanus Maurus
(800–855)

Hymnus zu Pfingsten

Komm, Heilger Geist, du Schöpfer du,
Sprich deinen armen Seelen zu,
Erfüll mit Gnaden, süßer Gast,
Die Brust, die du geschaffen hast.

Der du der Tröster bist genannt,
Des Allerhöchsten Gottes Pfand,
Des Lebens Brunn, der Liebe Brunst,
Die Salbung, wesentliche Gunst.

Du sieben-faches Gnaden-Gut,
Du Finger Gotts, der Wunder tut:
Du gibst der Erde, daß sie fließt
So mild, als du verheischen bist.

Zünd unsern Sinnen an dein Licht,
Die Herzen füll mit Liebes-Pflicht:
Stärk unser schwaches Fleisch und Blut
Durch deiner Gottheit starken Mut.

Den Feind von uns treib fern hinweg,
Und bring uns zu des Friedens Zweck,
Daß wir, durch deine Huld geführt,
Vermeiden, was uns nicht gebührt.

Mach uns durch dich den Vater kund,
Wie auch den Sohn für uns verwundt;
Dich aller beider Geist und Freud
Laß uns verehrn zu jeder Zeit.

Ehr sei dem Vater, unserm Herrn,
Und seinem Sohn, dem Lebens-Stern:
Dem Heilgen Geist in gleicher Weis
Sei jetzt und ewig Lob und Preis.

(Angelus Silesius)

Guilhem de Peitieu
(Wilhelm von Portiers, 1071–1127)

Romanze von den zwei Pferden

Freunde, hört, ich sing ein Lied, gar fein gemacht:
alles dran ist Narretei und nichts Bedacht,
daß euch draus, in eins vermischt,
        Lieb und Lust und Jugend lacht.

Nehmt getrost für einen Tropf, wer's nicht versteht
oder wem's nach Willen nicht zu Herzen geht:
schwer reißt sich von Liebe los,
        wem sie recht zu Sinne steht.

Pferde hab ich zwei im Sattel, edles Blut,
jedes stark, zum Kampf geschaffen, hoch an Mut;
doch ich kann nicht beide halten:
        eins tut nicht zum andern gut.

Könnt ich sie mir zähmen nur, wie ich's begehr,
tauscht ich nie mein Sattelzeug für andres mehr;
denn so ständ beritten ich
        wie kein zweiter ringsumher.

Eins lief ehmals im Gebirg vor allen schnell;
doch schon längre Zeit ist's scheu und ungesell,
läßt sich wild und ungebärdig
        kaum noch striegeln übers Fell.

Drunten wuchs das andre auf nächst Cofolén;
Schönres habt ihr, meiner Treu, noch nie gesehn:
nicht für Silber oder Gold
        ließ ich's je von dannen gehn.

Als, ein weidend Füllen, ich's dem Meister gab,
trat ich's ihm nur mit Beding zur Lehre ab,
daß, wenn er's ein Jahr behielt,
        ich's dann hundert Jahre hab.

Ritter, gebt mir euern Rat im Widerstreit;
nie schuf eine Wahl mir so Verlegenheit:
Agnes hier und dort Arsena –
        nimmer weiß ich mir Bescheid.

Zu Gimel ist mein die Burg und Land und Bann,
stolz fühl ich mich zu Niol vor jedermann;

fest verbürgt durch Eid und Pflicht,
hangen beide treu mir an.

(Wellner)

Rätsellied

Ich mach ein Lied aus eitel Nichts:
Nicht von mir selbst noch andern sprichts,
Von Liebe nicht und Jugendlust
Noch irgend was;
Ich dichtets, als ich schlafend just
Zu Pferde saß.

Nicht kenn ich meines Lebens Stern:
Nicht lach ich viel, noch wein ich gern,
Tu nicht zu traulich, nicht zu groß;
So stehts mir an,
So warf die Fee mir nachts das Los
Auf hohem Plan.

Ich weiß nicht, wann ich schlaf und wach,
Frag oft die andern erst danach;
Ich fühl, wie's mir am Herzen zerrt
In tiefster Qual,
Und achts doch kaum ein Lächeln wert,
Bei Sankt Martial!

Schwer bin ich krank, zu Tode schwer,
Kaum, was man spricht, versteh ich mehr;
Ich such den Arzt, wie ich ihn mein',
Doch weiß nicht wen,
Geschickt, zu heilen meine Pein,
Nicht zu erhöhn.

Ich hab ein Lieb und kenns doch nicht,
Nie kams, bei Gott, mir zu Gesicht;
Nie tats mir Lust noch Leiden groß,
Noch sonst ein Arg;
Nie kam Normanne noch Franzos
Mir ins Gemark.

Ich kenn sie nicht und lieb sie heiß,
Die mir nicht Recht und Unrecht weiß;
Find ich sie nie, laß ich sie stehn,
Achts keinen Hahn:
Ich weiß 'ne andre, doppelt schön
Und hochgetan.

Das Lied, zwar weiß ich nicht, für wen,
Ist fertig, und ich send's an den,
Ders weiterschickt bis hin zu ihr,
Fern nach Anjou:
Den Dietrich, bitt ich, send sie mir
Zu ihrer Truh.

(Wellner)

Bernart de Ventadorn
(um 1140 bis um 1180)

Kanzone von der Allmacht der Liebe

Kein Wunder ist's, wenn mir das Lied
so hold wie keinem andern quillt:
weil Liebe nur mein Herz erfüllt
und mich ihr Ruf so willig sieht.
Ja, Herz und Körper, Geist und Sinn

wend ich an sie, und Kunst und Kraft;
wo Liebe ihre Zügel strafft,
da schweif nicht anderswo ich hin.

Tot ist, wer nicht die Süßigkeit
der Liebe tief in sich erfährt;
und ist ein Leben ohne Wert
nicht stets dem Tadel nur geweiht?
Gott hasse nimmer mich so sehr,
daß Tag' und Wochen mir entfliehn,
wo solchen Tadel ich verdien
und nicht der Liebe mehr begehr.

In wahrer Treu und ohne Trug
lieb ich die schönste aller Fraun;
die Seufzer wehn, die Tränen taun,
die Liebe bringt mir Leids genug.
Was kann ich tun, wenn Minne mich
ergreift und in den Kerker legt,
wo Gnade nur den Schlüssel trägt –
doch nirgends zeigt die Gnade sich?

Von meiner Liebe dringt der Strahl
mit solcher Süße mir ins Herz:
sterb hundertmal ich auch vor Schmerz,
erwach vor Lust ich hundertmal.
So holder Art ist meine Pein:
mehr zählt mein Leid als andrer Lust;
und labt das Leid mir schon die Brust,
wie wird die Lust erst köstlich sein!

Ach Gott, wär vor der Heuchler Schar
doch kenntlich, wer in Wahrheit liebt,
und trüg, wer Lug und Trug nur übt,
vorn auf der Stirn ein Hörnerpaar!

Das Silber all und Gold der Welt
gäb ich dahin, gehört' es mir,
nur daß die Herrin es erführ,
wie meine Lieb ihr Treue hält.

Wenn sie mir naht, so kann man's sehn,
wie Aug und Antlitz mir erglüht,
vor Angst erbebt mir das Gemüt:
so zittert Laub im Sturmeswehn.
Kaum wie ein Kind bin ich gescheit,
weil ja nur Lieb im Sinn mir liegt:
doch ist ein Mann so ganz besiegt,
geziemt der Frau Barmherzigkeit.

Eins, Herrin, drum ich fleh allein:
Nehmt mich zum Knecht, ich dien Euch gern
und nenn Euch einen guten Herrn,
es sei mein Lohn auch noch so klein.
Seht Eures Winks mich treu bedacht:
Ihr Edle, Milde, froh und licht,
schnappt ja wie Bär und Löwe nicht,
geb ich mich ganz in Eure Macht.

Du, »Artger-Freund«, nimm das Gedicht,
sing ihr's, und sie beklag sich nicht,
daß all die Zeit ich fern verbracht.

(Wellner)

Kanzone von der aufsteigenden Lerche

Schau ich die Lerche, die voll Lust
der Sonne sich entgegenschwingt
und dann, im Jubel ihrer Brust,

sich selbst vergißt und niedersinkt:
weh mir, da bebt's vor Neid in mir,
sooft ich andre fröhlich seh;
ich staun, daß mir darüber schier
das Herz nicht schmilzt vor Sehnsuchtsweh.

Der Minne wähnt ich kundig mich
und bin doch, ach, so unbelehrt;
denn stets häng meine Liebe ich
an sie, die mir kein Glück beschert.
Sie nahm mein Herz, mein ganzes Sein,
sich selbst und alle Welt mit fort,
und da sie ging, blieb ich allein
voll Sehnsucht und Begehren dort.

Nicht hab ich meiner selber Macht,
kenn mich nicht mehr seit jener Stund,
da mir zuerst ihr Aug gelacht
wie eines schönen Spiegels Grund.
Als ich dich sah, du Spiegel hell,
stieg seufzend mir der Tod empor,
und ich verlor mich, wie am Quell
Narziß, der schöne, sich verlor.

Nichts geb ich auf die Frauen mehr,
nie mehr schenk einer Glauben ich,
und war ihr Anwalt ich bisher,
so laß ich nunmehr sie im Stich.
Da keine Beistand mir gewährt
bei der, die mich zu Boden streckt,
mißtrau ich allen, gleich belehrt,
da gleicher Sinn in allen steckt.

Ganz auch die Herrin sich erweist
als Weib – ich sag's mit freiem Mut –,

weil sie nie will, was man sie heißt,
doch, was man ihr verbietet, tut.
Ich stürzte jäh in ihr Verschmähn,
wie von der Brücke stürzt der Tor,
weiß nicht, weshalb mir dies geschehn,
es sei, ich stieg zu hoch empor.

Die Gnade uns verloren ist
– nur mir zu Ohren kam es nie –,
denn die am meisten üben müßt,
übt keine – bei wem such ich sie?
Wer säh's ihr an, daß nimmer bringt
sie Hilfe, ach, in Sehnsuchtsnot
dem Armen, dem nie Heil mehr winkt,
und ihn so weiht dem sichern Tod?

Da sie sich allem Flehn verschließt,
nicht Gnade gilt und nicht Gebühr
und meine Liebe sie verdrießt,
sprech ich davon nicht mehr zu ihr.
Ich wandre still und leist Verzicht,
Tod war ihr Wunsch, Tod mein Bescheid,
ich zieh dahin, sie hält mich nicht,
arm und verbannt, wer weiß wie weit.

»Tristan«, Ihr seht mich künftig nicht:
ich zieh verbannt, wer weiß wie weit;
auf allen Sang leist ich Verzicht,
berg mich vor Lieb und Fröhlichkeit.

(Wellner)

Bertran de Born
(2. Hälfte 12. Jh.)

Sirventes über Alt und Jung

Mich freut's, seh ich die Herrschaft sich erneuen:
das Alter laß der Jugend Hof und Haus,
und kann sich wer gezählter Söhne freuen,
kommt wohl zuletzt was Tüchtiges heraus.
So stellt verjüngt die Welt sich wieder vor,
mehr als durch Vogelsang und Blumenflor;
wer Herrin oder Herrn zu wechseln sinnt,
nehm Jung für Alt, so mein ich, er gewinnt.

Alt heißt die Frau, wenn ihre Locken trügen,
und alt, sobald sie keinen Buhlen kirrt;
doch alt auch schon, läßt sie's an zwein genügen,
und alt, sofern sie eines Schwächlings wird.
Alt ist sie, schenkt sie nur zu Hause Gunst,
und alt, bedarf sie dunkler Zauberkunst;
alt nenn ich sie, liebt sie die Sänger nicht,
und alt vor allem, wenn sie zuviel spricht.

Jung ist die Frau, die treulich ehrt den Adel,
und jung, die selbst nach hohen Taten langt;
jung ist sie, wenn ihr Sinnen ohne Tadel
und sie ihr Lob nicht schlimmen Mitteln dankt.
Jung heißt, die ihres Körpers Reize hegt,
und jung, die voller Anstand sich beträgt;
jung heißt, die nicht zu wißbegierig ist
und keinem Fant zulieb der Zucht vergißt.

Jung ist der Mann, der all sein Gut verpfändet,
und jung, wer stets in schlimmen Nöten hängt;
jung, wenn er viel auf Gasterein verschwendet,

und jung, wenn er mit offner Hand verschenkt.
Jung ist, wer Schrein und Truhe stracks verbrennt
und mit Begier zu Hof und Kampfspiel rennt;
jung heißt der Mann, der Spiel und Würfel liebt,
und jung, wenn er der Minne nichts vergibt.

Alt ist der Mann, der nie sein Gut belastet
und schwimmt in Korn und Wein und Speck dabei;
alt nenn ich den, der auch am Fleischtag fastet
und nichts den Seinen gönnt als Käs und Ei.
Alt, wer die Kappe übern Mantel zieht,
alt, wen sein eignes Pferd man reiten sieht,
alt, wer nur einen Tag lang ruhen kann,
alt, wer das Spiel verläßt, eh er gewann.

Spielmann Arnaut, mein Lied von Jung und Alt
bring Herrn Richard, daß er's im Aug behalt;
sag ihm, er häuf nicht alte Schätze an,
wo er mit jungen Ruhm gewinnen kann.

(Wellner)

Arnaut Daniel
(um 1160 bis um 1210)

Kanzone vom Rauhwind im Wald

Rauhwind lichtet
der Wälder Haupt,
das mildrer Hauch einst neu belaubt;
im Hag,
zag,
stockt der Vöglein Schlag;

was froh gegirrt,
irrt –
und entschwirrt.
Wozu die Müh? Sing ich der Welt zu Dank?
Mir geht's um sie, die mich zu Boden zwang:
ich bin des Tods, wenn sie mein Leid nicht schlichtet.

Sie zu grüßen
war hellstes Licht!
Nun folgt das Herz der holden Sicht:
verschmäht
steht,
die mich heimlich lädt;
nicht eine mehr
hör
mein Begehr!
All, was mich freut, ist nur, daß mild-beglückt
sie mir gebeut, sie, die mich so berückt,
daß vollends ich ihr Knecht von Kopf zu Füßen.

Acht es, Minne!
Lachst du mir zu?
Sonst, wenn du zürnst, sollt Unheil du
geschehn
sehn:
eil, ihm zu entgehn!
Stets lieb ich frank,
blank,
ohne Wank;
und dennoch stöhnt mein tapfres Herz vor Not;
denn, ob verpönt, wär Küssen nur Gebot,
Kühlung dem Brand, die sonst ich nie gewinne.

Winkt mir sachte
die holde Frau,

sie, aller Ehren höchste Schau –
was tief
schlief,
nur verhohlen rief,
wird dann fürwahr
klar
offenbar:
längst wär ich tot, gäb Hoffnung mir nicht Kraft,
sie kürz die Not, sie, die mir Freude schafft,
daß andre Lust ich keines Apfels achte.

Süßes Wesen
wunschholder Art,
um Euch bleibt mir kein Schimpf erspart:
ich Tor
schwor
hoch zu Euch empor,
doch manch ein Gauch
auch!
Schlimmster Brauch,
mich schreckt er nicht, noch weich ich schnödem Gold;
denn nie so schlicht warb ich um Minnesold:
kein Mönch hat Gott treu wie ich Euch erlesen.

Spielmann, eile,
üb dich und sing,
daß dir's beim König recht geling;
denn wir
hier
mangeln aller Zier;
dort, hell entfacht,
lacht
Fest und Pracht.
Zieh froh dahin, neig ihrem Ringe dich;

so kurz bin erst von Aragonien ich
und flög zurück, rief nicht der Zwang: »Verweile!«

Fest steht mein Sinn: Ich denk allabendlich
zur Herrin hin, allein, Arnaut, für mich;
denn nirgends sonst zielt mein Bemühn zum Heile.

(Wellner)

Walther von der Vogelweide
(1170–1228)

Ich saß auf einem Steine:
Da deckt ich Bein mit Beine,
Darauf der Ellenbogen stand;
Es schmiegte sich in meine Hand
Das Kinn und eine Wange.
Da dacht ich sorglich lange
Dem Weltlauf nach und irdschem Heil;
Doch wurde mir kein Rat zuteil,
Wie man drei Dinge erwürbe,
Daß keins davon verdürbe.
Die zwei sind Ehr und zeitlich Gut,
Das oft einander Schaden tut,
Das dritte Gottes Segen,
An dem ist mir gelegen:
Die hätt ich gern in einem Schrein.
Ja leider mag es nimmer sein,
Daß Gottes Gnade kehre
Mit Reichtum und mit Ehre
Je wieder in dasselbe Herz.
Sie finden Hemmung allerwärts:
Untreu hält Hof und Leute,

Gewalt fährt aus auf Beute,
So Fried als Recht sind todeswund:
Die dreie haben kein Geleit, die zwei denn
werden erst gesund.

(Simrock)

O weh! wohin verschwanden alle meine Jahr?
Ist mein Leben mir geträumet oder ist es wahr?
Das ich stets wähnte, daß es wäre, war das nicht?
Danach hab ich geschlafen, und so weiß ichs nicht.
Nun bin ich erwachet, und ist mir unbekannt,
Was mir hievor war kundig wie mein andre Hand.
Leute und Land, dannen ich von Kinde bin geborn,
Die sind mir fremde worden, recht als ob es sei verlorn.
Die meine Gespielen waren, die sind träge und alt,
Bereitet ist das Feld, verhauen ist der Wald,
Nur daß das Wasser fließet, wie es weiland floß.
Fürwahr! ich wähnte, mein Ungelücke würde groß.
Mich grüßet mancher träge, der eh mich kannte wohl;
Die Welt ist allenthalben Ungenaden voll.
Wenn ich gedenke an manchen wonniglichen Tag,
Die mir entfallen sind, wie in das Meer ein Schlag:
Immermehr, o weh!

O weh! wie jämmerlich die jungen Leute tunt,
Denen nun viel traurigliche ihr Gemüte stund!
Die können nichts denn sorgen; oh weh! wie tun sie so?
Wo ich zur Welt hinkehre, da ist niemand froh.
Tanzen, Singen zergeht mit Sorgen gar.
Nie Christenmann noch sah so jämmerliche Jahr!
Nun merket, wie den Frauen ihr Gebände staht!
Die stolzen Ritter tragen dörferliche Wat.
Uns sind unsanfte Briefe her von Rome kommen,

Uns ist erlaubet Trauren, und Freude gar benommen.
Das mühet mich inniglichen sehr, wir lebten sonst viel wohl,
Daß ich nun, für mein Lachen, Weinen wählen soll.
Die wilden Vögel betrübet unsre Klage,
Was Wunder ist, wenn ich davon verzage?
Was spreche ich dummer Mann durch meinen bösen Zorn?
Wer dieser Wonne folget, der hat jene dort verlorn
Immermehr, o weh!

O weh! wie uns mit süßen Dingen ist vergeben!
Ich sehe bittre Galle mitten in dem Honige schweben.
Die Welt ist außen schöne weiß, grüne und rot
Und innen schwarzer Farbe, finster, wie der Tod.
Wen sie nun verleitet habe, der schaue seinen Trost!
Er wird mit schwacher Buße großer Sünde erlost.
Daran gedenket, Ritter! es ist euer Ding.
Ihr traget die lichten Helme und manchen harten Ring,
Dazu die festen Schilde und das geweihte Schwert.
Wollte Gott, ich wäre solches Sieges wert!
So wollte ich notiger Mann verdienen reichen Sold,
Doch meinte ich nicht die Huben noch der Herren Gold:
Ich wollte selber Krone ewiglichen tragen,
Die möchte ein Söldener mit seinem Speer bejagen.
Möchte ich die liebe Reise fahren über See,
So wollte ich danne singen: wohl! und nimmermehr: o weh!

(Uhland)

Unter der Linden
An der Haide,
Da unser zweier Bette was,
Da möget ihr finden
Schöne Beide
Gebrochen Blumen und Gras.

Vor dem Walde in einem Tal,
Tandaradei! schöne sang die Nachtigall.

Ich kam gegangen
Zu der Aue,
Das was mein Friedel kommen eh;
Da ward ich empfangen:
Here Fraue,
Daß ich bin selig immer meh.
Er küßte mich wohl tausend Stund,
Tandaradei, seht wie rot ist mir der Mund!

Da hat er gemachet
Also reiche
Von Blumen eine Bettestatt,
Des wird noch gelachet
Innigliche,
Kömmt jemand an dasselbe Pfad;
Bei den Rosen er wohl mag
Tandaradei! merken, wo mirs Haupt lag.

Daß er bei mir lege,
Wüßt es jemand,
Behüte Gott, so schämt ich mich.
Was er mit mir pflege,
Nimmer niemand
Befinde das, wann er und ich,
Und ein kleines Vögelein,
Tandaradei! das mag wohl getreue sein.

(Görres)

Peire Cardenal
(um 1180 bis um 1278)

Sirventes von den Aasgeiern

Aar und Geier wittern nicht
sichrer, wo ein Aas zerfällt,
als es Pfaff und Predger sticht,
sehn sie einen Mann bei Geld;
gleich tun sie vertraut und nett,
daß er auf dem Krankenbett
ihnen einst so viel verschreibt,
daß den Seinen nichts verbleibt.

Schlimm macht Pfaffe und Franzos
sich berühmt durch schnödes Gut,
wie's der Wuchrer treuelos
überall auf Erden tut;
und, von ihrem Trug beirrt,
ist die ganze Welt verwirrt:
bald gibt's keinen Orden mehr,
der nicht treu ihr Schüler wär.

Weißt du, was der Reichtum frommt,
den die Schnöden sich beschafft?
Sieh, der große Räuber kommt,
der aus allem sie entrafft:
er, der Tod ist's, der sie schlägt,
in vier Ellen Leinwand legt
und sie in ein Haus verschließt,
wo sie reichlich Pein begrüßt.

Mensch, was läßt du, ganz betört,
die Gebote außer acht,
die dich Gott, dein Herr, gelehrt,

er, der dich aus nichts gemacht?
Wer sich Gott zum Kampfe stellt,
bringt sich auf dem Markt ums Geld,
und sein Lohn wird von der Art,
wie er einst dem Judas ward.

Wahrer Gott, du süßes Licht,
nimm uns alle, Herr, in Hut,
und verstoß die Sünder nicht
tief in Qual und Höllenglut;
lös sie aus der Sünden Band,
das so fest sie schon umspannt,
und begnadig sie in Treu'n,
wenn nur ehrlich sie bereun.

(Wellner)

Der Spielmann an den lieben Gott

Ich möchte wohl, wenn's möglich wär,
Daß Gott bekäm, was ich bekam:
Die Sorgen all und all den Gram,
Und daß ich Gott wär, so wie er.

Dann ging es ihm, wie mir geschah,
Ich zahlt ihm, was mir ward, zurück.
Da immer nur den Schlechten ja
Gewährt wird seiner Güter Glück,

So hole er sich dort den Dank
Und nicht bei mir für solche Gaben;

Mir lieh er keinen Heller blank,
Die Seele nur – die mag er haben.

(Voßler)

Franz von Assisi
(1182–1226)

Lobgesang

Höchster, allmächtiger, guter Herr,
Dein sind das Lob, der Ruhm, die Ehr und aller Segen.
Dir gehören sie, Höchster, allein.
Kein Mensch ist wert Dich zu nennen.

Gelobt seist Du, mein Herr, samt all Deinen Kindern
Und der Schwester Sonne besonders,
Denn am Tage zündst Du für uns sie an.
Schön ist sie und strahlt in großem Glanze.
Von Dir, o Höchster, bringt sie Kunde.

Gelobt seist Du, mein Herr, für Bruder Mond und Sterne!
Am Himmel hast Du sie geformt, klar, köstlich und hell.

Gelobt seist Du, mein Herr, für Bruder Wind
Und Luft und Wolken, freundliches und jedes Wetter!
Mit ihnen hegst Du Deine Kinder.

Gelobt seist Du, mein Herr, um Wassers Willen!
Das ist so nützlich, schmiegsam, köstlich und keusch.

Gelobt seist Du, mein Herr, für Bruder Feuer!
Die Nacht erhellst Du uns mit ihm,
Und schön ist er und munter und gewaltig und stark.

Gelobt seist Du, mein Herr, für unsre Mutter Erde!
Die hegt und trägt uns,
Und vielerlei Frucht und farbige Blumen treibt sie und Gras.

Gelobt seist Du, mein Herr, für alle, die verzeihen
Und Krankheit dulden und Mühsal *Dir* zulieb.
Selig, wer es in Frieden erduldet,
Denn von Dir, Höchster, wird er gekrönt.

Gelobt seist Du, mein Herr, für unsern Bruder, den fleischlichen Tod,
Dem kann kein lebender Mensch entgehen.
Weh denen, die in Todessünden sterben!
Doch selig, wen Du hältst in Deinem heiligen Willen,
Ihm tut der zweite Tod kein Leid.

(Voßler)

Jacopone da Todi
(1230–1306)

Stabat Mater

Stand die Mutter voller Schmerzen,
Weinte bei dem Kreuz von Herzen,
Wo der Sohn den Tod erlitt.
Ihre Seele voll Verzagens,
Voll der Seufzer, voll des Klagens,
Bittern Leides Schwert durchschnitt.

Oh, wie traurig ihm zur Seite
Mußte die Gebenedeite
Eignen Sohnes Mutter sein!
Klagerhebend, sich ergebend,
Angsterbebend, nun erlebend,
Des erhabnen Sohnes Pein.

Wo ein Auge, das nicht taute,
Wenn es Christi Mutter schaute
Von so herber Qual ereilt?
Wer gewahrte sonder Schauer
Hier der frommen Mutter Trauer,
Die des Sohnes Schmerzen teilt?

Für des Volkes Sündenschulden,
Sieht sie Jesum Marter dulden
Und der Geißel bittre Not,
Sieht den süßen Sohn verderben,
Sieht ihn so verlassen sterben,
Sterben hier am Kreuz den Tod.

Laß, o Mutter, Liebesbronnen,
Mich in gleichem Schmerz zerronnen
Mit dir trauern Tag für Tag.
Mach, daß mein Gemüt entbrenne,
Daß es Christum lieb und kenne
Und auch ihm gefallen mag.

Heilge Mutter, dies erwäge,
Christi Wundenmale präge
Kräftig ein in dieses Herz;
Der sich Wunden unterwunden,
Ungesunden Heil gefunden,
Gib mir Teil an seinem Schmerz.

Mach mein Weinen gleich dem deinen,
Den Gekreuzigten beweinen
Laß mich, weil ich lebend bin.
An dem Kreuze bei dir weilen,
Als Genosse redlich teilen
Deinen Schmerz, war mir Gewinn.

Magd der Mägde, reich an Segen,
Sei mir, fleh ich, nicht entgegen,
Daß ich mit dir weinen darf.
Christi Plagen laß mich tragen,
Daß ich fühl, ans Kreuz geschlagen,
Seiner Wunden Pein so scharf.

Gib mir Wunden zu vertauschen,
An dem Kreuz mich zu berauschen
In der Liebe zu dem Sohn.
So entglüht in Liebesflammen,
Laß mich, Jungfrau, nicht verdammen
Vor des Weltenrichters Thron.

Leih mir Christi Kreuz zur Stütze,
Daß mich Christi Tod beschütze,
Laß mich ruhn im Gnadenschoß.
Sinkt der Körper in die Erde,
Paradieseswonne werde
Dann durch dich der Seele Los.

(Simrock)

Guido Cavalcanti
(gest. um 1300)

Wer ist die Frau, auf die ein jeder schaut,
Und deren Glanz noch überstrahlt den Tag,
Die zum Gefolge Liebe hat, daß zag
Das Wort verstummt, ein Seufzen nur wird laut?

Ihr Blick, dem standzuhalten nichts sich traut,
Wem gleicht er? Liebe, da ichs nicht vermag,
Wer ist sie, die so hoheitsvoll: das sag,
Daß keine andre neben ihr erbaut?

Unkündbar ist ihr liebenswürdig Wesen,
Vor dem sich jede edle Tugend neigt,
Zur Göttin hat die Schönheit sie erlesen!

So mächtig hat sich noch kein Geist erzeigt,
Und keiner ist so kühn und rein gewesen,
Daß er sie nennt und nicht in Ehrfurcht schweigt!

(Lanckoronski)

Cecco Angiolieri
(um 1250–1313)

Wär ich der Wind, ich risse die Welt in Fetzen.
Wär ich das Feuer, zerfräß ich sie zu Funken.
Wär ich das Meer, sie läge längst versunken.
Wäre ich Gott: Spaß, gäb das ein Entsetzen!

Wär ich der Papst, wie würd es mich ergetzen,
Zu ärgern meine Christen, die Halunken!

Wäre ich König, ließ ich wonnetrunken
Mein Volk mit Hunden an den Galgen hetzen!

Wär ich der Tod, besucht ich auf der Stelle
Die lieben Eltern wieder mal; als Leben
Beträt ich nun und nimmer ihre Schwelle!

Wär ich der Cecco – hm, der bin ich eben;
Drum wünsch ich mir die schönsten Jungfernfelle
Und will die häßlichen gern andern geben!

(Dehmel)

Dante Alighieri
(1265–1321)

Von Frauen sah ich eine holde Schar
Am Allerheiligentag, der jüngst verflossen.
Und eine ihrer, die die erste war,
Führte Amor zur Rechten als Genossen.

Aus ihren Augen strahlte mir ein Licht,
Das wie ein glutentbrannter Geist mich deuchte:
Und als ich mich erkühnt, ihr ins Gesicht
Zu sehn, sah ich, daß drin ein Engel leuchte.

Es grüßte den dann, wer ihr würdig schien,
Mit ihren Augen diese Hohe, Milde,
Daß jedem Herzen Frohmut ward verliehn.

Ich glaub, sie stammt aus himmlischem Gefilde,
Und daß der Welt sie, uns zum Heil, erschien:
Drum selig, die da naht dem Engelsbilde!

(Zoozmann)

Ihr Pilger, die ihr wandelt, ganz den leisen
Gedanken an das Ferne hingegeben,
kommt ihr aus einem gar so fremden Leben
wie eure fremden Mienen mir beweisen,

daß ihr nicht weinen müßt im Weiterreisen
durch diese Stadt, erfüllt von bangem Beben –
wie Menschen, welche nicht die Blicke heben
zum nahen Unheil aus den eignen Kreisen.

Und wenn euch meine armen Worte halten,
mein Herz verrät es mir: Aus ihren Toren
folgt euch noch weit ein Weinen in die Heide –

Denn ihre *Beatrice* ist verloren;
und sucht mein Sang sie wieder zu gestalten
macht er euch leiden, was ich selber leide …

(Rilke)

An jeden, der mit edlem Geist dem Bunde
Der Himmelsmächte dient in Erdentalen
Und willig dartut, was sie anbefahlen,
Ergeht vom Geist der Liebe meine Kunde.

Es war zur Nacht und schon die vierte Stunde,
Da sah ich plötzlich alles um mich strahlen,

Und vor mir stand der Herr der Liebesqualen,
Sein Blick entsetzte mich bis tief zum Grunde.

Erst schien er fröhlich. In der Hand, der einen,
Hielt er mein Herz; auf seinem Arm indessen
Schlief meine Herrin, blaß, in rotem Leinen.

Er weckte sie, und ließ sie von dem kleinen
Und völlig glühenden Herzen schüchtern essen.
Darauf entwich er mir mit lautem Weinen.

(Dehmel)

Melancholie kam eines Tags mir nahe:
»Besuchen will ich dich«, sprach sie beim Gruße.
Mich dünkte, Schmerz und Zorn folgt' ihrem Fuße,
Die zur Gesellschaft sie sich ausersahe.

Geh! sagt' ich, hier ist nicht, wer dich empfahe;
Doch blieb sie taub den Worten, mir zur Buße,
Und redete mir vor in voller Muße,
Als ich den Gott der Liebe kommen sahe.

Er hatt' ein schwarzes Tuch um sich geschlagen,
Das Haupt bedeckt mit einem Trauerhute,
Und weinte, wie wer inn'gen Gram erleidet.

Was hast du, armer Kleiner? mußt ich fragen.
Er aber sagte: »Mir ist weh im Mute,
Denn unsre Herrin, süßer Bruder, scheidet.«

(Schlegel)

All' edle Herzen, die von Lieb' entglommen,
Vor deren Blick erscheinet dies Gedicht,
Sich zu erbitten Antwort und Bericht,
Heiß' ich in Amor, ihrem Herrn, willkommen.

Des Bogens Drittel hatte schon erklommen
Die Zeit, in der erglänzt der Sterne Licht,
Plötzlich von Amor sah ich ein Gesicht,
Woran zu denken noch mich macht beklommen.

Froh schien er mir, mein Herz in seiner Hand,
Und die Gebieterin von ihm getragen,
Schlafend im Arm, gehüllt in ein Gewand.

Er weckte sie; das Herz dann, das entbrannt,
Gab er zur Speise der Demütigzagen;
Und alsbald sah ich, wie er weinend schwand.

(Kannegießer)

Francesco Petrarca
(1304–1374)

Es gibt Geschöpfe, welche nicht erblinden,
Obwohl sie stolz der Sonne schaun entgegen;
Andre, die abends nur hervor sich regen,
Weil schmerzlich sie das starke Licht empfinden.

Als müsse Lust sich mit dem Glanz verbinden,
Lockt andre noch das Feur, bis sie verwegen
Der andern Kraft, der, welche brennt, erlegen.
Ich leider muß in dieser Schar mich finden.

Denn dieser Fraun Lichthelle zu bestehen,
Bin ich nicht stark; und mir zum Schutze taugen
Nicht düstre Winkel oder späte Stunden.

So führt mit tränenvollen kranken Augen
Mich mein Verhängnis immer, sie zu sehen,
Und ich weiß wohl, ich suche meine Wunden.

(Schlegel)

Welch Ideal aus Engelsphantasie
Hat der Natur als Muster vorgeschwebet,
Als sie die Hüll um einen Geist gewebet,
Den sie herab vom dritten Himmel lieh?

O Götterwerk! Mit welcher Harmonie
Hier Geist in Leib und Leib in Geist verschwebet.
An allem, was hienieden Schönes lebet,
Vernahm mein Sinn so reinen Einklang nie.

Der, welchem noch der Adel ihrer Mienen,
Der Himmel nie in ihrem Aug erschienen,
Entweiht vielleicht mein hohes Lied durch Scherz.

Der kannte nie der Liebe Lust und Schmerz,
Der nie erfuhr, wie süß ihr Atem fächelt,
Wie wundersüß die Lippe spricht und lächelt.

(Bürger)

In ihres Alters blühendstem Beginn,
Da Liebe Kraft gibt, daß man ganz empfinde,

Der Erde lassend diese irdne Rinde,
Schwand Laura, die belebende, mir hin:

Und stieg zum Himmel nackt und schön und lebend;
Von dort beherrscht sie mich und drängt und quält.
Ach, daß sie mir aus Sterblichem nicht schält
Den letzten Tag, zum ersten dort ihn hebend.

Wie die Gedanken stets Gefolg ihr waren,
So müßte nun die Seele hinterher
Leicht, heiter, steigend, um mich zu bewahren

Vor solcher Not. Das Warten hat Gefahren
Und macht mich immer in mir selber schwer.
O wie war Sterben schön heut vor drei Jahren.

(Rilke)

Es war der Tag, wo man der Sonne Strahlen
Mitleid um ihren Schöpfer sah entfärben:
Da ging ich sorgenlos in mein Verderben,
weil Eure Augen mir die Freiheit stahlen.

Die Zeit schien nicht gemacht zu Amors Wahlen,
und Schirm und Schutz vor seinem Angriff werben,
unnötig; so begannen meine herben
Drangsale mit den allgemeinen Qualen.

Es fand der Gott mich da ohn alle Wehre,
den Weg zum Herzen durch die Augen offen,
durch die seitdem der Tränen Flut gezogen.

Doch, wie mich dünkt, gereicht's ihm nicht zur Ehre:
Mich hat sein Pfeil in schwachem Stand getroffen,
Euch, der Bewehrten, wies er kaum den Bogen.

(Schlegel)

Schlaf, Üppigkeit und Trägheit, ach, sie haben
aus unsrer Welt verbannet jede Tugend.
Verscheucht von ihrer Laufbahn ist die Menschheit,
in Banden der Gewohnheit fest gebunden.

Und so erloschen jeder gute Lichtstrahl
des Himmels, der noch unser Leben aufhellt,
daß wundernd man auf den mit Fingern zeiget,
der jetzt vom Helikon will Ströme leiten.

»Was ist denn an dem Lorbeer, an der Myrte?
Die arme nackete Philosophie!« So höhnet,
auf niedrigen Gewinn erpicht, der Pöbel.

Nur wenig also werden dich begleiten,
und um so mehr bitt' ich, anmut'ge Seele,
verfolge deine große Unternehmung!

(Herder)

Gedankenvoll, auf unbesuchten Fluren
schweif ich umher, mit leisen, trägen Schritten.
Mich locken nicht des Landmanns stille Hütten,
mich reizen nicht der Schäferinnen Spuren.

Ich hasse diese redenden Figuren!
Was hab' ich unter ihnen nicht gelitten!

Dies Herz, von bitterm Gram so tief durchschnitten,
dies Herz sehnt sich nach unbesuchten Fluren.

Ach, nur der Berg, der Hain und diese Flüsse,
an deren Ufer oft mein Fuß verweilet,
die wissen nur, wie tiefer Gram mich quälet;

ich träume dann der süßen Liebe Küsse;
ich horche dann, was sie, die Herzen heilet,
mit lieblichem Geflüster mir erzählet.

(Werthing)

Ergriffen von der namenlosen Süße,
die jenem schönen Antlitz einst entflossen,
da hätte gern mein Auge sich geschlossen,
damit es mindre Schönheit nie begrüße.

Da floh mich jede Sehnsucht; ich genieße
nur ihren Anblick, jedem sonst verschlossen,
als ob dem Geist, in ihrem Schaun ergossen,
schon lange, was sie nicht ist, wie Tand zerfließe,

Zum Tale, das die Felsen rings umgeben,
der Zuflucht meiner Seufzer, kam alleine
mit Amorn ich, die Schwermut in dem Blicke.

Nicht Frauen seh' ich dort, nur Quell und Steine
und jenes Tages Bildnis mich umschweben,
den mein Gedanke malt, wohin ich blicke.

(Reinhold)

Ist's Liebe nicht, was ist es, das ich fühle,
und ist es Liebe, wie soll ich's erklären?
Ist sie ein Gut, woher die bittern Zähren?
Ein Übel, wie so himmlisch dem Gefühle?

Woher das Leid, wenn frei ich mit ihr spiele?
Nicht frei, was kann die Klage mir gewähren?
O Seligkeit zu fühlen, Tod zu nähren,
wenn ich's nicht will, wie dien' ich dir zum Spiele?

Und will ich's, ist nicht Unrecht die Beschwerde?
So treib' ich steuerlos, in schwachem Kahne
auf offnem Meer, ein Raub empörter Winde:

So leicht an Weisheit und so schwer an Wahne,
daß ich am eignen Willen irre werde,
im Sommer Frost, im Winter Glut empfinde.

(Reinhold)

So wie bisweilen in des Sommers Stunden
die Mücke, von dem Lichtstrahl angezogen,
zur Lust nach fremden Augen hingeflogen
und sich den Tod gibt und den andern Wunden:

so renn' ich stets, von dem Geschick verbunden,
zum Strahl der Augen, die so himmlisch wogen,
daß jedem Zügel durch die Lieb entzogen,
Vernunft von der Begier wird überwunden.

Wohl seh' ich, wie gering ich jenen scheine,
und weiß, daß bald es sich mit mir vollende;
denn solcher Schmerz beugt eine Kraft wie meine.

Allein es macht der Liebe süße Blende,
daß andrer Schmerz, mich selbst ich nicht, beweine,
und blind die Seele willigt in mein Ende.

(Reinhold)

Ich sah der höchsten Schönheit zarte Blüte,
den Reiz, der meine Sinne so verwirrt,
daß alles sonst mir Traum und Schatten wird,
gepaart mit Sittenhuld und Engelgüte;

und sah, von stummer Wehmut wie berauscht,
ihr helles Aug im Tau der Tränen schwimmen.
Ach, Wald und Waldstrom hätte wohl gelauscht
bei ihren Reden, ihren Klagestimmen!

Denn Weisheit, Seelenadel, Lieb und Gram
verbanden da harmonisch sich zu Weisen,
die nimmer noch die Welt so süß vernahm.

Es hallte nach in allen Himmelskreisen;
es säuselte kein Blatt an Busch und Baum,
nur Melodie durchfloß der Lüfte Raum.

(Schlegel)

Es wird mein Schiff, beladen mit Vergessen,
im Winter, mitternachts, auf rauhen Wogen,
durch Scylla und Charybdis hingezogen;
am Steuer ist mein Herr, mein Feind, gesessen;

Gedanken an den Rudern, die vermessen
sich, wie es scheint, selbst auf den Sturm getrogen;

die Segel reißend, kommt ein Wind geflogen,
den Seufzer, Hoffnung, Wunsch ewig erpressen.

Des Zürnens Nebel, Tränenregen feuchtet
die schlaffen Taue, bis sie gar verdorben,
gedreht aus Irrtum und unkund'gen Zweifeln.

Die beiden Sterne fliehn, die sonst geleuchtet,
Vernunft und Kunst ist in der Flut erstorben,
daß ich anfang' am Hafen zu verzweifeln.

(Schlegel)

Ach schön Gesicht, ach reizendes Gebilde,
ach sanfter Blick, ach hohe Engelsmienen,
ach Rede, die das feigste Herz Erkühnen
gelehrt, und Sanftmut jedes rauh und wilde.

Ach Lächeln, dem der Pfeil entsprang, des Milde
durch Tod, als einz'ges Gut, mich wolle sühnen;
ach Seele, würdig, daß ihr Welten dienen,
stiegst du zu spät nicht auf dies Erdgefilde!

Für euch muß ich entglühn, in euch nur leben,
denn euer war ich: Seid ihr mir entnommen,
kann mir das Unglück nichts mehr abgewinnen.

Einst gabt ihr meiner Hoffnung schönes Leben,
als Abschied ich vom höchsten Glück genommen;
allein die Worte trug der Wind von hinnen.

(Reinhold)

Einst war's vielleicht ein süßes Glück zu lieben,
vor meiner Zeit; nun hat sich's umgekehret,
und bitter ist's durchaus. Erfahrung lehret,
und mir zum Schmerz hab' ich ihr Werk getrieben.

Sie, die der Schmuck von unsrer Zeit geblieben,
die jetzt den Himmel schmücket und verkläret,
hat wen'ge Ruh im Leben mir gewähret,
und nun sie ganz aus meiner Brust vertrieben.

Der Tod hat grausam alles mir entzogen,
und nicht kann Trost mir aus dem Glück entsprießen
des schönen Geists, der himmelwärts geflogen.

Ich weint' und sang: So wird es ewig fließen,
und Tag und Nacht die innern Schmerzenswogen
durch Zung' und Auge strömend sich ergießen.

(Reinhold)

An Italien

Willkommen, heil'ges gottgeliebtes Land,
wo Frevler zittern, Fromme sicher wohnen,
Dir gleicht kein andrer, vielbesungner Strand
an Segen, Schönheit, Ruhm durch alle Zonen.
Vom Meer bespült im Ost und West zugleich,
läßt Du Dein Felsenhaupt im Äther glänzen;
Du bist der Helden, Du der Weisen Reich
und freust Dich doch an zarter Musen Tänzen.
Wie bist Du stark durch Heldenmut und Gold!
Natur und Kunst, vereinigt, Dich zu schmücken,
beschenkten Dich mit Reizen wunderhold
und lehrten Dich die Welt damit beglücken.

Ich eil zu Dir nach langer Zeiten Lauf;
o, laß bei Dir ein bleibend Heim mich gründen!
Dem müden Manne tu die Pforten auf,
laß mich ein Grab in Frieden bei Dir finden!
Nur soviel Erde, daß den Leib sie deckt,
die gönne mir! – Von hohem Bergesrücken
der grünen Alm zu Füßen hingestreckt
erschau ich Dich mit jubelndem Entzücken.
Der Nebel fällt, der Wind erhebt sich leis,
den Heimgekehrten schmeichelnd zu begrüßen;
Du bist's, o Heimat, aller Länder Preis!
Dir, schöne Mutter, sinkt der Sohn zu Füßen.

(Friedersdorf)

Juan Ruiz
(um 1350)

Loblied an die Mutter Gottes

Nun bin ich dein,
Du aller Blumen Blume,
Und sing allein
Allstund zu deinem Ruhme,
Will eifrig sein
Mich dir zu weihn
Und deinem Duldertume.

Frau, auserlesen,
Zu dir steht all mein Hoffen,
Mein innerst Wesen
Ist allezeit dir offen.
Komm, mich zu lösen

Vom Fluche des Bösen,
Der mich so hart betroffen!

Du Stern der See,
Du Port der Wonnen,
Von der im Weh
Die Wunden Heil gewonnen,
Eh ich vergeh,
Blick aus der Höh,
Du Königin der Sonnen!

Nie kann versiegen
Die Fülle deiner Gnaden,
Du hilfst zum Siegen
Dem, der mit Schmach beladen.
An dich sich schmiegen,
Zu deinen Füßen liegen
Heilt allen Harm und Schaden.

Ich leide schwer
Und wohlverdiente Strafen.
Mir bangt so sehr,
Bald Todesschlaf zu schlafen.
Tritt du einher,
Und durch das Meer
O führe mich zum Hafen!

(Heyse)

François Villon
(1431–1461)

Lied des vogelfreien Dichters

Ich sterbe dürstend an der vollen Quelle;
ich, heiß wie Glut, mir zittert Zahn an Zahn.
Frostklappernd sitz' ich an der Feuerstelle,
in meinem Vaterland ein fremder Mann.
Nackt wie ein Wurm, geschmückt wie Tamerlan,
lach ich in Tränen, hoffe voller Leid
und schöpfe Trost aus meiner Traurigkeit,
ein Mann voll Macht, ein Mann in Acht und Bann,
und meine Not ist meine Seligkeit:
  ich, hoch geliebt, geflohn von Jedermann.

Nichts ist mir sicher als das nie Gewisse
und dunkel nur, was allen Andern klar,
und fraglich Nichts als das für sie Gewisse,
denn nur der Zufall meint es mit mir wahr.
Gewinner stets, verspiel' ich immerdar;
mein Frühgebet: Gott, mach den Abend gut!
Im Liegen vor dem Fallen auf der Hut,
bin reich ich, der ich nichts verlieren kann,
und hoff' auf Erbschaft, ich, ein rechtlos Blut –
  ich, hoch geliebt, geflohn von Jedermann.

Nichts macht mir Sorge als mein bös Begehren
nach Glück und Gut, doch pfeif ich drauf zumeist.
Wer auf mich schimpft, tut mir die größten Ehren;
der Wahrste ist, wer mich mit Lügen speist.
Mein Freund ist, wer mir klipp und klar beweist:
ein grauer Kater ist ein bunter Pfau.
Und wer mir schadet, lehrt mich: du, Dem trau!
Wahrheit, Lug-Trug, mir Alles Eins fortan;

begreif ich's nicht, behalt ich's nur genau!
  ich, hoch geliebt, geflohn von Jedermann.

(Dehmel)

Lied der Gehenkten

Villons Epitaph, als er nebst Etlichen zum Galgen verurteilt war.

O Mensch, o Bruder, machst du hier einst Rast,
verhärte nicht dein Herz vor unsrer Pein;
denn wenn du Mitleid mit uns Armen hast,
wird Gott der Herr dir einst gewogen sein.
Hier hängen wir, so stücker acht auch neun;
ach, unser Fleisch, einst unser liebst Ergetzen,
jetzt ist es längst verfault und hängt in Fetzen,
samt unsern Knochen fast zu Staub zerfallen.
Doch wolle Keiner seinen Witz dran wetzen –
  nein: bittet Gott, daß er verzeih uns Allen!

Mißachte, Bruder, nicht dies unser Flehn;
du weißt ja, der du unser Bruder bist,
obgleich uns nach Gesetz und Recht geschehn,
daß nicht ein jeder Mensch vernünftig ist.
Verwende dich von Herzen als ein Christ
beim Sohn der Jungfrau, daß er seine Gnade,
da wir nun tot sind, auch auf uns entlade
und uns behüte vor des Satans Krallen;
die Seele, Bruder, stirbt nicht mit am Rade –
  ja: bittet Gott, daß er verzeih uns Allen!

Sturzregen haben unsern Leib zerspült,
die Sonne uns geschwärzt und ausgedörrt,
Kräh'n, Raben uns die Augen ausgewühlt,

uns Bart und Brauen aus der Haut gezerrt;
niemals, kein Stündchen Ruh am warmen Herd;
nur wipp und wapp, und immer wippwapp wieder,
umschwärmt von Kräh'n, die Winde um die Glieder,
zerhackt, zerlöcherter als Hosenschnallen!
Ja: vor Uns Brüdern seid ihr sicher, Brüder;
   doch – bittet Gott, daß er verzeih uns *Allen!*

(Dehmel)

Ballade von den Frauen der Vergangenheit

Sagt an, in welchem Paradies
Weilt Flora jetzt, die Römerin?
Archipiada und Thaïs,
Mit ihr verwandt – wo sind sie hin?
Und Echo auch, die Künderin
Der Lieder über Teich und Fluß,
Als schönste schon von Anbeginn?
Wohin der Schnee wohl schmelzen muß?

Wo ist die fromme Heloïs,
Herrn Abälard nicht zum Gewinn,
Der als ein Mönch zu Saint-Denis
Durch Liebesglut zerrüttet schien?
Desgleichen auch die Königin,
Die Buridan nach Scherz und Kuß
In einem Sack ertränkt – wohin?
Wohin der Schnee wohl schmelzen muß?

Und Blanche, die man die Lilie hieß,
Sirenengleiche Sängerin,
Frau Berthe, Biëtreis, Alis,
Die Haremburg im Hermelin,

Johanna auch, die Kämpferin,
Die in den Flammen starb zum Schluß,
Wo sind sie hin, o Königin?
Wohin der Schnee wohl schmelzen muß?

Mein Fürst, o fragt nicht mehr, wohin
Sie setzten Jahr und Tag den Fuß,
Nicht grämt euch drum in eurem Sinn,
Wohin der Schnee wohl schmelzen muß?

(Fischer)

Ballade

Die Villon auf Bitten seiner Mutter verfaßte, um die Muttergottes anzurufen

Himmelsherrin, Herrscherin auf Erden,
Kaiserin der öden Höllenmoore,
nimm mich an, mich deine niedre Christin,
daß ich zähl zu deinen Auserwählten,
ungeachtet daß ich nie nichts wert war.
Deine Güter, Herrin, meine Herrin,
sind um zu viel größer als ich sündig,
ohne welche keine Seel den Himmel
sich verdient hat. Das ist keine Lüge.
Will in diesem Glauben sein und sterben.

Sage deinem Sohn, ich bin die Seine,
daß von ihm mein Sündhaftsein getilgt sei,
und wie der Ägypterin verzeih mir
oder wie er tat am Theophil,
der durch dich auf einmal los und rein war,
was er auch dem Teufel sonst versprochen.

Nimm mich nur in Schutz, daß ich nicht nachlaß;
und gewähr das Sakrament mir trotzdem,
Jungfrau, das man in der Messe feiert.
Will in diesem Glauben sein und sterben.

Ich bin nichts als eine arme Alte,
weiß nichts, kann nicht eine Silbe lesen.
In der Kirche meiner Pfarre seh ich
aufgemalt ein Paradies mit Harfen,
eine Hölle, wo Verdammte kochen.
Eines macht mir Angst, das andre Freude.
Laß die Freude mein sein, hohe Göttin,
die die Zuflucht sein soll aller Sünder
voller Glauben ohne Trug und Trägheit.
Will in diesem Glauben sein und sterben.

Envoi:
Die du trugest, Jungfrau, würdige Fürstin,
Jesus, den der herrscht und ohne Ende.
Der Allmächtige, der Schwäche annahm
und die Himmel ließ und uns hier beistand
und dem Tod die hellste Jugend hingab,
dieser ist der Herr und ich bekenn ihn.
Will in diesem Glauben sein und sterben.

(Rilke)

Frühe Neuzeit Renaissance und Reformation

Jacopo Sannazaro
(1456–1530)

Von der wunderschönen Stadt Venedig

Neptun sah in der Flut Venedig herrlich stehen,
Und über Land und See ihr Reich und Herrschaft gehen.
Nun sagt er, Jupiter erheb der Römer Schloß,
Und mache, wie du willst, mit Martis Stadt dich groß.
Der Tiber ist kein Meer: sprich, wenn du sie beschauet,
Die Menschen haben dort, die Götter hier gebauet.

(Opitz)

Niccolò Macchiavelli
(1469–1527)

Die Gelegenheit

Wer bist du, sprich, mit deren Reiz zu ringen
Kein Weib vermag auf diesem Erdenrund?
Du ruhest nie? Wozu am Fuß die Schwingen?

»Gelegenheit werd' ich benamt, doch kund
Bin ich nur Wen'gen; und des Rades Rollen,
Auf dem ich steh', ist meines Schwankens Grund.
Kein Flug kann meinen Lauf erreichen wollen;
Mit Schwingen sind die Füße mir versehn,
Daß All' in meiner Bahn sich täuschen sollen.
Die Locken, die mir vorn hernieder wehn,
Gebrauch' ich, Stirn und Antlitz zu umwinden,
Daß die mich nicht erkennen, die mich sehn.
Am Hinterhaupt ist mir kein Haar zu finden;
Drum wird mir stets vergeblich nachgestellt,
Wenn man mich einmal ließ vorüberschwinden.«
Sprich, wer ist jene, die sich dir gesellt?
»Das ist die Reu; und laß dir dies berichten:
Sie bleibet dem zurück, der mich nicht hält.
Und du, indes du auf viel eitles Dichten,
Vergeblich redend, deine Zeit verwandt,
Weh dir! du merkest und begreifst mitnichten,
Daß ich schon längst dir aus den Händen schwand.«

(Gries)

Michelangelo Buonarotti
(1475–1564)

Mit deinen Augen seh ich süßes Licht,
das ich mit meinen blinden nicht mehr schaue,
und, das ich, lahm, zu tragen mich getraue,
mit deinen Füßen trag ich dies Gewicht.

Dem Federlosen gibt dein Flügel Halt,
dein Geist weiß mich zum Himmel zu entfachen,

du hast die Macht, mich rot und blaß zu machen,
im Froste heiß und in der Sonne kalt.

In deinem Willen ist mein Wille drin,
mein Denken wird in deiner Brust bereitet,
in meine Worte weht dein Atem ein.

Es scheint, daß ich dem Monde ähnlich bin,
den unser Auge oben nur begleitet,
soweit die Sonne ihn versieht mit Schein.

(Rilke)

Gut zu den andern, zu sich selber schlecht,
entsteht ein niedrer Wurm, der unter Qualen
die Hand uns kleiden kann mit seinen Schalen,
und erst sein Tod gibt seinem Dasein Recht.

Wollte doch so mein Schicksal meines Herrn
Lebendigkeit in mein Verbliebnes kleiden;
wie sich die Schlangen aus den Häuten scheiden,
verstürb ich und verwandelte mich gern.

O wäre meine Haut doch nicht zu hären,
Gewand zu sein, und zög sich selig zu
um diesen Busen, wenn ich erst vergehe;

dann hätt ich ihn bei Tage. Oder Schuh,
die Untersatz für ihn und Säulen wären:
so trüg ich wenigstens zwei reine Schnee.

(Rilke)

Entgangen, Herr, der Bürde, die mir schwer
und unlieb war, getrennt von Erdensachen,
wend ich mich müd zu dir, ein schwacher Nachen
aus Stürmen in das milde ebne Meer.

Die Dornen, Nägel, beide deine Hände,
dein lindes Antlitz, das in Großmut scheue,
versprechen Gnade einer tiefen Reue
und Hoffnung, daß ihr Heil die Seele fände.

Daß nicht dein Aug dich richtend anschaun hieße
Vergangnes; daß ich, deines Ohrs Betrüber,
nicht fürchten müsse deines Arms Erhebung.

Dein Blut nur komme über mich und fließe
je mehr, je mehr ich älter werde, über
von Beistand und von völliger Vergebung.

(Rilke)

Ich wollte wollen, Herr, was ich nicht will:
vom Feuer trennt das Herz ein Schleier Eises
und dämpft die Glut; der Nachdruck des Beweises
fehlt meiner Feder, und das Blatt hält still.

Mit meiner Zunge lieb ich dich und dann
beklag ich mich, die Liebe nicht zu spüren;
wo aber stürzt sie denn, durch welche Türen,
ins Herz und tut den schlechten Stolz in Bann.

Zerreiß den Schleier, du, o Herr, zerbrich
die Mauer, die mit ihrer Härte hindert
dein Sonnenlicht, der Erde Angebinde.

Schick deiner Braut des Glanzes Kunft, daß ich
aufflammen kann und, länger nicht vermindert
von Zweifeln, dich allein das Herz empfinde.

(Rilke)

Des Todes sicher, nicht der Stunde, wann.
Das Leben kurz, und wenig komm ich weiter;
den Sinnen zwar scheint diese Wohnung heiter,
der Seele nicht, sie bittet mich: stirb an.

Die Welt ist blind, auch Beispiel kam empor,
dem bessere Gebräuche unterlagen;
das Licht verlosch und mit ihm alles Wagen;
das Falsche frohlockt, Wahrheit dringt nicht vor.

Ach, wann, Herr, gibst du das, was die erhoffen,
die dir vertraun? Mehr Zögern ist verderblich,
es knickt die Hoffnung, macht die Seele sterblich.

Was hast du ihnen soviel Licht verheißen,
wenn doch der Tod kommt, um sie hinzureißen
in jenem Stand, in dem er sie betroffen.

(Rilke)

Wie sich im unbehau'nen toten Stein,
Je mehr der Marmor unterm Meißel schwindet,
Anwachsend immer voll'res Leben findet,
So mag es, edle Frau, mit mir auch sein.

Was Gutes in mir ist, es hüllt sich ein
Tief in mein eigen Fleisch, und so, umrindet

Vom rauhen, rohen Stoffe, der mich bindet,
Drängt sich zu mir umsonst das Leben ein.

Zu matt und kraftlos fühl' ich mich allein.
Das Ende naht, und Tag auf Tag verschwindet:
Nimm fort, was sich um meine Seele windet!
Ich könnt' es nicht, doch du kannst mich befrei'n!

(Grimm)

Noch einmal spannst du gegen mich den Bogen?
Laß ab! Die Zeiten sind nicht mehr die alten,
Und lies in meiner Stirne tiefen Falten,
Es sei die Glut von ehedem verflogen.

Ja, stürmte die noch! Wären die Gedanken
Noch ungezäumte Rosse; unbeschrieben
Die heit're Stirn, und wären fest geblieben
Die Schleier, die mir vor den Augen sanken.

Da wär' ich noch ein Ziel für deine Blicke,
Verwundbar noch von deinen Feuerpfeilen,
Nun aber spare sie – sie prallen ab.

Willst du, daß dich ein Schmerzensschrei entzücke,
So mußt du andre mit dem Gift ereilen,
Das meiner Brust genug zu dulden gab.

(Grimm)

Martin Luther
(1483–1546)

Der 46. Psalm

Ein feste Burg ist unser Gott,
Ein gute Wehr und Waffen.
Er hilft uns frei aus aller Not,
Die uns jetzt hat betroffen.
Der alt böse Feind
Mit Ernst er's jetzt meint.
Groß Macht und viel List
Sein grausam Rüstung ist.
Auf Erd ist nicht seinsgleichen.

Mit unsrer Macht ist nichts getan.
Wir sind gar bald verloren:
Es streit für uns der rechte Mann,
Den Gott hat selbst erkoren.
Fragst du, wer der ist?
Er heißt Jesu Christ,
Der Herr Zebaoth,
Und ist kein ander Gott.
Das Feld muß er behalten.

Und wenn die Welt voll Teufel wär
Und wollt uns gar verschlingen,
So fürchten wir uns nicht so sehr,
Es soll uns doch gelingen.
Der Fürst dieser Welt,
Wie saur er sich stellt,
Tut er uns doch nicht.
Das macht, er ist gericht.
Ein Wörtlein kann ihn fällen.

Das Wort sie sollen lassen stahn
Und kein Dank dazu haben.
Er ist bei uns wohl auf dem Plan
Mit seinem Geist und Gaben.
Nehmen sie den Leib,
Gut, Ehr, Kind und Weib,
Laß fahren dahin!
Sie habens kein Gewinn,
Das Reich muß uns doch bleiben.

Ulrich von Hutten
(1488–1523)

Ein neu Lied

Ich habs gewagt mit Sinnen
   Und trag des noch kein Reu,
Mag ich nit dran gewinnen,
   Noch muß man spüren Treu;
Darmit ich mein
   Nit eim allein,
Wenn man es wollt erkennen:
   Dem Land zu gut,
Wiewohl man tut
   Ein Pfaffenfeind mich nennen.

Da laß ich jeden liegen
   Und reden, was er will;
Hätt Wahrheit ich geschwiegen,
   Mir wären hulder viel.
Nun hab ichs gsagt,
   Bin drumb verjagt,
Das klag ich allen Frummen,

Wiewohl noch ich
Nit weiter fleich,
Vielleicht werd wiederkummen.

Umb Gnad will ich nit bitten,
Dieweil ich bin ohn Schuld;
Ich hätt das Recht gelitten,
So hindert Ungeduld,
Daß man mich nit
Nach altem Sitt
Zu Ghör hat kummen lassen;
Vielleicht wills Gott,
Und zwingt sie Not,
Zu handlen dieser maßen.

Nun ist oft desergleichen
Geschehen auch hie vor,
Daß einer von den Reichen
Ein gutes Spiel verlor;
Oft großer Flamm
Von Fünklin kam,
Wer weiß, ob ichs werd rächen;
Staht schon im Lauf,
So setz ich drauf:
Muß gahen oder brechen.

Darneben mich zu trösten
Mit gutem Gwissen hab,
Daß keiner von den Bösten
Mir Ehr mag brechen ab,
Noch sagen, daß
Uff einig Maß
Ich anders sei gegangen
Dann Ehren nach;

Hab diese Sach
In Gutem angefangen.

Will nun ihr selbs nit raten
Dies frumme Nation,
Ihrs Schadens sich ergatten,
Als ich vermahnet han:
So ist mir leid,
Hiemit ich scheid,
Will mengen baß die Karten;
Bin unverzagt,
Ich habs gewagt
Und will des Ends erwarten.

Ob dann mir nach tut denken
Der Kurtisanen List,
Ein Herz laßt sich nit kränken,
Das rechter Meinung ist.
Ich weiß noch viel,
Wölln auch ins Spiel,
Und solltens drüber sterben:
Auf, Landsknecht gut
Und Reuters Mut,
Laßt Hutten nit verderben!

Vittoria Colonna
(1490–1547)

Ich seh' den heiligen Geist die Fackel schwingen,
Der morsche Kirchenwust fängt Glut wie Zunder,
Zum Himmel stinkt in Rauch der alte Plunder,
Erneuerung soll die Glut der Kirche bringen!

Aus ihrer echten Helden Augen springen
Der Wahrheit Funken wie Erlösungswunder,
Sie künden siegbewußt: nur ein gesunder
Kampf gegen Wahn kann wahren Frieden bringen.

Vom Himmel hör' ich schon Posaunen tönen,
Die Götzendiener rufend zum Gerichte,
Die nur dem Gaumen und der Wollust frönen.

Das Laster – selbst vom Heiligenkleid umgeben –
Verbirgt sich nicht vor Gottes Angesichte:
Er fordert neuen Willen, neues Leben.

(Bodenstedt)

Es leuchtete der Tag, die Vögel sangen,
Beglückt in guten Zeichen stand die Welt.
Wer hohem Streben heute sich gesellt,
Wird hehren Lohn in Schönheit reich empfangen.

Und alle guten Geister voll Verlangen,
Sich auszustreun, durchziehn des Himmels Zelt,
Die Musen sind, die Grazien froh bestellt,
Zu segnen jedes edle Unterfangen.

Die Erde schmückt zum Feste sich, es klingen
Verheißungsvoll der Engel Chöre drein.
Ja, jedes Gute, heute wirds gelingen!

Blau wogt das Meer. Der Sonne goldner Schein
Verklärt das Land. Schon drängen sich die Horen.
Seht: heute, heute ward mein Held geboren!

(Lanckoronski)

Giovanni Della Casa
(1503–1556)

An den Schlaf

O Schlaf, du sanfter Sohn der kühlen feuchten
Schattenden Nacht, der Menschen Tröster du,
Süßes Vergessen bringst du, süße Ruh
Und stillst die Schmerzen, die unstillbar deuchten;

Hilf diesem Herzen, es begehret dein,
Erleichtere die armen müden Glieder;
Schwing dich im Flug herab, dein braun Gefieder
Breit über mich und hülle ganz mich ein.

Wo ist das Schweigen, das vor Licht und Tage
Sich birgt, daß es den spurenleichten Traum,
Den gern ihm folgenden, mir endlich brächte?

Ich Armer, der nach eisigen Schatten klage.
O du mit Bitternis beschwerter Flaum!
Und o ihr harten, langen, bangen Nächte!

(Fredrick)

Gaspara Stampa
(um 1503–1556)

Ich singe meiner Liebe großes Leid
In dunkler Trauer, streng gefügtem Klagen.
Die Schmerzen singe ich, die ich getragen,
Es rauscht mein Lied in feierlichem Kleid.

So hört denn, die ihr gut und edel seid,
Laßt nicht vor eurem Spotte mich verzagen,
Bekränzet mich mit Lorbeer, denn von Tagen
Der Not, die heilig sind, geb ich Bescheid.

Ihr Schwestern aber möget ohne Scheu
Mich glücklich heißen. Was ich auch gelitten,
Ist rein und wahr; ich litt es ohne Reu.

O daß der Liebste nicht in Weges Mitten
Verraten meine Liebe, meine Treu:
Ich wäre stolz und kühn einhergeschritten.

(Lanckoronski)

Henry Howard, Earl of Surrey
(1517–1547)

Bringt hin mich, wo die Sonne das Grün zerglüht,
Oder auch wo ihr Strahl abprallt vom Eise,
In mäßige Wärme, wo man sie fühlt und sieht,
Bringt mich zu Völkern töricht oder weise,

Stellt mich in hohen oder niedern Rang,
In längste Nächte oder kürzeste Tage,
In hellsten Äther, dicksten Wolkenhang,
In frische Jugend oder Altersplage,

Schafft mich in Himmel, Erd, zur tiefsten Höll,
Berg oder Tal, in wilde Wasserfluten,
Sklav oder frei, heil oder krank zur Stell,
Ich lebe, sei's im bösen Ruf, im guten:

Gehör nur ihr! und der Gedank allein
Genügt mir, mag mein Los auch elend sein.

(Regis)

Pierre de Ronsard
(1524–1584)

An einen Weißdorn

Schöner Weißdorn, frisch von Grün,
Recht im Blühn
Hier am Flußgestad, dem blanken,
Bis zur Wurzel hüllt dich ein
Wilder Wein
Um und um mit seinen Ranken.

Mut'ger Ämsenlager zwei,
Reih' an Reih',
Wimmeln unter dir im Grünen;
Und dein Stamm, der hohle Trumm,
Voll Gesumm,
Ist ein Aufenthalt der Bienen.

Nachtigall, der Vogel fein,
Stellt sich ein
Alle Jahr' in deinen Zweigen;
Wohnt bei dir mit seiner Sie,
Spät und früh
Seine Lieb' ihr zu bezeigen.

Hoch in deiner Krone fest
Schwebt ihr Nest,

Klug aus Seid' und Woll' geknüpfet,
Drin (wie bald mein süßer Raub!)
Unterm Laub
Ihre Brut dem Ei entschlüpfet.

Lebe denn, mein Weißdorn du,
Immerzu,
Leb' und laß von keinen Wettern,
Laß von keinem Donnerkeil,
Keinem Beil,
Keiner Zeit dich je zerschmettern!

(Freiligrath)

Sonette für Helene

1.

Tu ab, womit du überreich beschenkt,
Die Schätze, die der Himmel dir verliehn,
Schönheit und Jugend, Geist, so hoch gediehn,
Den Gang, das Wort, wie man die Göttin denkt.

Dann wär ich dir nicht mehr zu Last. Versenkt
In solchen Anblick, der zu köstlich schien,
Mußt ich ja rasend werden. Nur durch ihn
Ist meine Seele aus sich selbst verdrängt.

Der Frevel, daß ich deine Hand berührt,
Macht deine Wangen schon vor Zorn erbleichen:
Verzweiflung nur hat die Vernunft verführt,

Mich treibt die Flamme, die du angefacht.
Laß lieber zur Verzeihung dich erweichen:
Wer sonst als du hat mich so schlecht gemacht?

2.

Wenn du dereinst des Abends, grau und alt,
Am Feuer sitzend spinnst bei Kerzenlicht
Und singend dich besinnst, daß mein Gedicht
Dir selbst in deiner jungen Schönheit galt,

Ronsards Gedicht: die siegende Gewalt
Des Namens, den dein Mund bezaubert spricht,
Strahlt von der Magd verklärtem Angesicht,
Die aus dem Schlummer fuhr, von ihm durchhallt.

Sie preist dich selig, weil ich dich besungen.
Ich liege längst im Grab, mein Schatten schwebt
Im Myrtenhain, den Flüchtigen gesellt,

Du aber hockst am Herd und hast gelebt
Und mich verschmäht. – Noch klingt mein Lied der jungen:
Pflück, eh sie welkt, die Rose dieser Welt.

3.

Nimm diesen Strauß: es hat ihn meine Hand
Aus vollerblühten Blumen dir gebunden:
Hätt ich sie diesen Abend nicht gefunden,
Sie lägen morgen welk am Wiesenrand.

Laß dirs zur Warnung dienen: nahverwandt
Den Blumen ist dein Reiz, er zählt nach Stunden;

Auch ihn wird eines Nachts der Reif verwunden,
Und kaum erblüht, ist er auch schon verbrannt.

Die Zeit geht hin, geht hin, geliebte Frau –
Ach, sie geht nicht, jedoch wir selber gehn
Und kommen nur zu bald am Grabe an.

Und die uns jetzt noch lacht, die Liebe, kann,
Wer einmal tot ist, nie mehr wieder sehn:
Drum lieb mich heut, da ich noch schön dich schau.

(Schaukal)

Wie ich mir mein Grab wünsche

Ihr Grotten, Quellen ihr,
Die aus dem Felsrevier
Hinstürzet unverwandt,
  Ein gleitend Band,

Ihr Wälder, Bachgerinn
Durch grüne Wiesen hin,
Ihr Ufer, Haine dort,
  Vernehmt mein Wort.

Will es die Schicksalsstund,
Daß ich nun geh zugrund,
Und wird genommen mir,
  Was schön war hier,

Soll nimmermehr es sein,
Daß man aus Marmorstein
Voll übertriebner Pracht
  Ein Grab mir macht.

Ein Baum soll mich allein
Beschatten statt dem Stein,
Mit seiner Blätter Kleid,
Grün alle Zeit.

Könnt doch, muß ich hinab,
Ein Efeu aus dem Grab
Entstehn, der mich umfängt,
Sich um mich drängt.

Ein Laubgewind von Wein
Soll Schmuck dem Grabe sein,
Und seine Schatten ziehn
Über mich hin.

Alljährlich kommt alsdann
Mit ihren Herden an
Der Hirten junge Schar
Und bringet dar

Die Opfergaben still,
Mir, den man ehren will.
Ihr Chor spricht zu dem Ort
Wohl dieses Wort:

Weithin bist du bekannt,
Sein Grab wirst du genannt,
Des Lied noch heut erklingt,
Das jeder singt.

Er, als er lebte, war
Des schlimmen Neides bar
Und stand den Ehren fern
Der großen Herrn.

… Doch über Felder hin
Ließ er die Musen ziehn,
Gekost vom Gras beim Klang
   Von seinem Sang.

Denn seiner Saiten Spiel
Fand holder Klänge viel,
Die unser Land geschmückt
   Und uns beglückt.

Und Manna, süß und rein,
Soll seiner Ruhstatt sein,
Und Tauglanz, den gebracht
   Die Maiennacht.

Ringsum sei Flüstern, das
Entsteigt dem kühlen Gras,
Und übers Wasser zieht
   Ein Wellenlied.

Wir denken immerdar
Wie groß sein Ruhm einst war,
Wir tragen wie dem Pan
   Ihm Ehre an.

Der Hirten Chor so singt,
Der mit dem Becher bringt
Mir Milch und Lammblut gar
   Als Gabe dar.

Mir, der zur Stunde hat
Die beste Ruhestatt,

Bei sel'gen Geistern nun,
Die dorten ruhn …

(Rieple)

Joachim du Bellay
(1525–1565)

Lied an den Wind

Euch leichten Windgesellen,
Den ruhlos, flügelschnellen,
Die ihr die Welt durchweht,
Und mit dem sanften Flüstern
Durchs Schattengrün der Rüstern
Mit leisem Beben geht:

Geb ich die Veilchen gern,
Die Lilien Stern bei Stern,
Die Rosen dort vom Strauch,
Der roten Rosen Glühen,
Die eben erst erblühen,
Und diese Nelken auch.

Mit euerm wilden Wehen
Sollt durch das Feld ihr gehen,
Sanft fächelnd Haus und Hag,
Dieweil ich mühvoll ringe
Und meine Körner schwinge
Im sonndurchglühten Tag.

(Rieple)

Louise Labé
(1526–1566)

Das erste Sonett

Hat keiner je, Odysseus oder wer
sonst findig war, von diesem anmutvollen
und hohen Gott so drängende Beschwer,
wie ich sie leiden muß, vermuten wollen.

Denn du hast, Liebe, mit dem Blick mir fast
die Brust durchbohrt. Und mein von Glut und Speise
berstendes Herz ist jetzt auf keine Weise
zu retten, wenn du selbst kein Mittel hast.

O wunderliches Schicksal über mir.
Als wär ich von dem Skorpion gestochen
und hoffte Heilung durch dasselbe Tier.

Ich wünsche frei zu sein von meinen Nöten
und doch mich ihrem Grund zu unterjochen.
So bleibt kein Ausweg mehr. Es wird mich töten.

(Rilke)

Das dritte Sonett

Langes Verlangen, Hoffnung ohne Sinn,
Geseufz und Tränen so gewohnt zu fließen,
daß ich fast ganz in den zwei Strömen bin,
in welche meine Augen sich ergießen.

O Härten von entmenschter Grausamkeit,
himmlisches Licht, das karg zu schaun geruhte;

und immer noch im abgelehnten Blute
zunehmend das Gefühl der frühsten Zeit.

Als litt ich nicht genug. So mag noch schlimmer
der Gott an mir den Bogen proben. Pfeil
und Feuer verschwendet er sich selber zum Verdruß:

Denn ich bin so versehrt und nirgends heil,
daß keine neue Wunde an mir nimmer
die Stelle fände, wo sie schmerzen muß.

(Rilke)

Das vierte Sonett

Seitdem der Gott zuerst das ungeheuer
glühende Gift in meine Brust mir sandte,
verging kein Tag, da ich davon nicht brannte
und dastand, innen voll von seinem Feuer.

Ob er mit Drohungen nach mir gehascht,
mir Mühsal auflud, mehr als nötig, oder
mir zeigte, wie es endet: Tod und Moder –
mein Herz in Glut war niemals überrascht.

Je mehr der Gott uns zusetzt, desto mehr
sind unsre Kräfte unser. Wir verdingen
nach jedem Kampf uns besser als vorher.

Der uns und Götter übermag, ist denen
Geprüften nicht ganz schlecht: er will sie zwingen,
sich an den Starken stärker aufzulehnen.

(Rilke)

Das achte Sonett

Ich leb, ich sterb; ich brenn und ich ertrinke,
ich dulde Glut und bin doch wie im Eise;
mein Leben übertreibt die harte Weise
und die verwöhnende und mischt das Linke

mir mit dem Rechten, Tränen und Gelächter.
Ganz im Vergnügen find ich Stellen Leides,
was ich besitz, geht hin und wird doch echter:
ich dörr in einem, und ich grüne, beides.

So nimmt der Gott mich her und hin. Und wenn
ich manchmal mein', nun wird der Schmerz am größten,
fühl ich mich plötzlich ganz gestillt und leicht.

Und glaub ich dann, ein Dasein sei erreicht,
reißt es mich nieder aus dem schon Erlösten
in eine Trübsal, die ich wiederkenn.

(Rilke)

Das elfte Sonett

O Blicke, Augen aller Schönheit voll,
wie kleine Gärten, die in Liebe stehen:
was hab ich lange da hineingesehen,
obwohl ich eure Pfeile meiden soll.

Zweideutiges Herz, du hältst mich grausam fest
mit deinem Starrsein, deinem fürchterlichen,
wie viele Tränen hast du mir erpreßt,
wenn ich mein Herz, das brennt, mit dir verglichen.

Ihr Augen, ja, je mehr ihr dorthin schaut,
je mehr wird euch des Anblicks Lust vertraut;
doch du mein Herz, wenn sie sich ganz verlieren

in ihrem Schauen, hast davon nur Qual.
Wie soll ich ruhig sein ein einziges Mal:
dein Glück ist nicht vereinbar mit dem ihren.

(Rilke)

Das einundzwanzigste Sonett

Wie muß der Mann sein, Farbe, Haar und Wuchs,
damit er ganz gefalle? Welche Blicke
begegnen nirgends eines Widerspruchs?
Wer fügt die Wunden zu, die die Geschicke

nicht heilen können? Welches Lied allein
hat alle Macht der Welt? Wer kommt am weitsten,
wenn er ihn singt, in seinen Schmerz hinein?
Und was für Dinge sind es, die uns reizten?

Ich bin entscheidend nicht in solchen Sachen,
die Liebe hat mein Urteil in der Hand.
Ich weiß nur eins: der schönste Gegenstand

und alle Kunst, die die Natur erhöhte,
vermöchten nimmer, wenn man sie mir böte,
mir meine Sehnsucht sehnender zu machen.

(Rilke)

Torquato Tasso
(1544–1595)

Bei der Hinrichtung eines schönen Mädchens
(An den Richter)

Du sahst vom rauhen Seil die Hand umstrickt,
Grausamer, die nur Liebe sollt umschlingen,
Und Zeichen ehern neben blassen Ringen –
Doch nicht von Küssen – ihnen eingedrückt.

Und mitleidlos hast du sie angeblickt,
Weil allen rings die Augen übergingen.
Dein starres Felsenherz nicht konnte zwingen
Der Reiz, der jedes Zürnen hätt erstickt.

Des wilden Tigers wilde Seele, Harter,
Hast du gezeigt bei ihrer Not und Qual,
Ein Herz, wie das der Schlang im heißen Sande.

Nun richte solch Gericht und solche Marter
Amor, der Weisre wohl an seinem Bande
Umkreist und führt und zieht nach eigner Wahl!

(Förster)

An Lukrezia Borgia beim Tode ihres Vogels

Der Vogel, der so süße Melodien
In seiner Haft von dir sich abgehöret,
Lag tot im Schoße dir, und schön geehret
War selger Tod, dem Tränen du verliehen.

Ich Schwan in meiner Haft (sei es verziehen,
Wenn stolzes Wort der kühnen Lipp entfähret!),
Ich lern und singe, was mich Amor lehret;
Doch hat weit andres Schicksal mein Bemühen.

Ich sterbe oft, und härter ist die Weise;
Denn ich ersteh zu Leid und kann deswegen
Doch in so schönem Schoß kein Grab erlangen;

Und Augen, die benetzt mit vollem Regen
Ihn, der vom Indus fern gemacht die Reise,
Sind karg mir; kann kein Tröpflein auch empfangen.

(Förster)

Das Kreuz

An diesem heilgen Stamme, dran das Leben
Das erste Blatt gewesen, Frucht das Sterben,
Nimmt Sterben heut gefangen trostlos Sterben,
Und schöner kehrt als je zurück das Leben.

Leben, um zu beleben, läßt das Leben,
Und es verschwört sich Sterben gegen Sterben.
Daß, wenn das Sterben stirbt, zuletzt in Sterben
Sich Leben wandle, Sterben sich in Leben.

Der Feind erzittert vor dem ewgen Sterben,
Es freun sich, die im Tod erwarten Leben,
Wenn sie belebend nahen sehn das Sterben.

Hier liegt verblichen Jesus, er, das Leben,
So sterbend nun zerstören will das Sterben,
Und durch sein Sterben wecken neues Leben.

(Förster)

Edmund Spenser
(1552–1599)

Lang sucht' ich, wem ich jene mächt'gen Augen
Vergliche, die den Geist mir hell gemacht:
Doch find' ich nichts zur Welt, das möchte taugen,
Ihm zu vergleichen ihre Liebespracht.

Der Sonne nicht: sie scheinen ja bei Nacht,
Auch nicht dem Monde: wechsellos ihr Schimmer,
Den Sternen nicht: zu rein sind sie entfacht;
Dem Feuer nicht: denn sie verzehren nimmer;

Dem Blitze nicht: denn sie beharren immer;
Dem Diamanten nicht: sie sind zu mild;
Noch dem Kristall: denn nichts schlägt sie in Trümmer;
Noch auch dem Glas: Kränkung solch niedrig Bild!

Dem Schöpfer selbst dann sind am gleichsten sie,
Des Licht erleuchtet, was wir schauen hie.

(Freiligrath)

Sir Philip Sidney
(1554–1585)

Komm, süßer Schlaf, du festes Friedensband,
Du Balsamsmilde, drin sich's leidlos ruht,
Des Armen Schatz, des Häftlings Freiheitsland,
Gerechtes Richtschwert zwischen Bös und Gut;

Du starker Schild, halt ihren Pfeilen stand,
Gib Schirm und Schutz vor der Verzweiflung Wut,
Fort aus den Kämpfen leit mich leichter Hand –
Ich leiste freudig jeglichen Tribut;

Sieh dieser weichen Kissen süße Ruh –
Taub jedem Lärmen bin ich, blind dem Licht –
Mein müdes Haupt, der Rosenkranz dazu:
All dies ist dein! Lockt dich auch dies noch nicht?

Dann, Himmelsgnade, schau in mein Gemüt,
Drin meiner Stella blumig Sternbild blüht.

(Freiligrath)

O Kuß, du Spender rötlicher Juwelen,
Wie, oder neuer Paradiesesfrüchte?
Der du mit Süßigkeit durchströmst die Seelen,
Den stummen Mund lehrst edlere Gedichte;

O Kuß, in des Naturbanns Zauberdichte
Mit Geistern Geister selber sich vermählen;
Wie gern ließ ich dich schaun im hellsten Lichte,
Könnt ich auch nur ein Teil von dir erzählen!

Doch sie verbeut's; errötend spricht ihr Mund,
Sie bau ihr Lob auf ehrenwerten Grund;
Doch mein Herz brennt, ich kann das Wort nicht missen.

Drum, liebes Leben, wenn ich still sein soll
Und doch nicht ruhn kann vor Entzücken toll,
Mußt du, mich stillend, immer, immer küssen!

(Regis)

William Shakespeare
(1564–1616)

Sonett II

Wenn vierzig Winter einst dein Haupt umnachten
Und tief durchfurchen deiner Schönheit Feld,
Dann ist dein Jugendflor, wonach wir itzt so trachten,
Ein mürbes Kleid, das unbemerkt zerfällt.
Ein ödes Lob, ein allverzehrend Schmähn
Wär's dann, dem Forscher nach den Reizen all,
Nach all dem frühen Reichtum, zu gestehn,
Er sei dahin mit deines Auges Fall.
Weit rühmlicher wies deine Schönheit sich,
Könnt'st du erwidern: »Dies mein schönes Kind
Tilgt meine Schuld, vertritt im Alter mich,
Weil seine Reize Erben meiner sind«. –
Dies ist's, wodurch ein Greis sich neu verjüngt
Und kaltem Blut die Wärme wiederbringt.

(Regis)

Sonett III

Sieh in dein Glas! Zum Bild, das es dir weist,
Sprich: Bild, nun mußt du auf dein Abbild denken.
Wenn du dich jetzt auffrischend nicht erneust,
Höhnst du die Welt, wirst Mutterrechte kränken.
Denn welcher Schönen unbestellter Schoß
Verschmäht den Pflug wohl deiner Feldwirtschaft?
Wer war in eigner Meinung je so groß,
Der Selbstsucht Grab zu sein, der Enkel Haft?
Du, deiner Mutter Spiegel, zauberst ihr
Der Jugendtage holden Lenz herbei:
So, trotz der Runzeln, auch erscheinet dir
Durch deines Alters Fenster einst dein Mai.
Doch lebst du nur Vergessenheit zu erben,
Stirb einsam, und dein Bild wird mit dir sterben.

(Regis)

Sonett XVIII

Soll ich dich einem Sommertag vergleichen?
Anmutiger, gemäßigter bist du.
Des Maies Lieblinge jagt Sturmwind von den Zweigen,
Und nur zu früh gehn Sommers Pforten zu.
Bald scheint zu heiß des Himmels Auge, bald
Umdunkelt sich sein goldner Kreis; es weilet
Das Schöne nie in seiner Wohlgestalt,
Vom Zufall, vom Naturlauf übereilet.
Du aber sollst in ew'gem Sommer blühn,
Nie deiner Schönheit Eigentum veralten;
Nie soll dich Tod in seine Schatten ziehn,
Wenn ew'ge Zeilen dich der Zeit erhalten.

Solange Menschen atmen, Augen sehn,
So lang lebt *dies*, und heißt dich fortbestehn.

(Regis)

Sonett XXXII

Wenn einstens, da ich längst zu Staub vergangen
Und keine andre Spur von mir geblieben,
Die Blätter hier vor deinen Blick gelangen,
Vergilbtes Zeugnis für lebend'ges Lieben:
Laß für der Zeiten Fortschritt sie nicht büßen,
Bewahre sie um meiner Liebe willen,
Nicht ihrer Kunst: zu besserem Genießen
Mag spätern Künstlern sich die Form erfüllen.
Sprich freundlich: »Wär' der Freund nicht schon gestorben
Vor dieser hochgestimmten Zeiten Gunst,
Er hätte leicht den höchsten Preis erworben,
Groß wie die Liebe wäre seine Kunst.
Doch da vor Größern in das Grab er sank,
Sei ihrer Kunst, sei seiner Liebe Dank.«

(Kraus)

Sonett LX

Wie Wellen an dem Kieselstrand verrauschen,
So fluten die Minuten hin zum End,
Und immer naht die nächste, um zu tauschen
Mit der, die eben schwand im Element.
Gebornes, ganz vom Meer des Lichts umflutet,
Erwächst zur Höhe; wenn sie kaum erklommen,
Droht Dunkel, und bald sieht man, wie sich sputet

Die Zeit, die, was sie gab, schon hat genommen.
Man sieht, wie sie verheert das junge Grün
Und wie sie Furchen gräbt in schöne Flächen;
Nichts ist in der Natur zum Glanz gediehn,
Das man nicht sieht an ihrer Sichel brechen.
Und doch, wie immer sie der Schöpfung droht,
Mein Lied, es trotzt der grimmen Zeit Gebot.

(Kraus)

Sonett CV

Nicht Götzendienst nennt meine Liebe! Nimmer
Betrachtet als mein Götzenbild den Freund:
Denn all mein Singen, all mein Loben, immer
Von einem, nur auf einen ist's gemeint.
Gut ist mein Liebling heut, ist morgen gut;
Ein seltnes Wunder treuer Freundespflicht;
Und so, erfüllt von immer gleichem Mut,
Bedarf nicht der Verändrung mein Gedicht.
Schön, gut und wahr ist all mein Gegenstand;
Schön, gut und wahr, verändert nur nach Namen;
In einem drei: welch weites Wunderland!
In ihrem Wechsel aller Dichtung Samen.
Schön, gut und wahr; sie lebten oft zerstreut:
In einem nimmer, bis auf unsre Zeit.

(Regis)

John Donne
(1573–1631)

An den Pfarrern Schandflecken

Pfaff / die vergleichung deiner haaren
Mit deinen sünden must du sparen:
Dan jene nemen ab / die zu / mit deinen jahren.

(Weckherlin)

Sonnenaufgang

Sonne, was machst du für Geschichten?
Was fällt dir alten Närrin ein?
Durch Glas und Vorhang rufst du nach uns zwein?
Soll ein verliebtes Paar nach dir sich richten?
Geh, schilt mit grämlichem Pedantenmaul
Verschlafne Stifte, schulverdroß'ne Knaben,
Hofjäger mahn': der König wünscht den Gaul,
Die Dörfler, daß sie Erntepflichten haben,
Allein für den, der sich der Liebe weiht,
Sind Stund' und Tag armselge Fetzen Zeit.

Braucht Rücksicht dich nicht zu beschweren,
Weil hell dein Strahl erglüht?
Ihn auszulöschen reicht mein Augenlid,
Könnt' *ihren* Anblick ich so lang entbehren.
Bist du von ihren Augen noch nicht blind,
Komm morgen abend, mir zu sagen,
Wo beider Indien Süßigkeiten sind,
Ob sie nicht hier in meinen Kissen lagen.
Frag nach den Kön'gen, gestern noch erblickten,
Ob sie ein Lager hier nicht alle drückten.

Nichts andres gibt es, sie
Stellt alle Lande vor, die Fürsten ich.
Die Fürsten spielen uns nur, wer verglich,
Fand Ehre Mimik, Reichtum Alchimie.
Wie diese Welt nun einmal eingerichtet,
Hast Sonne, du, nicht viel von unsrer Freude,
Alt macht bequem; bist du dazu verpflichtet,
Die Welt zu wärmen, nun so wärm uns beide.
Schein hier auf uns, so bist du allerwegen,
Kannst um dies Bett die Himmelsreise legen.

(Schücking)

Sonett an den Tod

Tod, sei nicht stolz, hast keinen Grund dazu,
Bist gar nicht mächtig stark, wie mancher spricht:
Du tust uns nichts; auch mich tötest du nicht.
Die du besiegt wähnst, warten nur in Ruh.

Wenn schon der Schlaf, dein Abbild, Freude leiht,
Welch hohe Lust muß aus dir selbst gedeihn.
Und gehn auch unsre Größten zu dir ein –
Die Asche fault, die Seele ist befreit.

Du Sklav des Fürsten, des Verzagten Knecht,
Der falsch durch Gift, durch Krieg und Krankheit siegt:
Wenn schon ein Schlaftrunk uns in Schlummer wiegt,
Und besser als dein Streich, wie prahlst du schlecht!

Nach kurzem Schlaf erwachen wir zur Ruh –
Und mit dem Tod ists aus: Tod, dann stirbst du.

(Flatter)

Ben Jonson
(1573–1637)

An Celia

Trink mir nur mit den Augen zu,
Und meine tun Bescheid.
Laß einen Kuß im Glas zurück,
Um Wein ist mir's nicht leid.
Der Durst, der aus der Seele quillt,
Will einen Göttertrank;
Doch ob ihn Zeus mit Nektar stillt,
Er hätt' nicht solchen Dank.

Jüngst hab' ich Rosen dir gesandt,
Nicht bloß zu Ehr' und Zier;
Nein, ich versprach den Rosen auch,
Sie welkten nicht bei dir.
Du schicktest sie zurück, allein
Dein Atemhauch verlieh
Ein ander Wesen ihrem Sein:
Nach dir nur duften sie.

(Schücking)

John Fletcher
(1579–1625)

Tröstung

Weine nicht mehr; seufze, klage nicht.
Kummer rufet keine Zeit, die man verlor.
Veilchen, die du pflücktest, wachsen nicht,

Ist der Regen noch so süß, empor.
Bind die Locken und ein Lächeln spende:
Niemand sieht des Schicksals dunkles Ende.
Freuden gleich beschwingten Träumen fliehn,
Sollte nicht auch Trübsal von dir ziehn?
Gram macht nur den Schmerz so schwer –
Schönste, traure, traure nun nicht mehr.

(Behrmann)

George Herbert
(1593–1632)

Tod und Leben

Du holder Tag, so kühl, so still, so labend,
Von Erd' und Himmel bräutlich Aufgebot,
Ein holder Tau weint um dich schon am Abend:
Du gehst zum Tod!

Du holde Rose, kühne Lenzesgabe,
Des Auges Schmerz in deinem Flammenrot,
Mit deiner Wurzel stehst du schon im Grabe:
Du gehst zum Tod!

Du holder Lenz voll holder Tag' und Rosen,
Ein Balsamkelch von Räuberhand bedroht,
Es klagt mein Lied: auch du bist bald verstoßen,
Du gehst zum Tod!

Die reine nur, die lichtgeborne Seele,
Gleich frischem Holz in Flammen nie verglüht,

Und wird die Erde eine Aschenhöhle,
Vom Feuer erst das Leben jene zieht.

(Notter)

Die Seele

Du holder Tag, so süß im Morgenrot,
Bräutliche Düfte sinds, die dich umwehn:
Die Nacht, in Tränen, weint um deinen Tod –
Auch du mußt gehn!

Du holde Rose, süß wie Honigseim,
Die Augen taun, die glücksberauscht dich sehn:
Zur Wurzel, die dich nährt, kehrst du einst heim –
Auch du mußt gehn!

Du holder Lenz, in deiner Tage Glanz,
Da deine Rosen süß in Düften stehn:
Mein Lied, für dich ein kleiner Blütenkranz,
Wird auch vergehn.

Einzig die Seele ists, sie wird bestehn:
Kein Sturz, kein Brand, kein Grab, das sie begräbt!
Mag alle Welt in Staub und Schutt vergehn,
Sie bleibt und lebt!

(Flatter)

Das Zugwerk

Als Gott den Menschen schuf,
Nahm er aus einer Schale seine Gaben –

Was, sprach er, weithin auf der Welt zerstreut,
In ihm vereint soll er es alles haben,
Was diese Erde beut.

Die Stärke kam zuerst,
Dann Schönheit, Weisheit, Ehre und Ergötzen,
Die Schale leerte sich, da hielt er ein,
Auf ihrem Grunde lag von allen Schätzen
Die Ruhe noch allein.

Denn wollt' ich dem Geschöpf,
Sprach er, dies letzte Kleinod nicht verwehren,
Er würd' in der Natur statt meiner ruh'n,
Nicht mich, nein, meine Güter nur verehren,
Das wär' kein rechtes Tun.

Sei alles andre sein,
Allein mit Murren stets und unzufrieden,
Reich sei er wohl, doch reich und ruhelos,
Wenn nicht sein Herz, treibt Überdruß hinieden
Ihn dann in meinen Schoß.

(Schücking)

Barock und Aufklärung

Luís de Camões
(1524–1580)

Was beut die Welt, um noch darnach zu spähn,
Wo ist ein Glück, dem ich mich nicht entschwur?
Verdruß nur kannt ich, Abgunst kannt ich nur –
Dich, Tod, zuletzt; was konnte mehr geschehn?

Dies Leben reizt nicht, Leben zu erflehn;
Daß Gram nicht töte, weiß ich, der's erfuhr.
Birgst du noch größres Mißgeschick, Natur,
Dann seh ich's noch, denn alles darf ich sehn.

Der Unlust lange starb ich ab und Lust,
Selbst jenen Schmerz verschmerzt ich, büßt ich ein,
Der längst die Furcht gebannt nur aus der Brust.

Das Leben fühlt ich als verliebte Pein,
Den Tod als unersetzlichen Verlust –
Trat ich nur darum in dies kurze Sein?

(Platen)

Jakob war sieben Jahr' als Hirt verdungen
Bei Laban, Rahels Vater; doch sein Dienen
Galt nicht dem Vater, sollt' ihm bloß verdienen
Die schöne Bäurin, der er nachgerungen.

Das Zögern mancher Tage ward bezwungen
Durch Hoffnung eines Tags; da der erschienen,
Brach schlau den Bund der Vater zwischen ihnen,
Für Rahel ward ihm Lea aufgedrungen.

Der traur'ge Hirt sah, was ihm widerfahre,
Wie List ihm seine Hirtin nicht gewähre,
Als ob sie immer unverdient noch bliebe;

Begann zu dienen andre sieben Jahre,
Und sprach: Ich diente mehr, wenn nur nicht wäre
So kurz das Leben für so große Liebe.

(Schlegel)

Luis de León
(1527–1591)

Blick ich hinauf zu Euch,
Ihr goldnen Sterne,
So glanz- und freudenreich
In hoher Ferne;
Und schau' um mich die göttlichsten der Gaben
In Nacht, Vergessenheit und Schlaf begraben;

O wie erwacht in mir
Der Liebe Sehnen!
Mein Auge weint zu dir

Ströme von Tränen,
Und was die Brust beklemmt, voll heißer Klagen,
Kann nur ein Seufzer Dir, o Himmel, sagen.

Thron aller Herrlichkeit
Und ewgen Klarheit!
Sitz der Unsterblichkeit,
Der reinen Wahrheit!
Ach, warum ist ein Geist, für Dich geboren,
In diese tiefe dunkle Nacht verloren?

(Herder)

Felix Lope de Vega
(1562–1635)

Ein Selbstgespräch Philipps II.

Auch ich bin nur ein Mensch. Was staunet ihr
Vor meinen Herrlichkeiten und Gewalten,
Die zum Gebrauche nur ich hab erhalten,
Wie viele andre Könige vor mir.

Wenn weite Länder, mächtge Reiche hier
Sich beugen meinem stark und guten Walten,
Und doch den Tod mir nicht vom Leibe halten,
Was hilft die ganze diamantne Zier?

Es ruht von Pol zu Pol die runde Erde,
Wie auf dem Atlas still des Himmels Sphäre,
Auf meinem großen Namen und Gebot.

Und wenn ich ruf zu Bogen, Pfeil und Schwerte,
So geht ein Zittern über Land und Meere …
Und *Ich* erzittre einzig vor dem Tod.

(Voßler)

Die Zeit

Wie tut die Zeit? Wie immer sie getan,
Und unermüdlich läuft ihr gleicher Sinn.
Zu meinen, daß das wenigste dahin,
Das wär ein Alterszeichen, wäre Wahn.

Was auch noch übrigbleibt, sie rückt voran,
Bei Tag und Nacht, bergauf, bergab: Gewinn
Dem Reichen – und dem Armen, der ich bin,
Bringt sie, ihr wißt schon welchen Stern heran:

Prozesse, Wucher, Schliche, Diebstahl, Klagen,
Betrug und Finten auch in großen Massen,
Luftige Weiberröcke, Abschiedsplagen,

Eilboten, Briefe, Lügen, Grüßenlassen,
Geschwätz, Geschmeichel, leicht' und schwere Fragen,
Viertausend Dichter auch in jeder Gassen.

(Voßler)

Wo das Tote lebt

Nicht ist so glänzend und kristallenrein
Der Bach, der im Gebirg gefror zu Eise,

Nicht hat das Ebenholz so schwarze Weise,
Nicht ist so blau die Blüt am grünen Lein,

Nicht gibt des Ostens Gold so klaren Schein,
Noch ist der Duft, der wollustvoll und leise
Vom echten Ambra steigt, so wert im Preise,
Noch ist der Schnecke Purpur also fein

Als Stirne, Brauen, Augen, Lockenringe,
Odem und Mund des Engels, den ich liebe,
Des schönsten, der sich senkt in Fleisch und Blut;

Ein reizend Abbild scheint er jener Dinge,
Nur daß hier lebt, was ewig tot sonst bliebe,
Eis, Schwarzholz, Lein, Gold, Ambra, Purpurglut.

(Geibel)

Luis de Góngora
(1567–1627)

An Córdoba

Oh du, erhabne Mauer – Türme ihr, daneben,
wie sehr von Anmut, Ehre, Majestät verschönt!
Oh großer Fluß, als Andalusiens Herr gekrönt,
nicht Gold, allein dein Adel kann den Sand beleben!

Oh reiche Ebnen ihr – ihr Berge so verwegen,
euch liebt der Himmel und der Tag euch golden frönt!
Oh Vaterland, an Ruhm warst stetig du gewöhnt,
die Feder glorreich – glorreich ebenso der Degen!

Wenn in der Zeiten Trümmer hier und der Ruinen,
die der Genil bereichert, Dauro netzt in Ruh',
Erinnerungen dein mir keine Nahrung waren,

so wollen meine fernen Augen nie verdienen,
die Mauern, deinen Fluß, die Türme zu erfahren,
die Berge, Ebnen: Heimat! Spaniens Blume du!

(Meurer)

Zur Erinnerung an Tod und Hölle

Plebejer-Urnen, Königs-Sarkophage:
dorthin, Gedanken, sollt ihr furchtlos dringen,
wo gleichen Fuß' ungleiche Schritte gingen
schon jenes Henkers aller unsrer Tage.

Beseht und stellt das Sterbliche in Frage:
trotz aller eitlen, wenn nicht frommen Schlingen
der orientalischen Hilf' in diesen Dingen
nur kahler Knochen, kalter Asche Klage.

Steigt nieder in des Schlundes schwarze Flanken!
Blasphemisch Seelen da im Kerker schreien,
es jammern die, die kalte Eisen binden,

und wollt doch wenigstens, oh ihr Gedanken,
vom Tode mit dem Tode euch befreien,
die Hölle mit der Hölle überwinden.

(Meurer)

Francisco de Quevedo
(1580–1645)

Das Nasen-Sonett

Es war ein Mann, an einer Nase pendelnd,
Die höchste Steigerung der Nasen war es,
Der Urtyp eines Nasenexemplares,
Ein Schwertfisch wars, sich um ein Barthaar bändelnd;

War eine Sonnenuhr, die Wand verschandelnd,
Ein Destillierglas wars, ein tropfend klares,
Ein Elefantenrüssel von Benares,
Ovidius Naso, nasenhafter endend;

Es war der Rammsporn einer Kriegsgaleere,
War eine Pyramide in Oasen,
War Pharao im Roten Nasenmeere.

Es war die allernaseste der Nasen,
Ein Riesennasending von solcher Schwere,
Es brächte den Anas sogar zum Rasen.

(Gross)

Boten des Todes

Ich sah die Mauern meines Vaterlandes:
Einst bauten wir sie kühn, der Zeit vertrauend,
Nun stehn sie runzelnd da, mit ihr ergrauend,
Die letzten Hüter stolzen Widerstandes.

Ich ging aufs Land: die Glut des Sonnenbrandes
Lag auf dem Eis der Bäche, sie zertauend,

Das Vieh stand lechzend nach den Bergen schauend,
Die lang den Tag beraubt des Lichtgewandes.

Ich kehrte in mein Haus: mir kam's entgegen
Wie Moderduft und Staub aus alten Zeiten;
Kaum hielt ich mich gebückt an meinem Stabe.

Vom Alter krank geworden war mein Degen,
Und ließ ich meine Blicke um mich gleiten,
War's wie ein Gruß, ein Winken aus dem Grabe.

(Grossmann)

Georg Rodolf Weckherlin
(1584–1653)

Anakreontisch

*Es ist Unglück zu buhlen
und nicht zu buhlen.*

Der, welcher buhlet, hat viel Plag'
Und der nicht buhlet, hat all' Tag'
Auch Müh' gnug, sein Herz zu verdrießen;
Der aber hat mehr Pein und Reu',
Der nach bewährter Lieb' und Treu'
Kann seiner Dienste nicht genießen.

Lehr', Adel, Tugend, Kühnheit, Zucht
Sind zu der Lieb' nun gar ohn' Frucht:
Den Künsten die Leut' nichts nachfragen;
Und die Jungfrauen dieser Zeit,

Schier alle feil, erheben weit
Die, so am mehrsten Geld zutragen.

O daß *der* jämmerlich verderb'
Und greulich sterb' und wieder sterb',
Der das Geld erstlich hat erfunden,
Dadurch verblendet die Blutsfreund'
Mehr denn natürliche Todsfeind'
Sich hassen, von Geiz überwunden.

Daher entspringet alle Not,
Verdruß und Zwietracht, Krieg und Tod,
Angst, Trauern, Sorgen und Mißtrauen.
Darum, ihr Jüngling', seid doch weis',
Zu hüten euch mit allem Fleiß
Für allen geizigen Jungfrauen.

Martin Opitz
(1597–1639)

Bedeutung der Farben

Weiß ist ganz keusche Reinigkeit,
Leibfarbe, Weh und Schmerzen leiden,
Meergrüne, voneinander scheiden.
Schwarz ist Betrübnis, Angst und Leid,

Rot, innigliche Liebesbrunst,
Und Himmelblau, sehr hohe Sinnen,
Bleich Leichfarb, argen Wohn gewinnen,
Gelb, End und Ausgang aller Gunst,

Haarfarbe, deutet auf Geduld,
Bleich Aschenfarben, heimlich Huld.
Braun, aller Liebe ganz vergessen,

Grün, Hoffnung; und weil jetzund ich,
Gebrauche dieser Farbe mich,
Ist wohl mein Zustand zu ermessen.

Pedro Calderón de la Barca
(1609–1681)

Die Blumen I

Hier diese, wenn empor der Morgen dringt,
Erwachend sich zu Pomp und Lust erheben,
Sind aber eitler Trauer hingegeben,
Wenn die Entschlafnen kalte Nacht umschlingt.

Dies Farbenspiel, das mit dem Himmel ringt,
Das Purpur, Schnee und Gold zur Iris weben,
Wird warnend Vorbild sein dem Menschenleben;
So viel ists, was ein Tag zum Ziele bringt.

Zum Blühn sind früh die Rosen aufgestanden,
Zum Altern haben sie die Blüt entbunden,
Die Wieg und Grab in einer Knospe fanden.

So haben Menschen auch ihr Los gefunden,
An einem Tage kamen sie und schwanden;
Verflossen sind Jahrhunderte nur Stunden.

(Schlegel)

Die Blumen II

Die hellen Funken, welche dem Beschauer,
Genährt von Strahlen, die der Sonn entsprühten,
Wann sie versank, des Lichtes Blick vergüten,
Sie leben selbst nur eine Blumentrauer.

Nächtliche Blüten sinds: in krankem Schauer
Ermattet bald der Glanz, von dem sie glühten:
Denn wenn ein Tag das Alter ist der Blüten,
Ist eine Nacht der Sterne Lebensdauer.

Nach dieser Lenze schnell verwelktem Prangen
Muß unser Wohl, muß unser Weh sich färben
Ob Sonnen unter- oder aufgegangen.

Was könnte dauerhaft der Mensch erwerben?
Was wandelbar von Sternen nicht empfangen,
Die jede Nacht geboren wieder sterben?

(Schlegel)

Simon Dach
(1605–1659)

Lied der Freundschaft

1

Der Mensch hat nichts so eigen,
So wohl steht nichts ihm an,
Als daß er Treu erzeigen
Und Freundschaft halten kann,
Wann er mit seines gleichen

Soll treten in ein Band;
Verspricht sich nicht zu weichen
Mit Herzen, Mund und Hand.

2

Die Red' ist uns gegeben,
Damit wir nicht allein
Für uns nur sollen leben
Und fern von Menschen sein;
Wir sollen uns befragen
Und sehn auf guten Rat,
Das Leid einander klagen,
So uns betreten hat.

3

Was kann die Freude machen,
Die Einsamkeit verheelt?
Das gibt ein doppelt Lachen,
Was Freunden wird erzählt.
Der kann sein Leid vergessen,
Der es von Herzen sagt;
Der muß sich selbst auffressen,
Der in geheim sich nagt.

4

Gott stehet mir vor allen,
Die meine Seele liebt;
Dann soll mir auch gefallen,
Der mir sich herzlich gibt.
Mit diesem Bundsgesellen
Verlach ich Pein und Not,
Geh auf den Grund der Höllen,
Und breche durch den Tod.

5

Ich hab, ich habe Herzen
So treue, wie gebührt,
Die Heuchelei und Scherzen
Nie wissendlich berührt;
Ich bin auch ihnen wieder
Von Grund der Seelen hold,
Ich lieb euch mehr, ihr Brüder,
Als aller Erden Gold.

Paul Gerhardt
(1607–1676)

Abendlied

Nun ruhen alle Wälder,
Vieh, Menschen, Stadt und Felder,
Es schläft die ganze Welt:
Ihr aber, meine Sinnen,
Auf, auf, ihr sollt beginnen,
Was eurem Schöpfer wohlgefällt.

Wo bist du, Sonne, blieben?
Die Nacht hat dich vertrieben,
Die Nacht, des Tages Feind:
Fahr hin, ein andre Sonne,
Mein Jesus, meine Wonne,
Gar hell in meinem Herzen scheint.

Der Tag ist nun vergangen,
Die güldnen Sternlein prangen
Am blauen Himmelssaal:
So, so werd ich auch stehen,

Wenn mich wird heißen gehen
Mein Gott aus diesem Jammertal.

Der Leib, der eilt zur Ruhe,
Legt ab das Kleid und Schuhe,
Das Bild der Sterblichkeit:
Die zieh ich aus, dagegen
Wird Christus mir anlegen
Den Rock der Ehr und Herrlichkeit …

Sommergesang

1.
Geh aus, mein Herz, und suche Freud
In dieser lieben Sommerzeit
An deines Gottes Gaben;
Schau an der schönen Gärten Zier
Und siehe, wie sie mir und dir
Sich ausgeschmücket haben.

2.
Die Bäume stehen voller Laub,
Das Erdreich decket seinen Staub
Mit einem grünen Kleide;
Narzissus und die Tulipan,
Die ziehen sich viel schöner an
Als Salomonis Seide.

3.
Die Lerche schwingt sich in die Luft,
Das Täublein fleugt aus seiner Kluft
Und macht sich in die Wälder;
Die hochbegabte Nachtigall

Ergötzt und füllt mit ihrem Schall
Berg, Hügel, Tal und Felder.

4.
Die Glucke führt ihr Völklein aus,
Der Storch baut und bewohnt sein Haus,
Das Schwälblein speist die Jungen;
Der schnelle Hirsch, das leichte Reh
Ist froh und kommt aus seiner Höh
Ins tiefe Gras gesprungen.

5.
Die Bächlein rauschen in dem Sand
Und malen sich in ihrem Rand
Mit schattenreichen Myrten;
Die Wiesen liegen hart dabei
Und klingen ganz von Lustgeschrei
Der Schaf und ihrer Hirten.

6.
Die unverdroßne Bienenschar
Fleucht hin und her, sucht hie und dar
Ihr' edle Honigspeise.
Des süßen Weinstocks starker Saft
Bringt täglich neue Stärk und Kraft
In seinem schwachen Reise.

7.
Der Weizen wächset mit Gewalt,
Darüber jauchzet Jung und Alt
Und rühmt die große Güte
Des, der so überflüssig labt
Und mit so manchem Gut begabt
Das menschliche Gemüte.

8.
Ich selbsten kann und mag nicht ruhn;
Des großen Gottes großes Tun
Erweckt mir alle Sinnen;
Ich singe mit, wenn alles singt,
Und lasse, was dem Höchsten klingt,
Aus meinem Herzen rinnen.

9.
Ach, denk ich, bist du hier so schön
Und läßt du uns so lieblich gehn
Auf dieser armen Erden,
Was will doch wohl nach dieser Welt
Dort in dem festen Himmelszelt
Und güldnen Schlosse werden!

10.
Welch hohe Lust, welch heller Schein
Wird wohl in Christi Garten sein!
Wie muß es da wohl klingen,
Da so viel tausend Seraphim
Mit eingestimmtem Mund und Stimm
Ihr Halleluja singen!

11.
O wär ich da, o stünd ich schon,
Ach, süßer Gott, vor deinem Thron
Und trüge meine Palmen,
So wollt ich nach der Engel Weis'
Erhöhen deines Namens Preis
Mit tausend schönen Psalmen!

12.
Doch gleichwohl will ich, weil ich noch
Hier trage dieses Leibes Joch,

Auch nicht gar stille schweigen;
Mein Herze soll sich fort und fort
An diesem und an allem Ort
Zu deinem Lobe neigen.

13.
Hilf mir und segne meinen Geist
Mit Segen, der vom Himmel fleußt,
Daß ich dir stetig blühe!
Gib, daß der Sommer deiner Gnad
In meiner Seelen früh und spat
Viel Glaubensfrücht' erziehe!

14.
Mach in mir deinem Geiste Raum,
Daß ich dir werd ein guter Baum,
Und laß mich wohl bekleiben;
Verleihe, daß zu deinem Ruhm
Ich deines Gartens schöne Blum
Und Pflanze möge bleiben!

15.
Erwähle mich zum Paradeis
Und laß mich bis zur letzten Reis'
An Leib und Seele grünen;
So will ich dir und deiner Ehr
Allein und sonsten keinem mehr
Hier und dort ewig dienen.

Morgenlied

1.
Wach auf, mein Herz, und singe
Dem Schöpfer aller Dinge,

Dem Geber aller Güter,
Dem frommen Menschenhüter.

2.
Heut, als die dunklen Schatten
Mich ganz umgeben hatten,
Hat Satan mein begehret,
Gott aber hat's gewehret.

3.
Ja, Vater, als er suchte,
Daß er mich fressen möchte,
War ich in deinem Schoße,
Dein Flügel mich beschlosse.

4.
Du sprachst: Mein Kind, nun liege
Trotz dem, der dich betrüge,
Schlaf wohl, laß dir nicht grauen,
Du sollst die Sonne schauen.

5.
Dein Wort, das ist geschehen,
Ich kann das Licht noch sehen,
Für Not bin ich befreiet,
Dein Schutz hat mich erneuet.

6.
Du willst ein Opfer haben:
Hier bring ich meine Gaben;
Mein Weihrauch und mein Widder
Sind mein Gebet und Lieder.

7.
Die wirst du nicht verschmähen,
Du kannst ins Herze sehen;
Denn du weißt, daß zur Gabe
Ich ja nichts Bessers habe.

8.
So wollst du nun vollenden
Dein Werk an mir und senden,
Der mich an diesem Tage
Auf seinen Händen trage.

9.
Sprich Ja zu meinen Taten,
Hilf selbst das Beste raten,
Den Anfang, Mitt und Ende,
Ach Herr, zum besten wende.

10.
Mich segne, mich behüte,
Mein Herz sei deine Hütte,
Dein Wort sei meine Speise,
Bis ich gen Himmel reise.

John Milton
(1608–1674)

An die Zeit

Flieh, neid'sche Zeit, bis du dein Ziel erreichet,
Beschleunige der Stunden schweren Gang,
Des Eile nur dem Fall des Senkbleis gleichet,
Es sättige dich, was dein Rachen schlang,

Das Eitle, Falsche, denn nur das wird dein,
Nur Erdentand und Staub;
So wenig ist dein Raub,
Und der Verlust so klein.
Wirst endlich alles Böse du begraben,
Zuletzt die eigne Gier verzehret haben,
Dann nahet Ewigkeit mit hohem Gruß
Und bringt den unteilbaren Kuß;
Und einer Flut gleich wird die Freude steigen,
Wenn jedes wahrhaft Gute sich wird zeigen,
Das Göttliche hell scheinen
Und Wahrheit, Friede, Liebe sich vereinen,
Um dessen Thron zu schweben,
Zu dem wir uns im Himmelsflug erheben,
Ihn anzuschaun durch alle Ewigkeit;
Tief unter uns die dunkle Erdenbahn,
Ruhn ewig wir, in Sternen angetan,
Erhaben über Zufall, Tod – und dich, o Zeit.

(Schopenhauer)

An die Nachtigall

O Nachtigall, die auf dem Blütenreis
Du abends schlägst, wenn rings die Wälder schweigen,
Und zu erneuter Hoffnung möchtest neigen
Das Herz der Liebenden im Mond des Mais,

Dein Lied, mit dem der laute Tag wird leis,
Wenn wir es hören vor des Kuckucks Reigen,
Bedeutet Liebesglück. O wenn zu eigen
Ihm solche Macht gab eines Gotts Geheiß,

So sing jetzt gleich, eh mir vom nächsten Baum
Des Neides Vogel Mißgeschick verkündet,
Du, die durch Zögern jenem oft ließ Raum

Und ursachlos mir Weh gabst manches Jahr,
Seist du der Muse, seist der Lieb verbündet,
Ich diene beiden, bin aus beider Schar.

(Notter)

Auf seine Erblindung

Wenn ich bedenke, wie auf halbem Wege
Mein Licht erlosch und mich die Nacht umbreitet,
Das Pfund, das zu vergraben Tod bedeutet,
Verdirbt trotz aller Inbrunst, die ich hege

Zum Dienst des Herrn (denn schilt er sonst mich nicht
Am Jüngsten Tag?), dann frag' ich Narr mich wohl:
»Wie? Gott heischt Arbeit, die ich schaffen soll,
Und er versagt das Licht dazu?« – Drauf spricht

Die Demut: »Murre nicht! Gott hat nicht not
Des Menschenwerks; sein Joch ist sanft, und wer
Es trägt, tut Dienst, den höchsten aller Arten.

Bedenk, Gott ist ein König; sein Gebot
Schickt rastlos Tausende durch Land und Meer:
Auch jene dienen, die nur stehn und warten.«

(Schücking)

Auf Shakespeare. 1630

Was braucht wohl meines Shakespeare hehr Gebein
Der langen Arbeit eines Mals von Stein?
Warum soll seiner heilgen Asche Friede
Sich bergen unter stolzer Pyramide?
Wer uns so wert, so großen Ruhmes Erbe,
Bedarf solch Zeugnis nicht, daß er nicht sterbe.
In unserm Geist, der vor Bewundrung schauert,
Hast du errichtet dir ein Mal, das dauert.
Denn wenn, beschämend jede träge Kunst,
In deinen Versen stürmet heil'ge Brunst,
Wenn jedes Herz, wo delph'sche Weisheit winket,
Aus deinem Born mit tiefer Rührung trinket,
Dann fühlt, von deiner Phantasie verzückt,
Das Herz sich selbst in toten Stein entrückt,
So daß, solch prächtig Grabmal zu erwerben,
Selbst Kön'ge wünschten, gleichen Tod zu sterben.

(Ulrich)

Paul Fleming
(1609–1640)

An Sich

Sei dennoch unverzagt! Gib dennoch unverloren!
Weich keinem Glücke nicht, steh höher als der Neid,
Vergnüge dich an dir, und acht es für kein Leid,
Hat sich gleich wider dich Glück, Ort und Zeit verschworen.

Was dich betrübt und labt, halt alles für erkoren,
Nimm dein Verhängnis an, laß alles unbereut.

Tu, was getan sein muß, und eh man dirs gebeut.
Was du noch hoffen kannst, das wird noch stets geboren.

Was klagt, was lobt man doch? Sein Unglück und
und sein Glücke
Ist sich ein jeder selbst. Schau alle Sachen an:
Dies alles ist in dir. Laß deinen eitlen Wahn,

Und eh du fürder gehst, so geh in dich zurücke.
Wer sein selbst Meister ist, und sich beherrschen kann,
Dem ist die weite Welt und alles untertan.

Andreas Gryphius
(1616–1664)

Menschliches Elende

Was sind wir Menschen doch! ein Wohnhaus
grimmer Schmerzen?
Ein Baal des falschen Glücks, ein Irrlicht dieser Zeit,
Ein Schauplatz aller Angst und Widerwärtigkeit,
Ein bald verschmelzter Schnee und abgebrannte Kerzen.

Dies Leben fleucht davon wie ein Geschwätz und Scherzen.
Die vor uns abgelegt des schwachen Leibes Kleid
Und in das Totenbuch der großen Sterblichkeit
Längst eingeschrieben sind, sind uns aus Sinn' und Herzen:

Gleich wie ein eitel Traum leicht aus der Acht hinfällt
Und wie ein Strom verfleust, den keine Macht aufhellt;
So muß auch unser Nam', Lob, Ehr und Ruhm
verschwinden.

Was itzund Atem holt, fällt unversehns dahin;
Was nach uns kommt, wird auch der Tod ins Grab hinziehn,
So werden wir verjagt gleich wie ein Rauch von Winden.

Es ist alles eitel

Du siehst, wohin du siehst, nur Eitelkeit auf Erden.
Was dieser heute baut, reißt jener morgen ein;
Wo itzund Städte stehn, wird eine Wiese sein,
Auf der ein Schäferskind wird spielen mit den Herden.

Was itzund prächtig blüht, soll bald zertreten werden;
Was itzt so pocht und trotzt, ist morgen Asch und Bein;
Nichts ist, das ewig sei, kein Erz, kein Marmorstein.
Itzt lacht das Glück uns an, bald donnern die Beschwerden.

Der hohen Taten Ruhm muß wie ein Traum vergehn.
Soll denn das Spiel der Zeit, der leichte Mensch, bestehn?
Ach, was ist alles dies, was wir vor köstlich achten,

Als schlechte Nichtigkeit, als Schatten, Staub und Wind,
Als eine Wiesenblum, die man nicht wieder findt!
Noch will, was ewig ist, kein einig Mensch betrachten.

Andrew Marvell
(1621–1678)

An seine spröde Geliebte

Gäb' es in Fülle Welt und Zeit,
Wär' reizend diese Sprödigkeit.
Man säße da und dächte nach,

Was tun den langen Liebestag.
Am Ganges suchtest du Rubinen,
Ich klagte in den Humberdünen.
Ich liebte dich schon recht und gut
Zehn Jahre vor der großen Flut,
Du aber würdest nichts gewähren,
Bis alle Juden sich bekehren.
Mein still Verlangen wüchse freilich
Ein Weltreich groß, doch minder eilig,
Denn hundert Jahr würd' ich verbringen,
Um deiner Augen Lob zu singen
Und deine Stirne zu betrachten;
Zweihundert Jahre würd' ich schmachten
Von deinen Brüsten, und das läßt
Noch dreißigtausend für den Rest,
Ein Weltenalter jeder Gabe,
Bis ich dein Herz besungen habe.
Verehrte, dies in meinem Sinn
Wär' nur, was ich dir schuldig bin.

Doch rückwärts immer näher jagen
Hör' ich der Zeit beschwingten Wagen,
Und vor uns dehnt sich endlos weit
Die Wüstenei der Ewigkeit.
Auch deine Schönheit schwindet bald,
In deiner Marmorgruft verhallt
Kein Lied von mir; der Wurm verzehrt,
Was dir als Jungfernschaft so wert,
Dein Stolz wird sich in Staub verkehren,
In Asche alle mein Begehren.
Das Grab ist ein verschwiegner Ort,
Doch niemand mehr umarmt sich dort.

Deshalb, solang auf deiner Brau
Die Jugend glänzt wie Morgentau,

Hingebend deine Seele glüht
Und jede Faser Funken sprüht,
Genießen wir in vollen Zügen,
Wie Adler, die auf Beute fliegen.
Laß uns der Zeit mit eins bezahlen,
Nicht träge Kiefer uns zermahlen,
All unsre Stärke sei und all
Die Süßigkeit als wie ein Ball,
Den jauchzend wir trotz seinem Sträuben
Dem Leben durch die Tore treiben.
Steht drum auch nicht die Sonne still,
Genug, wenn sie sich sputen will.

(Schücking)

Jean Baptiste Racine
(1639–1699)

Chöre aus Racines Athalie

Durch alle Welten reicht
Die Herrlichkeit Jehovas.
Betet an unsern Gott,
Rufet an seine Kraft!
Sein Reich bleibt auf der Erde und im Himmel
gegründet.
Gesang! Gesang!
Bringe Lob ihm und Dank!

O Gesetz, das göttlich uns gebeut!
Welche Weisheit, welch erhabne Güte!
Euer Verstand, euer Gefühl
Ruft euch zu:

Gebt euch hin
Diesem Herrn,
Euer Herz und Gemüt.

Mit Tränen,
O mein Gott!
Mit Entsetzen
Bestrafe den Frevelnden
Der nicht dem heilgen Tempel
Mit Ehrfurcht naht,
Jeden Tag Dich verehrt.
Nur für uns Ist Gesang,
Nur für uns, die du wählest
Als die Erben deines Reichs.
Nur für uns ist Gesang,
Zu erhöhn
Deine Kraft, dein Reich und Herrlichkeit.

O wenn des Herren Stimme tröstlich klänge
Und unser Herz
Seine Worte vernähme,
Wie die zarte Blüte
Am frühen Jahr
Kühler Tau morgens labt.

(Goethe)

Joachim Neander
(1650–1680)

Lobe den Herren

Lobe den Herren, den mächtigen König der Ehren,
Meine geliebete Seele, das ist mein Begehren;
Kommet zu Hauf,
Psalter und Harfe, wacht auf,
Lasset die Musicam hören.

Lobe den Herren, der alles so herrlich regieret,
Der dich auf Adlers Fittichen sicher geführet,
Der dich erhält,
Wie es dir selber gefällt;
Hast du nicht dieses verspüret?

Lobe den Herren, der künstlich und fein dich bereitet,
Der dir Gesundheit verliehen, dich freundlich geleitet;
In wieviel Not
Hat nicht der gnädige Gott
Über dir Flügel gebreitet!

Lobe den Herren, der deinen Stand sichtbar gesegnet,
Der aus dem Himmel mit Strömen der Liebe geregnet;
Denke daran,
Was der Allmächtige kann,
Der dir mit Liebe begegnet.

Lobe den Herren, was in mir ist, lobe den Namen!
Alles, was Odem hat, lobe mit Abrahams Samen!
Er ist dein Licht,
Seele, vergiß es ja nicht,
Lobende, schließe mit Amen.

Voltaire
(1691–1778)

Madrigal

Auch in die allergröbsten Lügen
Mischt oft ein Schein von Wahrheit sich.
Ich war im Traum zum Königsrang gestiegen,
Und liebte dich,
Erklärt' es kühn zu deinen Füßen.
Doch mit dem Traum verließ nicht alles mich;
Nichts als mein Reich ward mir entrissen.

(Goethe)

Thomas Gray
(1716–1771)

Elegie, geschrieben auf einem Dorfkirchhof

Die Abendglocke tönt den Tag zur Ruh,
Die Herden schleichen blökend im Revier,
Der Pflüger rudert schwer der Hütte zu
Und läßt die Welt der Dunkelheit und mir.

Der Glanz der Gegend schmilzt nun Zug für Zug
Und tiefe Feierstille hält die Luft;
Der Käfer dröhnt nur dort noch seinen Flug,
Wo Schlummerklang zum fernen Pfürche ruft.

Nur dort tönts noch durch alte Rudera,
Wo es der Eule Murrsinn Lunen klagt,

Daß noch ein Wandrer, ihrer Grotte nah,
Ihr ödes Heiligtum zu stören wagt.

An dieser Ulme, diesem Eschenbaum,
Wo sich der Grund in Moderhügeln hebt,
Ruhn rohe Ahnen in dem engen Raum,
Die in dem kleinen Dörfchen einst gelebt.

Des Morgens Balsamduft am Lindengang,
Vom Binsendach der Schwalbe Wirbellauf,
Des Hahnes Krähn, des Hornes Widerklang
Weckt sie nicht mehr vom kleinen Lager auf.

Für dich brennt nun der gute Herd nicht mehr;
Kein Hausweib sorgt für deinen Abendgruß;
Kein Knabe lauscht des Vaters Wiederkehr
Und klimmt mit Neid am Knie um einen Kuß.

Oft sank das Korn in ihrer Eisenhand;
Oft riß das Blachfeld unter ihrem Pflug:
Wie fröhlich trieb ihr Fuhrwerk über Land!
Wie fiel der Wald, wenn ihre Sehne schlug!

Verspotte nie der Ehrgeiz ihre Müh,
Ihr unbekanntes Glück, ihr kleines Fest;
Hohnlächle nie die Größe über sie,
Wenn sie das Buch der Armut lesen läßt.

Der Wappen Prahlerei, der Pomp der Macht,
Was je der Reichtum und was Schönheit gab,
Sinkt unerlöslich hin in *eine* Nacht:
Der Pfad der Ehre führet nur ins Grab.

Ihr Stolzen, rechnet es nicht ihnen an,
Wenn auf ihr Grab der Ruf nicht Marmor hebt,

Wo durch das Chorgewölbe himmelan
Des Lobes Note schwellend widerbebt!

Ruft je der Urne, ruft der Büste Laub
Mit Künstlergeist den fliehnden Hauch empor?
Belebt des Ruhmes Stimme je den Staub?
Rührt Schmeichelei des Todes kaltes Ohr?

Vielleicht in diesem dunklen Winkel ruht
Ein Herz, auch einst von Götterfeuer warm,
Und Hände für der Laute Feuerglut,
Und für des Zepters Schwung ein Heldenarm.

Doch Wissenschaft entrollt ihr großes Buch,
Reich von der Zeiten Raub, nicht ihrem Blick:
Der starre Mangel hemmt den Kraftversuch
Und drängt der Seele Schöpferstrom zurück.

Des Meeres fadenloser Boden hält
So manche Perle, deren Farbe glüht,
Und manches Lenzes schönste Blume fällt,
Die ungenossen in der Wildnis blüht.

Hier schläft vielleicht ein Hampden, dessen Mut
Dem kleinen Dorftyrannen widerstand,
Ein stummer Milton unbekannter Glut,
Ein Cromwell, schuldlos an dem Vaterland!

Ihr Los war nicht des Beifalls Jubelton,
Nicht in dem Schmerz die stolze Apathie;
Sie sahn sich nicht im Blicke der Nation,
Der ihre Weisheit Überfluß verlieh.

Ihr Jugendflug, ihr Lasterlauf begrenzt,
Verbot ihr Los den Weg zu einem Thron,

Der von dem Blute der Erschlagnen glänzt,
Oft allem wahren Menschensinne Hohn.

Gewissensangst war ihnen Strahlenlicht,
Erstickt war nie die Röte holder Scham;
Sie opferten dem Stolz der Schwelger nicht
Mit Weihrauch, den man frech der Muse nahm.

Fern von des Torenhaufens niederm Zank,
Verirrte nie sich ihre Nüchternheit;
Geräuschlos wandelten sie ihren Gang
Durchs kühle, stille Tal der Lebenszeit.

Ein kleines Denkmal, das als Ehrenschild
Nur ihren Staub vor Schmähsucht decken soll,
Ein harter Reim, ein schlecht geformtes Bild
Verlangen eines Seufzers leichten Zoll.

Ihr Nam, ihr Jahr von ungelehrter Hand
Ist ihnen mehr als Ruhm der Dichtung wert,
Und ländlich zieht die Muse rund am Rand
Den Spruch der Bibel, welcher sterben lehrt.

Am Freunde hing der Geist noch, als er schied,
Die Zähre tat noch dunkeln Augen gut;
Auch aus dem Grabe ruft Natur ihr Lied,
Und in der Asche lebt die alte Glut.

Von mir, der ich von meinen Brüdern hier
Ganz ohne Kunst das kleine Lied gesagt,
Wenn einsam in Betrachtungen nach mir
Einst eine reinverwandte Seele fragt,

Von mir spricht einst vielleicht ein greiser Mann:
»Oft, wenn das Morgenrot im Osten hing,

Sahn wir ihn, wie er schnell den Berg hinan
Der Morgensonn im Tau entgegen ging.

Dort, wo die Buche, deren Wurzel weit
Und hoch sich windet, an dem Ufer nickt,
Lag er am Mittag mit Behaglichkeit
Lang über jenen Kieselbach gebückt.

Verächtlich lächelnd schlich er dort herum
Am Walde, Grillen murmelnd und betrübt,
Wehmütig, wie verloren, bleich und stumm,
Wie einer, welcher ohne Hoffnung liebt.

Einst sah ich früh ihn an dem Hügel nicht,
Nicht auf der Heide, nicht am Lieblingsbaum,
Noch mißt ich ihn am zweiten Morgenlicht
An seinem Bach und an des Waldes Saum.

Am dritten Tag erschien ein Leichenzug,
Der langsam ihn den Kirchengang herab
Mit Totenmelodie zur Ruhe trug;
Komm, lies; dort deckt ein kleiner Stein sein Grab.«

(Die Grabschrift)

Sanft legt sein Haupt hier in der Erde Schoß
Ein Jüngling, der nie Glück und Ruhm gekannt;
Der Muse Lächeln war sein bestes Los,
Und Schwermut hat zum Liebling ihn ernannt.

Groß war sein Herz und seine Seele schlicht;
Des lohnt' ihm auch des Himmels Güte sehr.
Mit Armen weint' er, und mehr konnt er nicht;
Es ward ein Freund ihm, und er bat nicht mehr.

Sucht sein Verdienst nicht weiter darzutun,
Gebt seine Schwachheit nicht dem Tadler bloß;
Laßt beide sie in banger Hoffnung ruhn
In seines Vaters, seines Gottes Schoß.

(Seume)

Friedrich Gottlob Klopstock
(1724–1803)

Der Zürchersee

Schön ist, Mutter Natur, deiner Erfindung Pracht
Auf die Fluren verstreut, schöner ein froh Gesicht,
Das den großen Gedanken
Deiner Schöpfung noch einmal denkt.

Von des schimmernden Sees Traubengestaden her,
Oder, flohest du schon wieder zum Himmel auf,
Komm in rötendem Strahle
Auf dem Flügel der Abendluft,

Komm, und lehre mein Lied jugendlich heiter sein,
Süße Freude, wie du! gleich dem beseelteren
Schnellen Jauchzen des Jünglings,
Sanft, der fühlenden Fanny gleich.

Schon lag hinter uns weit Uto, an dessen Fuß
Zürch in ruhigem Tal freie Bewohner nährt;
Schon war manches Gebirge
Voll von Reben vorbeigeflohn.

Jetzt entwölkte sich fern silberner Alpen Höh,
Und der Jünglinge Herz schlug schon empfindender,
Schon verriet es beredter
Sich der schönen Begleiterin.

»Hallers Doris«, die sang, selber des Liedes wert,
Hirzels Daphne, den Kleist innig wie Gleimen liebt;
Und wir Jünglinge sangen,
Und empfanden wie Hagedorn.

Jetzo nahm uns die Au in die beschattenden
Kühlen Arme des Walds, welcher die Insel krönt;
Da, da kamest du, Freude!
Volles Maßes auf uns herab!

Göttin Freude, du selbst! dich, wir empfanden dich!
Ja, du warest es selbst, Schwester der Menschlichkeit,
Deiner Unschuld Gespielin,
Die sich über uns ganz ergoß!

Süß ist, fröhlicher Lenz, deiner Begeistrung Hauch,
Wenn die Flur dich gebiert, wenn sich dein Odem sanft
In der Jünglinge Herzen,
Und die Herzen der Mädchen gießt.

Ach du machst das Gefühl siegend, es steigt durch dich
Jede blühende Brust schöner, und bebender,
Lauter redet der Liebe
Nun entzauberter Mund durch dich!

Lieblich winket der Wein, wenn er Empfindungen,
Beßre sanftere Lust, wenn er Gedanken weckt
Im sokratischen Becher
Von der tauenden Ros' umkränzt;

Wenn er dringt bis ins Herz, und zu Entschließungen,
Die der Säufer verkennt, jeden Gedanken weckt,
Wenn er lehret verachten,
Was nicht würdig des Weisen ist.

Reizvoll klinget des Ruhms lockender Silberton
In das schlagende Herz, und die Unsterblichkeit
Ist ein großer Gedanke,
Ist des Schweißes der Edlen wert!

Durch der Lieder Gewalt, bei der Urenkelin
Sohn und Tochter noch sein; mit der Entzückung Ton
Oft beim Namen genennet,
Oft gerufen vom Grabe her,

Dann ihr sanfteres Herz bilden, und, Liebe, dich,
Fromme Tugend, dich auch gießen ins sanfte Herz,
Ist, beim Himmel! nicht wenig!
Ist des Schweißes der Edlen wert!

Aber süßer ist noch, schöner und reizender,
In dem Arme des Freunds wissen ein Freund zu sein!
So das Leben genießen,
Nicht unwürdig der Ewigkeit!

Treuer Zärtlichkeit voll, in den Umschattungen,
In den Lüften des Walds, und mit gesenktem Blick
Auf die silberne Welle,
Tat ich schweigend den frommen Wunsch:

Wäret ihr auch bei uns, die ihr mich ferne liebt,
In des Vaterlands Schoß einsam von mir verstreut,
Die in seligen Stunden
Meine suchende Seele fand;

O so bauten wir hier Hütten der Freundschaft uns!
Ewig wohnten wir hier, ewig! Der Schattenwald
Wandelt' uns sich in Tempe,
Jenes Tal in Elysium!

Die frühen Gräber

Willkommen, o silberner Mond,
Schöner, stiller Gefährt der Nacht!
Du entfliehst? Eile nicht, bleib, Gedankenfreund.
Sehet, er bleibt, das Gewölk wallte nur hin.

Des Maies Erwachen ist nur
Schöner noch wie die Sommernacht,
Wenn ihm Tau, hell wie Licht, aus der Locke träuft,
Und zu dem Hügel herauf rötlich er kömmt.

Ihr Edleren, ach, es bewächst
Eure Male schon ernstes Moos.
O, wie war glücklich ich, als ich noch mit euch
Sahe sich röten den Tag, schimmern die Nacht.

Matthias Claudius
(1740–1815)

Kriegslied

's ist Krieg! 's ist Krieg! O Gottes Engel wehre,
Und rede du darein!
's ist leider Krieg – und ich begehre
Nicht schuld daran zu sein!

Was sollt' ich machen, wenn im Schlaf mit Grämen
Und blutig, bleich und blaß,
Die Geister der Erschlagnen zu mir kämen,
Und vor mir weinten, was?

Wenn wackre Männer, die sich Ehre suchten,
Verstümmelt und halb tot
Im Staub sich vor mir wälzten, und mir fluchten
In ihrer Todesnot?

Wenn tausend tausend Väter, Mütter, Bräute,
So glücklich vor dem Krieg,
Nun alle elend, alle arme Leute,
Wehklagten über mich?

Wenn Hunger, böse Seuch' und ihre Nöten
Freund, Freund und Feind ins Grab
Versammleten, und mir zu Ehren krähten
Von einer Leich' herab?

Was hülf' mir Kron' und Land und Gold und Ehre?
Die könnten mich nicht freun!
's ist leider Krieg – und ich begehre
Nicht schuld daran zu sein!

Der Mensch

Empfangen und genähret
Vom Weibe wunderbar
Kömmt er und sieht und höret
Und nimmt des Trugs nicht wahr;
Gelüstet und begehret,
Und bringt sein Tränlein dar;
Verachtet und verehret;

Hat Freude und Gefahr;
Glaubt, zweifelt, wähnt und lehret,
Hält nichts und alles wahr;
Erbauet und zerstöret;
Und quält sich immerdar;
Schläft, wachet, wächst und zehret;
Trägt braun und graues Haar etc.
Und alles dieses währet,
Wenn's hoch kommt, achtzig Jahr.
Denn legt er sich zu seinen Vätern nieder,
Und er kömmt nimmer wieder.

Carl Michael Bellman
(1740–1795)

Resolut

Bin ich da, so will ich leben,
Leben auf die beste Weis –
Eine Eva soll mir geben
Adams Paradeis!
Will gebratne Tauben in den Mund,
Nektar trinken, gehn auf rosenüberstreutem Grund,
Streicheln die, nach der mein Herze wund,
Lieder singen, Polka tanzen, tollen manche Stund,
Schlafen ein bei meiner Flasche,
Wachen auf beim Mädchen mein –
Dämmert hin mein Hirn, das rasche,
Sänftet sich mein Sein.

Lustig so die Zeit vergehn muß
Hier im Jammertal sogar –
Herzensgöttin wird uns Venus,

Bacchus Kehlen-Zar!
Schilt mich einer wegen Völlerei –
Ei potz tausend Tonnen, daß er ewig durstig sei!
Krieg ich meine Chloris nicht zum Kuß –
Ei potz tausend Tonnen, so versauf ich den Verdruß!
Kommt, Kamraden, laßt uns lärmen,
Punsch her, daß die Tafel kracht,
Bis der Tod all unser Schwärmen
Taucht in Nebelnacht!

(von Gumppenberg)

Giovanni Meli
(1740–1815)

Die Augen

Schwarze Augen, wenn ihr blicket,
Fallen Häuser, fallen Städte,
Und ich schwache Wand von Tone,
Denket nur, ob ich wohl falle.

Sei's Natur, sei's Kunst des Zaubers,
Ihr erglänzt von solcher Schöne,
Daß mit Liebreiz ihr vermöget
Selbst den Marmor zu verrücken.

Wenn ihr schmachtet, schwarze Augen,
Wer kann solches Weh ertragen?
Dann begräbt mich ein Ermatten,
Sinnlos löst sich meine Seele.

Aber wer besagt dies Lachen,
Liebste Augen, Paradiese?
Mir durchrieselt's gleich den Busen,
Und mein Herz tanzt wie auf Nadeln.

Welche Tränen habt ihr, Augen,
Mir gekostet, welche Krämpfe!
Ach! erbarmt euch meines Elends,
Lachet nur, ich bin genesen.

(Gregorovius)

Die Stimme

In den Lüften fliegt ein Stimmchen
Also lieblich, also linde,
Daß das Herz es still empfinde,
Leise, leise schwebt es auf.

Auf der Amorinen Flügeln,
In dem Gleichgewichte schaukelnd,
Steigt es, fällt es, zierlich gaukelnd,
Wieder steht es still im Lauf.

Gleich als hätte es den Schlüssel
Aller Herzen und Gefühle,
Öffnet, schließt es sie im Spiele
Mit der Anmut Zauberbann.

Bis hinab zur Seele schlüpft es,
Hebt empor sie schmeichelnd leise
In so liebesüßer Weise,
Die man nicht beschreiben kann.

Wenn es wehmutsvoll und klagend
Körper leiht dem tiefen Grame,
Gibt selbst Amors wonnesame
Harfe nicht so bangen Schall.

Wenn es lustig dann entflattert,
Wenn es ruht und wenn es trillert,
Scheint die Luft, als ob sie schillert,
Glanz und Jubel überall.

Wenn es abbricht eine Note,
Von den Grazien verführet,
Wird's dem Hörer, als verlieret
Er den Odem auch dazu.

Wenn es schwach und immer schwächer
Schwindet, stirbt im leisen Halle,
Reißt es um die Herzen alle;
Sag es, Amor, sag es du!

(Gregorovius)

André Marie Chénier
(1762–1794)

Letzte Zeilen

So wie ein letzter Hauch, ein letzter Strahl des Gottes
Den Tag verklärt an seinem Schluß,
Rühr ich die Leier, noch am Fuße des Schafottes;
Wer weiß, wann ich's besteigen muß!
Wer weiß! Vielleicht, bevor der Zeiger dort im Kreise
Auf dem geblümten Zifferblatt

Den sechzigfachen Schritt der vorgeschriebnen Reise
Helltön'gen Gangs vollendet hat,
Liegt schon der Schlaf der Gruft auf diesen bleichen Zügen;
Vielleicht, bevor es mir gelang,
Im angefangnen Vers den Reim zu Reim zu fügen,
Wird zu entsetzensheisrem Klang
Der Todverkündiger, der zum Gerüst der Schrecken
Uns schleppt mit seiner Söldnerbrut,
Das Echo dieses Saals mit meinem Namen wecken …

(Geibel)

Klassik und Romantik

Johann Wolfgang von Goethe
(1749–1832)

Willkommen und Abschied

Es schlug mein Herz, geschwind zu Pferde!
Es war getan fast eh gedacht;
Der Abend wiegte schon die Erde,
Und an den Bergen hing die Nacht:
Schon stand im Nebelkleid die Eiche,
Ein aufgetürmter Riese, da,
Wo Finsternis aus dem Gesträuche
Mit hundert schwarzen Augen sah.

Der Mond von einem Wolkenhügel
Sah kläglich aus dem Duft hervor,
Die Winde schwangen leise Flügel,
Umsausten schauerlich mein Ohr;
Die Nacht schuf tausend Ungeheuer;
Doch frisch und fröhlich war mein Mut:
In meinen Adern welches Feuer!
In meinem Herzen welche Glut!

Dich sah ich, und die milde Freude
Floß von dem süßen Blick auf mich;
Ganz war mein Herz an deiner Seite
Und jeder Atemzug für dich.
Ein rosenfarbnes Frühlingswetter
Umgab das liebliche Gesicht,
Und Zärtlichkeit für mich – ihr Götter!
Ich hofft es, ich verdient es nicht!

Doch ach, schon mit der Morgensonne
Verengt der Abschied mir das Herz:
In deinen Küssen welche Wonne!
In deinem Auge welcher Schmerz!
Ich ging, du standst und sahst zur Erden,
Und sahst mir nach mit nassem Blick:
Und doch, welch Glück, geliebt zu werden!
Und lieben, Götter, welch ein Glück!

Heidenröslein

Sah ein Knab ein Röslein stehn,
Röslein auf der Heiden,
War so jung und morgenschön,
Lief er schnell, es nah zu sehn,
Sah's mit vielen Freuden.
Röslein, Röslein, Röslein rot,
Röslein auf der Heiden.

Knabe sprach: »Ich breche dich,
Röslein auf der Heiden!«
Röslein sprach: »Ich steche dich,
Daß du ewig denkst an mich,
Und ich will's nicht leiden.«

Röslein, Röslein, Röslein rot,
Röslein auf der Heiden.

Und der wilde Knabe brach
's Röslein auf der Heiden;
Röslein wehrte sich und stach,
Half ihm doch kein Weh und Ach,
Mußt es eben leiden.
Röslein, Röslein, Röslein rot,
Röslein auf der Heiden.

Mahomets-Gesang

Seht den Felsenquell,
Freudehell,
Wie ein Sternenblick!
Über Wolken
Nährten seine Jugend
Gute Geister
Zwischen Klippen im Gebüsch.

Jünglingfrisch
Tanzt er aus der Wolke
Auf die Marmorfelsen nieder,
Jauchzet wieder
Nach dem Himmel.

Durch die Gipfelgänge
Jagt er bunten Kieseln nach,
Und mit frühem Führertritt
Reißt er seine Bruderquellen
Mit sich fort.

Drunten werden in dem Tal
Unter seinem Fußtritt Blumen,
Und die Wiese
Lebt von seinem Hauch.

Doch ihn hält kein Schattental,
Keine Blumen,
Die ihm seine Knie umschlingen,
Ihm mit Liebesaugen schmeicheln;
Nach der Ebne dringt sein Lauf
Schlangenwandelnd.

Bäche schmiegen
Sich gesellig an.
Nun tritt er
In die Ebne silberprangend,
Und die Ebne prangt mit ihm,
Und die Flüsse von der Ebne
Und die Bäche von den Bergen
Jauchzen ihm und rufen: »Bruder!
Bruder, nimm die Brüder mit,
Mit zu deinem alten Vater,
Zu dem ew'gen Ozean,
Der mit ausgespannten Armen
Unsrer wartet,
Die sich, ach! vergebens öffnen,
Seine Sehnenden zu fassen;
Denn uns frißt in öder Wüste
Gier'ger Sand;
Die Sonne droben
Saugt an unserm Blut;
Ein Hügel
Hemmet uns zum Teiche!
Bruder,
Nimm die Brüder von der Ebne,

Nimm die Brüder von den Bergen
Mit, zu deinem Vater mit!«

»Kommt ihr alle!« –
Und nun schwillt er
Herrlicher; ein ganz Geschlechte
Trägt den Fürsten hoch empor!
Und im rollenden Triumphe
Gibt er Ländern Namen, Städte
Werden unter seinem Fuß.

Unaufhaltsam rauscht er weiter,
Läßt der Türme Flammengipfel,
Marmorhäuser, eine Schöpfung
Seiner Fülle, hinter sich.

Zedernhäuser trägt der Atlas
Auf den Riesenschultern, sausend
Wehen über seinem Haupte
Tausend Flaggen durch die Lüfte,
Zeugen seiner Herrlichkeit.

Und so trägt er seine Brüder,
Seine Schätze, seine Kinder
Dem erwartenden Erzeuger
Freudebrausend an das Herz.

Prometheus

Bedecke deinen Himmel, Zeus,
Mit Wolkendunst,
Und übe, dem Knaben gleich,
Der Disteln köpft,
An Eichen dich und Bergeshöhn;

Mußt mir meine Erde
Doch lassen stehn
Und meine Hütte,
Die du nicht gebaut,
Und meinen Herd,
Um dessen Glut
Du mich beneidest.

Ich kenne nichts Ärmeres
Unter der Sonn als euch, Götter!
Ihr nähret kümmerlich
Von Opfersteuern
Und Gebetshauch
Eure Majestät
Und darbtet, wären
Nicht Kinder und Bettler
Hoffnungsvolle Toren.

Da ich ein Kind war,
Nicht wußte, wo aus noch ein,
Kehrt ich mein verirrtes Auge
Zur Sonne, als wenn drüber wär
Ein Ohr, zu hören meine Klage,
Ein Herz wie meins,
Sich des Bedrängten zu erbarmen.

Wer half mir
Wider der Titanen Übermut?
Wer rettete vom Tode mich,
Von Sklaverei?
Hast du nicht alles selbst vollendet,
Heilig glühend Herz?
Und glühtest jung und gut,
Betrogen, Rettungsdank
Dem Schlafenden da droben?

Ich dich ehren? Wofür?
Hast du die Schmerzen gelindert
Je des Beladenen?
Hast du die Tränen gestillet
Je des Geängsteten?
Hat nicht mich zum Manne geschmiedet
Die allmächtige Zeit
Und das ewige Schicksal,
Meine Herrn und deine?

Wähntest du etwa,
Ich sollte das Leben hassen,
In Wüsten fliehen,
Weil nicht alle Knabenmorgen-
Blütenträume reiften?

Hier sitz ich, forme Menschen
Nach meinem Bilde,
Ein Geschlecht, das mir gleich sei,
Zu leiden, zu weinen,
Zu genießen und zu freuen sich,
Und dein nicht zu achten,
Wie ich!

Warum gabst du uns die tiefen Blicke
(An Charlotte von Stein)

Warum gabst du uns die tiefen Blicke,
Unsre Zukunft ahndungsvoll zu schaun,
Unsrer Liebe, unserm Erdenglücke
Wähnend selig nimmer hinzutraun?
Warum gabst uns, Schicksal, die Gefühle,
Uns einander in das Herz zu sehn,

Um durch all die seltenen Gewühle
Unser wahr Verhältnis auszuspähn?

Ach, so viele tausend Menschen kennen,
Dumpf sich treibend, kaum ihr eigen Herz,
Schweben zwecklos hin und her und rennen
Hoffungslos in unversehnem Schmerz;
Jauchzen wieder, wenn der schnellen Freuden
Unerwart'te Morgenröte tagt.
Nur uns armen liebevollen beiden
Ist das wechselseit'ge Glück versagt,
Uns zu lieben, ohn uns zu verstehen,
In dem andern sehn, was er nie war,
Immer frisch auf Traumglück auszugehen
Und zu schwanken auch in Traumgefahr.

Glücklich, den ein leerer Traum beschäftigt!
Glücklich, dem die Ahndung eitel wär!
Jede Gegenwart und jeder Blick bekräftigt
Traum und Ahndung leider uns noch mehr.
Sag, was will das Schicksal uns bereiten?
Sag, wie band es uns so rein genau?
Ach, du warst in abgelebten Zeiten
Meine Schwester oder meine Frau.

Kanntest jeden Zug in meinem Wesen,
Spähtest, wie die reinste Nerve klingt,
Konntest mich mit einem Blicke lesen,
Den so schwer ein sterblich Aug durchdringt;
Tropftest Mäßigung dem heißen Blute,
Richtetest den wilden irren Lauf,
Und in deinen Engelsarmen ruhte
Die zerstörte Brust sich wieder auf;
Hieltest zauberleicht ihn angebunden
Und vergaukeltest ihm manchen Tag.

Welche Seligkeit glich jenen Wonnestunden,
Da er dankbar dir zu Füßen lag,
Fühlt' sein Herz an deinem Herzen schwellen,
Fühlte sich in deinem Auge gut,
Alle seine Sinnen sich erhellen
Und beruhigen sein brausend Blut!

Und von allem dem schwebt ein Erinnern
Nur noch um das ungewisse Herz,
Fühlt die alte Wahrheit ewig gleich im Innern,
Und der neue Zustand wird ihm Schmerz.
Und wir scheinen uns nur halb beseelet,
Dämmernd ist um uns der hellste Tag.
Glücklich, daß das Schicksal, das uns quälet,
Uns doch nicht verändern mag!

Wandrers Nachtlied

Der du von dem Himmel bist,
Alles Leid und Schmerzen stillest,
Den, der doppelt elend ist,
Doppelt mit Erquickung füllest,
Ach, ich bin des Treibens müde!
Was soll all der Schmerz und Lust?
Süßer Friede,
Komm, ach komm in meine Brust!

Ein Gleiches

Über allen Gipfeln
Ist Ruh,
In allen Wipfeln
Spürest du

Kaum einen Hauch;
Die Vögelein schweigen im Walde.
Warte nur, balde
Ruhest du auch.

Der Fischer

Das Wasser rauscht', das Wasser schwoll,
Ein Fischer saß daran,
Sah nach dem Angel ruhevoll,
Kühl bis ans Herz hinan.
Und wie er sitzt und wie er lauscht,
Teilt sich die Flut empor;
Aus dem bewegten Wasser rauscht
Ein feuchtes Weib hervor.

Sie sang zu ihm, sie sprach zu ihm:
»Was lockst du meine Brut
Mit Menschenwitz und Menschenlist
Hinauf in Todesglut?
Ach wüßtest du, wie's Fischlein ist
So wohlig auf dem Grund,
Du stiegst herunter, wie du bist,
Und würdest erst gesund.

Labt sich die liebe Sonne nicht,
Der Mond sich nicht im Meer?
Kehrt wellenatmend ihr Gesicht
Nicht doppelt schöner her?
Lockt dich der tiefe Himmel nicht,
Das feuchtverklärte Blau?
Lockt dich dein eigen Angesicht
Nicht her in ew'gen Tau?«

Das Wasser rauscht', das Wasser schwoll,
Netzt' ihm den nackten Fuß;
Sein Herz wuchs ihm so sehnsuchtsvoll,
Wie bei der Liebsten Gruß.
Sie sprach zu ihm, sie sang zu ihm;
Da war's um ihn geschehn:
Halb zog sie ihn, halb sank er hin,
Und ward nicht mehr gesehn.

Gesang der Geister über den Wassern

Des Menschen Seele
Gleicht dem Wasser:
Vom Himmel kommt es,
Zum Himmel steigt es,
Und wieder nieder
Zur Erde muß es,
Ewig wechselnd.

Strömt von der hohen,
Steilen Felswand
Der reine Strahl,
Dann stäubt er lieblich
In Wolkenwellen
Zum glatten Fels,
Und leicht empfangen,
Wallt er verschleiernd,
Leisrauschend
Zur Tiefe nieder.

Ragen Klippen
Dem Sturz entgegen,
Schäumt er unmutig

Stufenweise
Zum Abgrund.

Im flachen Bette
Schleicht er das Wiesental hin,
Und in dem glatten See
Weiden ihr Antlitz
Alle Gestirne.

Wind ist der Welle
Lieblicher Buhler;
Wind mischt vom Grund aus
Schäumende Wogen.

Seele des Menschen,
Wie gleichst du dem Wasser!
Schicksal des Menschen,
Wie gleichst du dem Wind!

Grenzen der Menschheit

Wenn der uralte
Heilige Vater
Mit gelassener Hand
Aus rollenden Wolken
Segnende Blitze
Über die Erde sät,
Küß ich den letzten
Saum seines Kleides,
Kindliche Schauer
Treu in der Brust.

Denn mit Göttern
Soll sich nicht messen

Irgendein Mensch
Hebt er sich aufwärts
Und berührt
Mit dem Scheitel die Sterne,
Nirgends haften dann
Die unsichern Sohlen,
Und mit ihm spielen
Wolken und Winde.

Steht er mit festen,
Markigen Knochen
Auf der wohlgegründeten,
Dauernden Erde,
Reicht er nicht auf,
Nur mit der Eiche
Oder der Rebe
Sich zu vergleichen.

Was unterscheidet
Götter von Menschen?
Daß viele Wellen
Vor jenen wandeln,
Ein ewiger Strom:
Uns hebt die Welle,
Verschlingt die Welle,
Und wir versinken.

Ein kleiner Ring
Begrenzt unser Leben,
Und viele Geschlechter
Reihen sich dauernd
An ihres Daseins
Unendliche Kette.

Erlkönig

Wer reitet so spät durch Nacht und Wind?
Es ist der Vater mit seinem Kind;
Er hat den Knaben wohl in dem Arm,
Er faßt ihn sicher, er hält ihn warm.

»Mein Sohn, was birgst du so bang dein Gesicht?«
»Siehst, Vater, du den Erlkönig nicht?
Den Erlenkönig mit Kron und Schweif?«
»Mein Sohn, es ist ein Nebelstreif.«

»Du liebes Kind, komm, geh mit mir!
Gar schöne Spiele spiel ich mit dir;
Manch bunte Blumen sind an dem Strand;
Meine Mutter hat manch gülden Gewand.«

»Mein Vater, mein Vater, und hörest du nicht,
Was Erlenkönig mir leise verspricht?«
»Sei ruhig, bleibe ruhig, mein Kind!
In dürren Blättern säuselt der Wind.«

»Willst, feiner Knabe, du mit mir gehn?
Meine Töchter sollen dich warten schön;
Meine Töchter führen den nächtlichen Reihn
Und wiegen und tanzen und singen dich ein.«

»Mein Vater, mein Vater, und siehst du nicht dort
Erlkönigs Töchter am düstern Ort?«
»Mein Sohn, mein Sohn, ich seh es genau:
Es scheinen die alten Weiden so grau.«

»Ich liebe dich, mich reizt deine schöne Gestalt;
Und bist du nicht willig, so brauch ich Gewalt.«

»Mein Vater, mein Vater, jetzt faßt er mich an!
Erlkönig hat mir ein Leids getan!«

Dem Vater grauset's, er reitet geschwind,
Er hält in Armen das ächzende Kind,
Erreicht den Hof mit Mühe und Not;
In seinen Armen das Kind war tot.

Das Göttliche

Edel sei der Mensch,
Hilfreich und gut!
Denn das allein
Unterscheidet ihn
Von allen Wesen,
Die wir kennen.

Heil den unbekannten
Höhern Wesen,
Die wir ahnen!
Ihnen gleiche der Mensch;
Sein Beispiel lehr uns
Jene glauben.

Denn unfühlend
Ist die Natur:
Es leuchtet die Sonne
Über Bös' und Gute,
Und dem Verbrecher
Glänzen wie dem Besten
Der Mond und die Sterne.

Wind und Ströme,
Donner und Hagel

Rauschen ihren Weg
Und ergreifen,
Vorübereilend,
Einen um den andern.

Auch so das Glück
Tappt unter die Menge,
Faßt bald des Knaben
Lockige Unschuld,
Bald auch den kahlen,
Schuldigen Scheitel.

Nach ewigen, ehrnen,
Großen Gesetzen
Müssen wir alle
Unseres Daseins
Kreise vollenden.

Nur allein der Mensch
Vermag das Unmögliche:
Er unterscheidet,
Wählet und richtet;
Er kann dem Augenblick
Dauer verleihen.

Er allein darf
Den Guten lohnen,
Den Bösen strafen,
Heilen und retten,
Alles Irrende, Schweifende
Nützlich verbinden.

Und wir verehren
Die Unsterblichen,
Als wären sie Menschen,

Täten im Großen,
Was der Beste im Kleinen
Tut oder möchte.

Der edle Mensch
Sei hilfreich und gut!
Unermüdet schaff er
Das Nützliche, Rechte,
Sei uns ein Vorbild
Jener geahneten Wesen!

An den Mond

Füllest wieder Busch und Tal
Still mit Nebelglanz,
Lösest endlich auch einmal
Meine Seele ganz;

Breitest über mein Gefild
Lindernd deinen Blick,
Wie des Freundes Auge mild
Über mein Geschick.

Jeden Nachklang fühlt mein Herz
Froh' und trüber Zeit,
Wandle zwischen Freud und Schmerz
In der Einsamkeit.

Fließe, fließe, lieber Fluß!
Nimmer werd ich froh,
So verrauschte Scherz und Kuß,
Und die Treue so.

Ich besaß es doch einmal,
Was so köstlich ist!
Daß man doch zu seiner Qual
Nimmer es vergißt!

Rausche, Fluß, das Tal entlang,
Ohne Rast und Ruh,
Rausche, flüstre meinem Sang
Melodien zu,

Wenn du in der Winternacht
Wütend überschwillst
Oder um die Frühlingspracht
Junger Knospen quillst.

Selig, wer sich vor der Welt
Ohne Haß verschließt,
Einen Freund am Busen hält
Und mit dem genießt,

Was, von Menschen nicht gewußt
Oder nicht bedacht,
Durch das Labyrinth der Brust
Wandelt in der Nacht.

Meeresstille

Tiefe Stille herrscht im Wasser,
Ohne Regung ruht das Meer,
Und bekümmert sieht der Schiffer
Glatte Fläche ringsumher.
Keine Luft von keiner Seite!
Todesstille fürchterlich!

In der ungeheuern Weite
Reget keine Welle sich.

Der Zauberlehrling

Hat der alte Hexenmeister
Sich doch einmal wegbegeben!
Und nun sollen seine Geister
Auch nach meinem Willen leben.
Seine Wort' und Werke
Merkt ich und den Brauch,
Und mit Geistesstärke
Tu ich Wunder auch.

Walle! walle
Manche Strecke,
Daß, zum Zwecke,
Wasser fließe
Und mit reichem, vollem Schwalle
Zu dem Bade sich ergieße.

Und nun komm, du alter Besen!
Nimm die schlechten Lumpenhüllen;
Bist schon lange Knecht gewesen:
Nun erfülle meinen Willen!
Auf zwei Beinen stehe,
Oben sei ein Kopf,
Eile nun und gehe
Mit dem Wassertopf!

Walle! walle
Manche Strecke,
Daß, zum Zwecke,
Wasser fließe

Und mit reichem, vollem Schwalle
Zu dem Bade sich ergieße.

Seht, er läuft zum Ufer nieder;
Wahrlich! ist schon an dem Flusse,
Und mit Blitzesschnelle wieder
Ist er hier mit raschem Gusse.
Schon zum zweiten Male!
Wie das Becken schwillt!
Wie sich jede Schale
Voll mit Wasser füllt!

Stehe! stehe!
Denn wir haben
Deiner Gaben
Vollgemessen! –
Ach, ich merk es! Wehe! wehe!
Hab ich doch das Wort vergessen!

Ach, das Wort, worauf am Ende
Er das wird, was er gewesen.
Ach, er läuft und bringt behende!
Wärst du doch der alte Besen!
Immer neue Güsse
Bringt er schnell herein,
Ach! und hundert Flüsse
Stürzen auf mich ein.

Nein, nicht länger
Kann ich's lassen;
Will ihn fassen.
Das ist Tücke!
Ach! nun wird mir immer bänger!
Welche Miene! welche Blicke!

O du Ausgeburt der Hölle!
Soll das ganze Haus ersaufen?
Seh ich über jede Schwelle
Doch schon Wasserströme laufen.
Ein verruchter Besen,
Der nicht hören will!
Stock, der du gewesen,
Steh doch wieder still!

Willst's am Ende
Gar nicht lassen?
Will dich fassen,
Will dich halten
Und das alte Holz behende
Mit dem scharfen Beile spalten.

Seht, da kommt er schleppend wieder!
Wie ich mich nur auf dich werfe,
Gleich, o Kobold, liegst du nieder;
Krachend trifft die glatte Schärfe.
Wahrlich! brav getroffen!
Seht, er ist entzwei!
Und nun kann ich hoffen,
Und ich atme frei!

Wehe! wehe!
Beide Teile
Stehn in Eile
Schon als Knechte
Völlig fertig in die Höhe!
Helft mir, ach! ihr hohen Mächte!

Und sie laufen! Naß und nässer
Wird's im Saal und auf den Stufen.
Welch entsetzliches Gewässer!

Herr und Meister! hör mich rufen! –
Ach, da kommt der Meister!
Herr, die Not ist groß!
Die ich rief, die Geister,
Werd ich nun nicht los.

»In die Ecke,
Besen! Besen!
Seid's gewesen.
Denn als Geister
Ruft euch nur, zu seinem Zwecke,
Erst hervor der alte Meister.«

Natur und Kunst

Natur und Kunst, sie scheinen sich zu fliehen
Und haben sich, eh man es denkt, gefunden;
Der Widerwille ist auch mir verschwunden,
Und beide scheinen gleich mich anzuziehen.

Es gilt wohl nur ein redliches Bemühen!
Und wenn wir erst in abgemeßnen Stunden
Mit Geist und Fleiß uns an die Kunst gebunden,
Mag frei Natur im Herzen wieder glühen.

So ist's mit aller Bildung auch beschaffen:
Vergebens werden ungebundne Geister
Nach der Vollendung reiner Höhe streben.

Wer Großes will, muß sich zusammenraffen;
In der Beschränkung zeigt sich erst der Meister,
Und das Gesetz nur kann uns Freiheit geben.

Um Mitternacht

Um Mitternacht ging ich, nicht eben gerne,
Klein, kleiner Knabe, jenen Kirchhof hin
Zu Vaters Haus, des Pfarrers; Stern am Sterne,
Sie leuchteten doch alle gar zu schön;
Um Mitternacht.

Wenn ich dann ferner in des Lebens Weite
Zur Liebsten mußte, mußte, weil sie zog,
Gestirn und Nordschein über mir im Streite,
Ich gehend, kommend Seligkeiten sog;
Um Mitternacht.

Bis dann zuletzt des vollen Mondes Helle
So klar und deutlich mir ins Finstere drang,
Auch der Gedanke willig, sinnig, schnelle
Sich ums Vergangne wie ums Künftige schlang;
Um Mitternacht.

Unbegrenzt

Daß du nicht enden kannst, das macht dich groß,
Und daß du nie beginnst, das ist dein Los.
Dein Lied ist drehend wie das Sterngewölbe,
Anfang und Ende immerfort dasselbe,
Und was die Mitte bringt, ist offenbar
Das, was zu Ende bleibt und anfangs war.

Du bist der Freuden echte Dichterquelle,
Und ungezählt entfließt dir Well auf Welle.
Zum Küssen stets bereiter Mund,
Ein Brustgesang, der lieblich fließet,

Zum Trinken stets gereizter Schlund,
Ein gutes Herz, das sich ergießet.

Und mag die ganze Welt versinken!
Hafis, mit dir, mit dir allein
Will ich wetteifern! Lust und Pein
Sei uns, den Zwillingen, gemein!
Wie du zu lieben und zu trinken,
Das soll mein Stolz, mein Leben sein.

Nun töne, Lied, mit eignem Feuer!
Denn du bist älter, du bist neuer.

Der Bräutigam

Um Mitternacht – ich schlief, im Busen wachte
Das liebevolle Herz, als wär es Tag;
Der Tag erschien, mir war, als ob es nachte –
Was ist es mir, soviel er bringen mag.

Sie fehlte ja, mein emsig Tun und Streben,
Für sie allein ertrug ich's durch die Glut
Der heißen Stunde; welch erquicktes Leben
Am kühlen Abend! lohnend war's und gut.

Die Sonne sank, und Hand in Hand verpflichtet
Begrüßten wir den letzten Segensblick,
Und Auge sprach, ins Auge klar gerichtet:
Von Osten, hoffe nur, sie kommt zurück.

Um Mitternacht – der Sterne Glanz geleitet
Im holden Traum zur Schwelle, wo sie ruht.
O sei auch mir dort auszuruhn bereitet,
Wie es auch sei, das Leben, es ist gut.

Bei der Betrachtung von Schillers Schädel

Im ernsten Beinhaus war's, wo ich beschaute,
Wie Schädel Schädeln angeordnet paßten;
Die alte Zeit gedacht ich, die ergraute.
Sie stehn in Reih geklemmt, die sonst sich haßten,
Und derbe Knochen, die sich tödlich schlugen,
Sie liegen kreuzweis, zahm allhier zu rasten.
Entrenkte Schulterblätter! was sie trugen,
Fragt niemand mehr, und zierlich tät'ge Glieder,
Die Hand, der Fuß, zerstreut aus Lebensfugen.
Ihr Müden also lagt vergebens nieder,
Nicht Ruh im Grabe ließ man euch, vertrieben
Seid ihr herauf zum lichten Tage wieder,
Und niemand kann die dürre Schale lieben,
Welch herrlich edlen Kern sie auch bewahrte.
Doch mir Adepten war die Schrift geschrieben,
Die heil'gen Sinn nicht jedem offenbarte,
Als ich inmitten solcher starren Menge
Unschätzbar herrlich ein Gebild gewahrte,
Daß in des Raumes Moderkält und Enge
Ich frei und wärmefühlend mich erquickte,
Als ob ein Lebensquell dem Tod entspränge.
Wie mich geheimnisvoll die Form entzückte!
Die gottgedachte Spur, die sich erhalten!
Ein Blick, der mich an jenes Meer entrückte,
Das flutend strömt gesteigerte Gestalten.
Geheim Gefäß! Orakelsprüche spendend,
Wie bin ich wert, dich in der Hand zu halten,
Dich höchsten Schatz aus Moder fromm entwendend
Und in die freie Luft, zu freiem Sinnen,
Zum Sonnenlicht andächtig hin mich wendend.
Was kann der Mensch im Leben mehr gewinnen,
Als daß sich Gott-Natur ihm offenbare?

Wie sie das Feste läßt zu Geist verrinnen,
Wie sie das Geisterzeugte fest bewahre.

William Blake
(1757–1827)

Eingang

Hört die Stimme des Sängers!
Er kennt, was war, was ist, was wird sein;
Sein Ohr hat behorcht
Das Heilige Wort,
Wie's rauscht unter uralten Bäumen im Hain,

Wie's ruft die erlöschende Seel,
Weinend, weinend im Abendtau;
Wie's Sterne lenkt
Und will und gedenkt,
Daß all, was gefallen, von neuem vertrau.

»O Erd, o Erde, faß Mut!
Ersteh und vom Tau deiner Tränen dich kehr;
Die Nacht ist vertan,
Frühlicht hebt an
Und wächst herauf aus dem Schlummermeer.

Nie wieder wende dich ab;
Dein Sträuben frommt dir nicht.
Die Sternensaat,
Land und Gestad
Sind dir verliehn, bis der Tag anbricht.«

(von der Vring)

Der Tiger

Tiger, Tiger, funkensprühend,
In der dunklen Waldnacht glühend,
Wessen göttlich Aug' erlas
Sich dein furchtbar Ebenmaß?

Ob aus Höh'n, aus Tiefen stammen
Deiner Augen Höllenflammen?
Welche Schwinge gab ihm Mut,
Wessen Hand barg diese Glut?

Welche Schulter, welche Pläne
Knüpften deines Herzens Sehne?
Welche Hand, furchtbar zu schauen,
Drehte furchtbar deine Klauen?

Welch ein Hammer, welche Kette!
Welcher Schmiede Amboß hätte
Ausgeglüht dein Hirn gelassen,
Seine Schrecken anzufassen?

Als den Speer die Sterne senkten,
Und den Himmel Tränen tränkten,
Hat sein Werk ihn angelacht?
Ihn, der auch das Lamm erdacht?

Tiger, Tiger, funkensprühend,
In der dunklen Waldnacht glühend,
Wessen göttlich Aug' erlas
Furchtlos sich dein Ebenmaß?

(Schücking)

Ein Giftbaum

Dem Freunde trug ich Zorn im Sinn,
Ich sprach mich aus, mein Zorn schwand hin.
Auf meinen Feind war ich im Zorn:
Ich schwieg, er wuchs wie scharfer Dorn.

Ich tränkte ihn in Furcht und Qual
Mit wilden Tränen ohne Zahl,
Und sonnte gern ihn jede Frist
Mit Lächeln und mit arger List.

Und Tag und Nacht wuchs er mit Wucht,
Trug eines Apfels helle Frucht;
Und ihrer ward mein Feind gewahr,
Er wußt', daß sie mein eigen war.

In meinen Garten schlich er sacht,
Als ihre Schleier zog die Nacht,
Ich sah es froh im Morgenrot –
Mein Feind lag unterm Baume tot.

(Lemmermayer)

Robert Burns
(1759–1796)

Mein Herz ist im Hochland, mein Herz ist nicht hier;
Mein Herz ist im Hochland, im waldgen Revier.
Da jag ich das Rotwild, da folg ich dem Reh,
Mein Herz ist im Hochland, wo immer ich geh.

Mein Norden, mein Hochland, lebt wohl, ich muß ziehn;
Du Wiege von allem, was stark und was kühn,
Doch, wo ich auch wandre und wo ich auch bin,
Nach den Hügeln des Hochlands steht allzeit mein Sinn.

Lebt wohl, ihr Gebirge mit Häuptern voll Schnee,
Ihr Schluchten, ihr Täler, du schäumende See,
Ihr Wälder, ihr Klippen, so grau und bemoost,
Ihr Ströme, die zornig durch Felsen ihr tost.

Mein Herz ist im Hochland, mein Herz ist nicht hier;
Mein Herz ist im Hochland, im waldgen Revier.
Da jag ich das Rotwild, da folg ich dem Reh,
Mein Herz ist im Hochland, wo immer ich geh.

(Freiligrath)

Trotz alledem!

Ob Armut euer Los auch sei,
  Hebt hoch die Stirn, trotz alledem!
Geht kühn dem feigen Knecht vorbei;
  Wagt's arm zu sein trotz alledem!
Trotz alledem und alledem,
  Trotz niederm Plack und alledem,
Der Rang ist das Gepräge nur,
  Der Mann das Gold trotz alledem!

Und sitzt ihr auch beim kargen Mahl
  In Zwilch und Lein und alledem,
Gönnt Schurken Samt und Goldpokal –
  Ein Mann ist Mann trotz alledem!
Trotz alledem und alledem,
  Trotz Prunk und Pracht und alledem!

Der brave Mann, wie dürftig auch,
Ist König doch trotz alledem.

Heißt »gnäd'ger Herr« das Bürschchen dort,
Man sieht's am Stolz und alledem;
Doch lenkt auch Hunderte sein Wort,
's ist nur ein Tropf trotz alledem!
Trotz alledem und alledem!
Trotz Band und Stern und alledem!
Der Mann von unabhängigem Sinn
Sieht zu, und lacht zu alledem!

Ein Fürst macht Ritter, wenn er spricht,
Mit Sporn und Schild und alledem:
Den braven Mann kreiert er nicht,
Der steht zu hoch, trotz alledem!
Trotz alledem und alledem!
Trotz Würdenschnack und alledem –
Des innern Wertes stolz Gefühl
Läuft doch den Rang ab alledem.

Drum jeder fleh', daß es gescheh',
Wie es geschieht trotz alledem.
Daß Wert und Kern, so nah wie fern,
Den Sieg erringt trotz alledem!
Trotz alledem und alledem!
Es kommt dazu trotz alledem,
Daß rings der Mensch die Bruderhand
Dem Menschen reicht trotz alledem!

(Freiligrath)

Friedrich Schiller
(1759–1804)

Die Götter Griechenlands

Da ihr noch die schöne Welt regieret,
An der Freude leichtem Gängelband
Selige Geschlechter noch geführet,
Schöne Wesen aus dem Fabelland!
Ach, da euer Wonnedienst noch glänzte,
Wie ganz anders, anders war es da!
Da man deine Tempel noch bekränzte,
Venus Amathusia!

Da der Dichtung zauberische Hülle
Sich noch lieblich um die Wahrheit wand –
Durch die Schöpfung floß da Lebensfülle,
Und was nie empfinden wird, empfand.
An der Liebe Busen sie zu drücken,
Gab man höhern Adel der Natur,
Alles wies den eingeweihten Blicken,
Alles eines Gottes Spur.

Wo jetzt nur, wie unsre Weisen sagen,
Seelenlos ein Feuerball sich dreht,
Lenkte damals seinen goldnen Wagen
Helios in stiller Majestät.
Diese Höhen füllten Oreaden,
Eine Dryas lebt' in jenem Baum,
Aus den Urnen lieblicher Najaden
Sprang der Ströme Silberschaum.

Jener Lorbeer wand sich einst um Hilfe,
Tantals Tochter schweigt in diesem Stein,
Syrinx' Klage tönt' aus jenem Schilfe,

Philomelas Schmerz aus diesem Hain.
Jener Bach empfing Demeters Zähre,
Die sie um Persephonen geweint,
Und von diesem Hügel rief Cythere,
Ach umsonst! dem schönen Freund.

Zu Deukalions Geschlechte stiegen
Damals noch die Himmlischen herab,
Pyrrhas schöne Töchter zu besiegen,
Nahm der Leto Sohn den Hirtenstab.
Zwischen Menschen, Göttern und Heroen
Knüpfte Amor einen schönen Bund,
Sterbliche mit Göttern und Heroen
Huldigten in Amathunt.

Finstrer Ernst und trauriges Entsagen
War aus eurem heitern Dienst verbannt,
Glücklich sollten alle Herzen schlagen,
Denn euch war der Glückliche verwandt.
Damals war nichts heilig als das Schöne,
Keiner Freude schämte sich der Gott,
Wo die keusch errötende Kamöne,
Wo die Grazie gebot.

Eure Tempel lachten gleich Palästen,
Euch verherrlichte das Heldenspiel
An des Isthmus kronenreichen Festen,
Und die Wagen donnerten zum Ziel.
Schön geschlungne seelenvolle Tänze
Kreisten um den prangenden Altar,
Eure Schläfe schmückten Siegeskränze,
Kronen euer duftend Haar.

Das Evoë muntrer Thyrsusschwinger
Und der Panther prächtiges Gespann

Meldeten den großen Freudebringer,
Faun und Satyr taumeln ihm voran,
Um ihn springen rasende Mänaden,
Ihre Tänze loben seinen Wein,
Und des Wirtes braune Wangen laden
Lustig zu dem Becher ein.

Damals trat kein gräßliches Gerippe
Vor das Bett des Sterbenden. Ein Kuß
Nahm das letzte Leben von der Lippe,
Seine Fackel senkt' ein Genius.
Selbst des Orkus strenge Richterwaage
Hielt der Enkel einer Sterblichen,
Und des Thrakers seelenvolle Klage
Rührte die Erinnyen.

Seine Freuden traf der frohe Schatten
In Elysiens Hainen wieder an,
Treue Liebe fand den treuen Gatten
Und der Wagenlenker seine Bahn,
Linus' Spiel tönt die gewohnten Lieder,
In Alcestens Arme sinkt Admet,
Seinen Freund erkennt Orestes wieder,
Seine Pfeile Philoktet.

Höhre Preise stärkten da den Ringer
Auf der Tugend arbeitvoller Bahn,
Großer Taten herrliche Vollbringer
Klimmten zu den Seligen hinan.
Vor dem Wiederfoderer der Toten
Neigte sich der Götter stille Schar;
Durch die Fluten leuchtet dem Piloten
Vom Olymp das Zwillingspaar.

Schöne Welt, wo bist du? Kehre wieder,
Holdes Blütenalter der Natur!
Ach, nur in dem Feenland der Lieder
Lebt noch deine fabelhafte Spur.
Ausgestorben trauert das Gefilde,
Keine Gottheit zeigt sich meinem Blick,
Ach, von jenem lebenwarmen Bilde
Blieb der Schatten nur zurück.

Alle jene Blüten sind gefallen
Von des Nordes schauerlichem Wehn,
Einen zu bereichern unter allen,
Mußte diese Götterwelt vergehn.
Traurig such ich an dem Sternenbogen,
Dich, Selene, find ich dort nicht mehr,
Durch die Wälder ruf ich, durch die Wogen,
Ach, sie widerhallen leer!

Unbewußt der Freuden, die sie schenket,
Nie entzückt von ihrer Herrlichkeit,
Nie gewahr des Geistes, der sie lenket,
Selger nie durch meine Seligkeit,
Fühllos selbst für ihres Künstlers Ehre,
Gleich dem toten Schlag der Pendeluhr,
Dient sie knechtisch dem Gesetz der Schwere,
Die entgötterte Natur.

Morgen wieder neu sich zu entbinden,
Wühlt sie heute sich ihr eignes Grab,
Und an ewig gleicher Spindel winden
Sich von selbst die Monde auf und ab.
Müßig kehrten zu dem Dichterlande
Heim die Götter, unnütz einer Welt,
Die, entwachsen ihrem Gängelbande,
Sich durch eignes Schweben hält.

Ja, sie kehrten heim, und alles Schöne,
Alles Hohe nahmen sie mit fort,
Alle Farben, alle Lebenstöne,
Und uns blieb nur das entseelte Wort.
Aus der Zeitflut weggerissen, schweben
Sie gerettet auf des Pindus Höhn,
Was unsterblich im Gesang soll leben,
Muß im Leben untergehn.

Das Ideal und das Leben

Ewigklar und spiegelrein und eben
Fließt das zephirleichte Leben
Im Olymp den Seligen dahin.
Monde wechseln und Geschlechter fliehen,
Ihrer Götterjugend Rosen blühen
Wandellos im ewigen Ruin.
Zwischen Sinnenglück und Seelenfrieden
Bleibt dem Menschen nur die bange Wahl;
Auf der Stirn des hohen Uraniden
Leuchtet ihr vermählter Strahl.

Wollt ihr schon auf Erden Göttern gleichen,
Frei sein in des Todes Reichen,
Brechet nicht von seines Gartens Frucht.
An dem Scheine mag der Blick sich weiden,
Des Genusses wandelbare Freuden
Rächet schleunig der Begierde Flucht.
Selbst der Styx, der neunfach sie umwindet,
Wehrt die Rückkehr Ceres' Tochter nicht,
Nach dem Apfel greift sie, und es bindet
Ewig sie des Orkus Pflicht.

Nur der Körper eignet jenen Mächten,
Die das dunkle Schicksal flechten,
Aber frei von jeder Zeitgewalt,
Die Gespielin seliger Naturen
Wandelt oben in des Lichtes Fluren,
Göttlich unter Göttern, die *Gestalt*.
Wollt ihr hoch auf ihren Flügeln schweben,
Werft die Angst des Irdischen von euch.
Fliehet aus dem engen, dumpfen Leben
In des Ideales Reich!

Jugendlich, von allen Erdenmalen
Frei, in der Vollendung Strahlen
Schwebet hier der Menschheit Götterbild,
Wie des Lebens schweigende Phantome
Glänzend wandeln an dem stygschen Strome,
Wie sie stand im himmlischen Gefild,
Ehe noch zum traurgen Sarkophage
Die Unsterbliche herunterstieg.
Wenn im Leben noch des Kampfes Waage
Schwankt, erscheinet hier der Sieg.

Nicht vom Kampf die Glieder zu entstricken,
Den Erschöpften zu erquicken,
Wehet hier des Sieges duftger Kranz.
Mächtig, selbst wenn eure Sehnen ruhten,
Reißt das Leben euch in seine Fluten,
Euch die Zeit in ihren Wirbeltanz.
Aber sinkt des Mutes kühner Flügel
Bei der Schranken peinlichem Gefühl,
Dann erblicket von der Schönheit Hügel
Freudig das erflogne Ziel.

Wenn es gilt, zu herrschen und zu schirmen,
Kämpfer gegen Kämpfer stürmen

Auf des Glückes, auf des Ruhmes Bahn,
Da mag Kühnheit sich an Kraft zerschlagen,
Und mit krachendem Getös die Wagen
Sich vermengen auf bestäubtem Plan.
Mut allein kann hier den Dank erringen,
Der am Ziel des Hippodromes winkt,
Nur der Starke wird das Schicksal zwingen,
Wenn der Schwächling untersinkt.

Aber der, von Klippen eingeschlossen,
Wild und schäumend sich ergossen,
Sanft und eben rinnt des Lebens Fluß
Durch der Schönheit stille Schattenlande,
Und auf seiner Wellen Silberrande
Malt Aurora sich und Hesperus.
Aufgelöst in zarter Wechselliebe,
In der Anmut freiem Bund vereint,
Ruhen hier die ausgesöhnten Triebe,
Und verschwunden ist der Feind.

Wenn, das Tote bildend zu beseelen,
Mit dem Stoff sich zu vermählen,
Tatenvoll der Genius entbrennt,
Da, da spanne sich des Fleißes Nerve,
Und beharrlich ringend unterwerfe
Der Gedanke sich das Element.
Nur dem Ernst, den keine Mühe bleichet,
Rauscht der Wahrheit tief versteckter Born,
Nur des Meißels schwerem Schlag erweichet
Sich des Marmors sprödes Korn.

Aber dringt bis in der Schönheit Sphäre,
Und im Staube bleibt die Schwere
Mit dem Stoff, den sie beherrscht, zurück.
Nicht der Masse qualvoll abgerungen,

Schlank und leicht, wie aus dem Nichts gesprungen,
Steht das Bild vor dem entzückten Blick.
Alle Zweifel, alle Kämpfe schweigen
In des Sieges hoher Sicherheit,
Ausgestoßen hat es jeden Zeugen
Menschlicher Bedürftigkeit.

Wenn ihr in der Menschheit traurger Blöße
Steht vor des Gesetzes Größe,
Wenn dem Heiligen die Schuld sich naht,
Da erblasse vor der Wahrheit Strahle
Eure Tugend, vor dem Ideale
Fliehe mutlos die beschämte Tat.
Kein Erschaffner hat dies Ziel erflogen,
Über diesen grauenvollen Schlund
Trägt kein Nachen, keiner Brücke Bogen,
Und kein Anker findet Grund.

Aber flüchtet aus der Sinne Schranken
In die Freiheit der Gedanken,
Und die Furchterscheinung ist entflohn,
Und der ewge Abgrund wird sich füllen;
Nehmt die Gottheit auf in euren Willen,
Und sie steigt von ihrem Weltenthron.
Des Gesetzes strenge Fessel bindet
Nur den Sklavensinn, der es verschmäht,
Mit des Menschen Widerstand verschwindet
Auch des Gottes Majestät.

Wenn der Menschheit Leiden euch umfangen,
Wenn Laokoon der Schlangen
Sich erwehrt mit namenlosem Schmerz,
Da empöre sich der Mensch! Es schlage
An des Himmels Wölbung seine Klage
Und zerreiße euer fühlend Herz!

Der Natur furchtbare Stimme siege,
Und der Freude Wange werde bleich,
Und der heilgen Sympathie erliege
Das Unsterbliche in euch!

Aber in den heitern Regionen,
Wo die reinen Formen wohnen,
Rauscht des Jammers trüber Sturm nicht mehr.
Hier darf Schmerz die Seele nicht durchschneiden,
Keine Träne fließt hier mehr dem Leiden,
Nur des Geistes tapfrer Gegenwehr.
Lieblich, wie der Iris Farbenfeuer
Auf der Donnerwolke duftgem Tau,
Schimmert durch der Wehmut düstern Schleier
Hier der Ruhe heitres Blau.

Tief erniedrigt zu des Feigen Knechte,
Ging in ewigem Gefechte
Einst Alcid des Lebens schwere Bahn,
Rang mit Hydern und umarmt' den Leuen,
Stürzte sich, die Freunde zu befreien,
Lebend in des Totenschiffers Kahn.
Alle Plagen, alle Erdenlasten
Wälzt der unversöhnten Göttin List
Auf die willgen Schultern des Verhaßten,
Bis sein Lauf geendigt ist –

Bis der Gott, des Irdischen entkleidet,
Flammend sich vom Menschen scheidet
Und des Äthers leichte Lüfte trinkt.
Froh des neuen, ungewohnten Schwebens,
Fließt er aufwärts, und des Erdenlebens
Schweres Traumbild sinkt und sinkt und sinkt.
Des Olympus Harmonien empfangen
Den Verklärten in Kronions Saal,

Und die Göttin mit den Rosenwangen
Reicht ihm lächelnd den Pokal.

Das verschleierte Bild zu Sais

Ein Jüngling, den des Wissens heißer Durst
Nach Sais in Ägypten trieb, der Priester
Geheime Weisheit zu erlernen, hatte
Schon manchen Grad mit schnellem Geist durcheilt,
Stets riß ihn seine Forschbegierde weiter,
Und kaum besänftigte der Hierophant
Den ungeduldig Strebenden. »Was hab ich,
Wenn ich nicht alles habe?« sprach der Jüngling.
»Gibts etwa hier ein Weniger und Mehr?
Ist deine Wahrheit wie der Sinne Glück
Nur eine Summe, die man größer, kleiner
Besitzen kann und immer doch besitzt?
Ist sie nicht eine einzge, ungeteilte?
Nimm einen Ton aus einer Harmonie,
Nimm eine Farbe aus dem Regenbogen,
Und alles, was dir bleibt, ist nichts, solang
Das schöne All der Töne fehlt und Farben.«

Indem sie einst so sprachen, standen sie
In einer einsamen Rotonde still,
Wo ein verschleiert Bild von Riesengröße
Dem Jüngling in die Augen fiel. Verwundert
Blickt er den Führer an und spricht: »Was ists,
Das hinter diesem Schleier sich verbirgt?«
»Die Wahrheit«, ist die Antwort. – »Wie?« ruft jener,
»Nach Wahrheit streb ich ja allein, und diese
Gerade ist es, die man mir verhüllt?«

»Das mache mit der Gottheit aus«, versetzt
Der Hierophant. »Kein Sterblicher, sagt sie,
Rückt diesen Schleier, bis ich selbst ihn hebe.
Und wer mit ungeweihter, schuldger Hand
Den heiligen, verbotnen früher hebt,
Der, spricht die Gottheit –« – »Nun?« – »Der sieht
die Wahrheit.«
»Ein seltsamer Orakelspruch! Du selbst,
Du hättest also niemals ihn gehoben?«
»Ich? Wahrlich nicht! Und war auch nie dazu
Versucht.« – »Das fass ich nicht. Wenn von der Wahrheit
Nur diese dünne Scheidewand mich trennte –«
»Und ein Gesetz«, fällt ihm sein Führer ein.
»Gewichtiger, mein Sohn, als du es meinst,
Ist dieser dünne Flor – für deine Hand
Zwar leicht, doch zentnerschwer für dein Gewissen.«

Der Jüngling ging gedankenvoll nach Hause.
Ihm raubt des Wissens brennende Begier
Den Schlaf, er wälzt sich glühend auf dem Lager
Und rafft sich auf um Mitternacht. Zum Tempel
Führt unfreiwillig ihn der scheue Tritt.
Leicht ward es ihm, die Mauer zu ersteigen,
Und mitten in das Innre der Rotonde
Trägt ein beherzter Sprung den Wagenden.

Hier steht er nun, und grauenvoll umfängt
Den Einsamen die lebenlose Stille,
Die nur der Tritte hohler Widerhall
In den geheimen Grüften unterbricht.
Von oben durch der Kuppel Öffnung wirft
Der Mond den bleichen, silberblauen Schein,
Und furchtbar wie ein gegenwärtger Gott
Erglänzt durch des Gewölbes Finsternisse
In ihrem langen Schleier die Gestalt.

Er tritt hinan mit ungewissem Schritt,
Schon will die freche Hand das Heilige berühren,
Da zuckt es heiß und kühl durch sein Gebein
Und stößt ihn weg mit unsichtbarem Arme.
Unglücklicher, was willst du tun? So ruft
In seinem Innern eine treue Stimme.
Versuchen den Allheiligen willst du?
Kein Sterblicher, sprach des Orakels Mund,
Rückt diesen Schleier, bis ich selbst ihn hebe.
Doch setzte nicht derselbe Mund hinzu:
Wer diesen Schleier hebt, soll Wahrheit schauen?
»Sei hinter ihm, was will! Ich heb ihn auf.«
(Er rufts mit lauter Stimm.) »Ich will sie schauen.« Schauen!
Gellt ihm ein langes Echo spottend nach.

Er sprichts und hat den Schleier aufgedeckt.
Nun, fragt ihr, und was zeigte sich ihm hier?
Ich weiß es nicht. Besinnungslos und bleich,
So fanden ihn am andern Tag die Priester
Am Fußgestell der Isis ausgestreckt.
Was er allda gesehen und erfahren,
Hat seine Zunge nie bekannt. Auf ewig
War seines Lebens Heiterkeit dahin,
Ihn riß ein tiefer Gram zum frühen Grabe.
»Weh dem«, dies war sein warnungsvolles Wort,
Wenn ungestüme Frager in ihn drangen,
»Weh dem, der zu der Wahrheit geht durch Schuld,
Sie wird ihm nimmermehr erfreulich sein.«

Die Worte des Glaubens

Drei Worte nenn ich euch, inhaltschwer,
    Sie gehen von Munde zu Munde,

Doch stammen sie nicht von außen her,
  Das Herz nur gibt davon Kunde.
Dem Menschen ist aller Wert geraubt,
Wenn er nicht mehr an die drei Worte glaubt.

Der Mensch ist frei geschaffen, ist frei,
  Und würd er in Ketten geboren,
Laßt euch nicht irren des Pöbels Geschrei,
  Nicht den Mißbrauch rasender Toren.
Vor dem Sklaven, wenn er die Kette bricht,
Vor dem freien Menschen erzittert nicht.

Und die Tugend, sie ist kein leerer Schall,
  Der Mensch kann sie üben im Leben,
Und sollt er auch straucheln überall,
  Er kann nach der göttlichen streben,
Und was kein Verstand der Verständigen sieht,
Das übet in Einfalt ein kindlich Gemüt.

Und ein Gott ist, ein heiliger Wille lebt,
  Wie auch der menschliche wanke,
Hoch über der Zeit und dem Raume webt
  Lebendig der höchste Gedanke,
Und ob alles in ewigem Wechsel kreist,
Es beharret im Wechsel ein ruhiger Geist.

Die drei Worte bewahret euch, inhaltschwer,
  Sie pflanzet von Munde zu Munde,
Und stammen sie gleich nicht von außen her,
  Euer Innres gibt davon Kunde,
Dem Menschen ist nimmer sein Wert geraubt,
Solang er noch an die drei Worte glaubt.

Die Worte des Wahns

Drei Worte hört man, bedeutungsschwer,
Im Munde der Guten und Besten;
Sie schallen vergeblich, ihr Klang ist leer,
Sie können nicht helfen und trösten.
Verscherzt ist dem Menschen des Lebens Frucht,
Solang er die Schatten zu haschen sucht.

Solang er glaubt an die Goldene Zeit,
Wo das Rechte, das Gute wird siegen, –
Das Rechte, das Gute führt ewig Streit,
Nie wird der Feind ihm erliegen,
Und erstickst du ihn nicht in den Lüften frei,
Stets wächst ihm die Kraft auf der Erde neu.

Solang er glaubt, daß das buhlende Glück
Sich dem Edeln vereinigen werde –
Dem Schlechten folgt es mit Liebesblick,
Nicht dem Guten gehöret die Erde.
Er ist ein Fremdling, er wandert aus
Und suchet ein unvergänglich Haus.

Solang er glaubt, daß dem irdschen Verstand
Die Wahrheit je wird erscheinen,
Ihren Schleier hebt keine sterbliche Hand,
Wir können nur raten und meinen.
Du kerkerst den Geist in ein tönend Wort,
Doch der freie wandelt im Sturme fort.

Drum, edle Seele, entreiß dich dem Wahn
Und den himmlischen Glauben bewahre!
Was kein Ohr vernahm, was die Augen nicht sahn,
Es ist dennoch, das Schöne, das Wahre!

Es ist nicht draußen, da sucht es der Tor,
Es ist *in* dir, du bringst es ewig hervor.

Der Taucher

»Wer wagt es, Rittersmann oder Knapp,
Zu tauchen in diesen Schlund?
Einen goldnen Becher werf ich hinab,
Verschlungen schon hat ihn der schwarze Mund.
Wer mir den Becher kann wieder zeigen,
Er mag ihn behalten, er ist sein eigen.«

Der König spricht es und wirft von der Höh
Der Klippe, die schroff und steil
Hinaushängt in die unendliche See,
Den Becher in der Charybde Geheul.
»Wer ist der Beherzte, ich frage wieder,
Zu tauchen in diese Tiefe nieder?«

Und die Ritter, die Knappen um ihn her
Vernehmens und schweigen still,
Sehen hinab in das wilde Meer,
Und keiner den Becher gewinnen will.
Und der König zum drittenmal wieder fraget:
»Ist keiner, der sich hinunterwaget?«

Doch alles noch stumm bleibt wie zuvor,
Und ein Edelknecht, sanft und keck,
Tritt aus der Knappen zagendem Chor,
Und den Gürtel wirft er, den Mantel weg,
Und alle die Männer umher und Frauen
Auf den herrlichen Jüngling verwundert schauen.

Und wie er tritt an des Felsen Hang
Und blickt in den Schlund hinab,
Die Wasser, die sie hinunterschlang,
Die Charybde jetzt brüllend wiedergab,
Und wie mit des fernen Donners Getose
Entstürzen sie schäumend dem finstern Schoße.

Und es wallet und siedet und brauset und zischt,
Wie wenn Wasser mit Feuer sich mengt,
Bis zum Himmel spritzet der dampfende Gischt,
Und Flut auf Flut sich ohn Ende drängt,
Und will sich nimmer erschöpfen und leeren,
Als wollte das Meer noch ein Meer gebären.

Doch endlich, da legt sich die wilde Gewalt,
Und schwarz aus dem weißen Schaum
Klafft hinunter ein gähnender Spalt,
Grundlos, als gings in den Höllenraum,
Und reißend sieht man die brandenden Wogen
Hinab in den strudelnden Trichter gezogen.

Jetzt schnell, eh die Brandung wiederkehrt,
Der Jüngling sich Gott befiehlt,
Und – ein Schrei des Entsetzens wird rings gehört,
Und schon hat ihn der Wirbel hinweggespült,
Und geheimnisvoll über dem kühnen Schwimmer
Schließt sich der Rachen, er zeigt sich nimmer.

Und stille wirds über dem Wasserschlund,
In der Tiefe nur brauset es hohl,
Und bebend hört man von Mund zu Mund:
»Hochherziger Jüngling, fahre wohl!«
Und hohler und hohler hört mans heulen,
Und es harrt noch mit bangem, mit schrecklichem Weilen.

Und wärfst du die Krone selber hinein
Und sprächst: Wer mir bringet die Kron,
Er soll sie tragen und König sein,
Mich gelüstete nicht nach dem teuren Lohn.
Was die heulende Tiefe da unten verhehle,
Das erzählt keine lebende glückliche Seele.

Wohl manches Fahrzeug, vom Strudel gefaßt,
Schoß gäh in die Tiefe hinab,
Doch zerschmettert nur rangen sich Kiel und Mast
Hervor aus dem alles verschlingenden Grab. –
Und heller und heller wie Sturmes Sausen
Hört mans näher und immer näher brausen.

Und es wallet und siedet und brauset und zischt,
Wie wenn Wasser mit Feuer sich mengt,
Bis zum Himmel spritzet der dampfende Gischt,
Und Well auf Well sich ohn Ende drängt,
Und wie mit des fernen Donners Getose
Entstürzt es brüllend dem finstern Schoße.

Und sieh! aus dem finster flutenden Schoß
Da hebet sichs schwanenweiß,
Und ein Arm und ein glänzender Nacken wird bloß,
Und es rudert mit Kraft und mit emsigem Fleiß,
Und er ists, und hoch in seiner Linken
Schwingt er den Becher mit freudigem Winken.

Und atmete lang und atmete tief
Und begrüßte das himmlische Licht.
Mit Frohlocken es einer dem andern rief:
»Er lebt! Er ist da! Es behielt ihn nicht.
Aus dem Grab, aus der strudelnden Wasserhöhle
Hat der Brave gerettet die lebende Seele.«

Und er kommt, es umringt ihn die jubelnde Schar,
Zu des Königs Füßen er sinkt,
Den Becher reicht er ihm kniend dar,
Und der König der lieblichen Tochter winkt,
Die füllt ihn mit funkelndem Wein bis zum Rande,
Und der Jüngling sich also zum König wandte:

»Lang lebe der König! Es freue sich,
Wer da atmet im rosigten Licht!
Da unten aber ists fürchterlich,
Und der Mensch versuche die Götter nicht
Und begehre nimmer und nimmer zu schauen,
Was sie gnädig bedecken mit Nacht und Grauen.

Es riß mich hinunter blitzesschnell,
Da stürzt' mir aus felsigem Schacht
Wildflutend entgegen ein reißender Quell,
Mich packte des Doppelstroms wütende Macht,
Und wie einen Kreisel mit schwindelndem Drehen
Trieb michs um, ich konnte nicht widerstehen.

Da zeigte mir Gott, zu dem ich rief
In der höchsten schrecklichen Not,
Aus der Tiefe ragend ein Felsenriff,
Das erfaßt' ich behend und entrann dem Tod,
Und da hing auch der Becher an spitzen Korallen,
Sonst wär er ins Bodenlose gefallen.

Denn unter mir lags noch, bergetief,
In purpurner Finsternis da,
Und obs hier dem Ohre gleich ewig schlief,
Das Auge mit Schaudern hinuntersah,
Wie's von Salamandern und Molchen und Drachen
Sich regt' in dem furchtbaren Höllenrachen.

Schwarz wimmelten da, in grausem Gemisch,
Zu scheußlichen Klumpen geballt,
Der stachligte Roche, der Klippenfisch,
Des Hammers greuliche Ungestalt,
Und dräuend wies mir die grimmigen Zähne
Der entsetzliche Hai, des Meeres Hyäne.

Und da hing ich und wars mir mit Grausen bewußt,
Von der menschlichen Hülfe so weit,
Unter Larven die einzige fühlende Brust,
Allein in der gräßlichen Einsamkeit,
Tief unter dem Schall der menschlichen Rede
Bei den Ungeheuern der traurigen Öde.

Und schaudernd dacht ichs, da krochs heran,
Regte hundert Gelenke zugleich,
Will schnappen nach mir; in des Schreckens Wahn
Laß ich los der Koralle umklammerten Zweig,
Gleich faßt mich der Strudel mit rasendem Toben,
Doch es war mir zum Heil, er riß mich nach oben.«

Der König darob sich verwundert schier
Und spricht: »Der Becher ist dein,
Und diesen Ring noch bestimm ich dir,
Geschmückt mit dem köstlichsten Edelgestein,
Versuchst du's noch einmal und bringst mir Kunde,
Was du sahst auf des Meeres tiefunterstem Grunde.«

Das hörte die Tochter mit weichem Gefühl,
Und mit schmeichelndem Munde sie fleht:
»Laßt, Vater, genug sein das grausame Spiel,
Er hat Euch bestanden, was keiner besteht,
Und könnt Ihr des Herzens Gelüsten nicht zähmen,
So mögen die Ritter den Knappen beschämen.«

Drauf der König greift nach dem Becher schnell,
In den Strudel ihn schleudert hinein:
»Und schaffst du den Becher mir wieder zur Stell,
So sollst du der trefflichste Ritter mir sein
Und sollst sie als Ehgemahl heut noch umarmen,
Die jetzt für dich bittet mit zartem Erbarmen.«

Da ergreifts ihm die Seele mit Himmelsgewalt,
Und es blitzt aus den Augen ihm kühn,
Und er siehet erröten die schöne Gestalt
Und sieht sie erbleichen und sinken hin,
Da treibts ihn, den köstlichen Preis zu erwerben,
Und stürzt hinunter auf Leben und Sterben.

Wohl hört man die Brandung, wohl kehrt sie zurück,
Sie verkündigt der donnernde Schall,
Da bückt sichs hinunter mit liebendem Blick,
Es kommen, es kommen die Wasser all,
Sie rauschen herauf, sie rauschen nieder,
Den Jüngling bringt keines wieder.

Der Ring des Polykrates

Er stand auf seines Daches Zinnen,
Er schaute mit vergnügten Sinnen
Auf das beherrschte Samos hin.
»Dies alles ist mir untertänig«,
Begann er zu Ägyptens König,
»Gestehe, daß ich glücklich bin.«

»Du hast der Götter Gunst erfahren!
Die vormals deinesgleichen waren,
Sie zwingt jetzt deines Szepters Macht.
Doch einer lebt noch, sie zu rächen,

Dich kann mein Mund nicht glücklich sprechen,
Solang des Feindes Auge wacht.«

Und eh der König noch geendet,
Da stellt sich, von Milet gesendet,
Ein Bote dem Tyrannen dar:
»Laß, Herr! des Opfers Düfte steigen
Und mit des Lorbeers muntern Zweigen
Bekränze dir dein festlich Haar.

Getroffen sank dein Feind vom Speere,
Mich sendet mit der frohen Märe
Dein treuer Feldherr Polydor –«
Und nimmt aus einem schwarzen Becken,
Noch blutig, zu der beiden Schrecken,
Ein wohlbekanntes Haupt hervor.

Der König tritt zurück mit Grauen:
»Doch warn ich dich, dem Glück zu trauen«,
Versetzt er mit besorgtem Blick.
»Bedenk, auf ungetreuen Wellen,
Wie leicht kann sie der Sturm zerschellen,
Schwimmt deiner Flotte zweifelnd Glück.«

Und eh er noch das Wort gesprochen,
Hat ihn der Jubel unterbrochen,
Der von der Reede jauchzend schallt.
Mit fremden Schätzen reich beladen,
Kehrt zu den heimischen Gestaden
Der Schiffe mastenreicher Wald.

Der königliche Gast erstaunet:
»Dein Glück ist heute gut gelaunet,
Doch fürchte seinen Unbestand.
Der Kreter waffenkundge Scharen

Bedräuen dich mit Kriegsgefahren,
Schon nahe sind sie diesem Strand.«

Und eh ihm noch das Wort entfallen,
Da sieht mans von den Schiffen wallen,
Und tausend Stimmen rufen: »Sieg!
Von Feindesnot sind wir befreiet,
Die Kreter hat der Sturm zerstreuet,
Vorbei, geendet ist der Krieg.«

Das hört der Gastfreund mit Entsetzen:
»Fürwahr, ich muß dich glücklich schätzen,
Doch«, spricht er, »zittr ich für dein Heil.
Mir grauet vor der Götter Neide,
Des Lebens ungemischte Freude
Ward keinem Irdischen zuteil.

Auch mir ist alles wohlgeraten,
Bei allen meinen Herrschertaten
Begleitet mich des Himmels Huld,
Doch hatt ich einen teuren Erben,
Den nahm mir Gott, ich sah ihn sterben,
Dem Glück bezahlt' ich meine Schuld.

Drum, willst du dich vor Leid bewahren,
So flehe zu den Unsichtbaren,
Daß sie zum Glück den Schmerz verleihn.
Noch keinen sah ich fröhlich enden,
Auf den mit immer vollen Händen
Die Götter ihre Gaben streun.

Und wenns die Götter nicht gewähren,
So acht auf eines Freundes Lehren
Und rufe selbst das Unglück her,
Und was von allen deinen Schätzen

Dein Herz am höchsten mag ergötzen,
Das nimm und wirfs in dieses Meer.«

Und jener spricht, von Furcht beweget:
»Von allem, was die Insel heget,
Ist dieser Ring mein höchstes Gut.
Ihn will ich den Erinnen weihen,
Ob sie mein Glück mir dann verzeihen.«
Und wirft das Kleinod in die Flut.

Und bei des nächsten Morgens Lichte,
Da tritt mit fröhlichem Gesichte
Ein Fischer vor den Fürsten hin:
»Herr, diesen Fisch hab ich gefangen,
Wie keiner noch ins Netz gegangen,
Dir zum Geschenke bring ich ihn.«

Und als der Koch den Fisch zerteilet,
Kommt er bestürzt herbeigeeilet
Und ruft mit hocherstauntem Blick:
»Sieh, Herr, den Ring, den du getragen,
Ihn fand ich in des Fisches Magen,
O, ohne Grenzen ist dein Glück!«

Hier wendet sich der Gast mit Grausen:
»So kann ich hier nicht ferner hausen,
Mein Freund kannst du nicht weiter sein.
Die Götter wollen dein Verderben,
Fort eil ich, nicht mit dir zu sterben.«
Und sprachs und schiffte schnell sich ein.

Die Bürgschaft

Zu Dionys, dem Tyrannen, schlich
Damon, den Dolch im Gewande;
Ihn schlugen die Häscher in Bande.
»Was wolltest du mit dem Dolche, sprich!«
Entgegnet ihm finster der Wüterich.
»Die Stadt vom Tyrannen befreien!«
»Das sollst du am Kreuze bereuen.«

»Ich bin«, spricht jener, »zu sterben bereit
Und bitte nicht um mein Leben,
Doch willst du Gnade mir geben,
Ich flehe dich um drei Tage Zeit,
Bis ich die Schwester dem Gatten gefreit,
Ich lasse den Freund dir als Bürgen,
Ihn magst du, entrinn ich, erwürgen.«

Da lächelt der König mit arger List
Und spricht nach kurzem Bedenken:
»Drei Tage will ich dir schenken.
Doch wisse! Wenn sie verstrichen, die Frist,
Eh du zurück mir gegeben bist,
So muß er statt deiner erblassen,
Doch dir ist die Strafe erlassen.«

Und er kommt zum Freunde: »Der König gebeut,
Daß ich am Kreuz mit dem Leben
Bezahle das frevelnde Streben,
Doch will er mir gönnen drei Tage Zeit,
Bis ich die Schwester dem Gatten gefreit,
So bleib du dem König zum Pfande,
Bis ich komme, zu lösen die Bande.«

Und schweigend umarmt ihn der treue Freund
Und liefert sich aus dem Tyrannen,
Der andere ziehet von dannen.
Und ehe das dritte Morgenrot scheint,
Hat er schnell mit dem Gatten die Schwester vereint,
Eilt heim mit sorgender Seele,
Damit er die Frist nicht verfehle.

Da gießt unendlicher Regen herab,
Von den Bergen stürzen die Quellen,
Und die Bäche, die Ströme schwellen.
Und er kommt ans Ufer mit wanderndem Stab,
Da reißet die Brücke der Strudel hinab,
Und donnernd sprengen die Wogen
Des Gewölbes krachenden Bogen.

Und trostlos irrt er an Ufers Rand,
Wie weit er auch spähet und blicket
Und die Stimme, die rufende, schicket,
Da stößet kein Nachen vom sichern Strand,
Der ihn setze an das gewünschte Land,
Kein Schiffer lenket die Fähre,
Und der wilde Strom wird zum Meere.

Da sinkt er ans Ufer und weint und fleht,
Die Hände zum Zeus erhoben:
»O hemme des Stromes Toben!
Es eilen die Stunden, im Mittag steht
Die Sonne, und wenn sie niedergeht
Und ich kann die Stadt nicht erreichen,
So muß der Freund mir erbleichen.«

Doch wachsend erneut sich des Stromes Wut,
Und Welle auf Welle zerrinnet,
Und Stunde an Stunde entrinnet.

Da treibt ihn die Angst, da faßt er sich Mut
Und wirft sich hinein in die brausende Flut
Und teilt mit gewaltigen Armen
Den Strom, und ein Gott hat Erbarmen.

Und gewinnt das Ufer und eilet fort
Und danket dem rettenden Gotte,
Da stürzet die raubende Rotte
Hervor aus des Waldes nächtlichem Ort,
Den Pfad ihm sperrend, und schnaubet Mord
Und hemmet des Wanderers Eile
Mit drohend geschwungener Keule.

»Was wollt ihr?« ruft er, für Schrecken bleich,
»Ich habe nichts als mein Leben,
Das muß ich dem Könige geben!«
Und entreißt die Keule dem nächsten gleich:
»Um des Freundes willen erbarmet euch!«
Und drei mit gewaltigen Streichen
Erlegt er, die andern entweichen.

Und die Sonne versendet glühenden Brand,
Und von der unendlichen Mühe
Ermattet sinken die Kniee.
»O hast du mich gnädig aus Räubershand,
Aus dem Strom mich gerettet ans heilige Land,
Und soll hier verschmachtend verderben,
Und der Freund mir, der liebende, sterben!«

Und horch! da sprudelt es silberhell,
Ganz nahe, wie rieselndes Rauschen,
Und stille hält er, zu lauschen,
Und sieh, aus dem Felsen, geschwätzig, schnell,
Springt murmelnd hervor ein lebendiger Quell,

Und freudig bückt er sich nieder
Und erfrischet die brennenden Glieder.

Und die Sonne blickt durch der Zweige Grün
Und malt auf den glänzenden Matten
Der Bäume gigantische Schatten;
Und zwei Wanderer sieht er die Straße ziehn,
Will eilenden Laufes vorüberfliehn,
Da hört er die Worte sie sagen:
»Jetzt wird er ans Kreuz geschlagen.«

Und die Angst beflügelt den eilenden Fuß,
Ihn jagen der Sorge Qualen,
Da schimmern in Abendrots Strahlen
Von ferne die Zinnen von Syrakus,
Und entgegen kommt ihm Philostratus,
Des Hauses redlicher Hüter,
Der erkennet entsetzt den Gebieter:

»Zurück! du rettest den Freund nicht mehr,
So rette das eigene Leben!
Den Tod erleidet er eben.
Von Stunde zu Stunde gewartet' er
Mit hoffender Seele der Wiederkehr,
Ihm konnte den mutigen Glauben
Der Hohn des Tyrannen nicht rauben.«

»Und ist es zu spät, und kann ich ihm nicht
Ein Retter willkommen erscheinen,
So soll mich der Tod ihm vereinen.
Des rühme der blutge Tyrann sich nicht,
Daß der Freund dem Freunde gebrochen die Pflicht,
Er schlachte der Opfer zweie
Und glaube an Liebe und Treue.«

Und die Sonne geht unter, da steht er am Tor
Und sieht das Kreuz schon erhöhet,
Das die Menge gaffend umstehet,
An dem Seile schon zieht man den Freund empor,
Da zertrennt er gewaltig den dichten Chor:
»Mich, Henker!« ruft er, »erwürget!
Da bin ich, für den er gebürget!«

Und Erstaunen ergreifet das Volk umher,
In den Armen liegen sich beide
Und weinen für Schmerzen und Freude.
Da sieht man kein Auge tränenleer,
Und zum Könige bringt man die Wundermär,
Der fühlt ein menschliches Rühren,
Läßt schnell vor den Thron sie führen.

Und blicket sie lange verwundert an.
Drauf spricht er: »Es ist euch gelungen,
Ihr habt das Herz mir bezwungen,
Und die Treue, sie ist doch kein leerer Wahn,
So nehmet auch mich zum Genossen an,
Ich sei, gewährt mir die Bitte,
In eurem Bunde der Dritte.«

Nänie

Auch das Schöne muß sterben! Das Menschen und
Götter bezwinget,
Nicht die eherne Brust rührt es des stygischen Zeus.
Einmal nur erweichte die Liebe den Schattenbeherrscher,
Und an der Schwelle noch, streng, rief er zurück
sein Geschenk.
Nicht stillt Aphrodite dem schönen Knaben die Wunde,
Die in den zierlichen Leib grausam der Eber geritzt.

Nicht errettet den göttlichen Held die unsterbliche Mutter,
Wann er, am skäischen Tor fallend, sein Schicksal erfüllt.
Aber sie steigt aus dem Meer mit allen Töchtern des Nereus,
Und die Klage hebt an um den verherrlichten Sohn.
Siehe! Da weinen die Götter, es weinen die Göttinnen alle,
Daß das Schöne vergeht, daß das Vollkommene stirbt.
Auch ein Klaglied zu sein im Mund der Geliebten,
ist herrlich,
Denn das Gemeine geht klanglos zum Orkus hinab.

Der Antritt des neuen Jahrhunderts

An ***

Edler Freund! Wo öffnet sich dem Frieden,
Wo der Freiheit sich ein Zufluchtsort?
Das Jahrhundert ist im Sturm geschieden,
Und das neue öffnet sich mit Mord.

Und das Band der Länder ist gehoben,
Und die alten Formen stürzen ein;
Nicht das Weltmeer hemmt des Krieges Toben,
Nicht der Nilgott und der alte Rhein.

Zwo gewaltge Nationen ringen
Um der Welt alleinigen Besitz,
Aller Länder Freiheit zu verschlingen,
Schwingen sie den Dreizack und den Blitz.

Gold muß ihnen jede Landschaft wägen,
Und wie *Brennus* in der rohen Zeit
Legt der Franke seinen ehrnen Degen
In die Waage der Gerechtigkeit.

Seine Handelsflotten streckt der Brite
Gierig wie Polypenarme aus,
Und das Reich der freien Amphitrite
Will er schließen wie sein eignes Haus.

Zu des Südpols nie erblickten Sternen
Dringt sein rastlos ungehemmter Lauf,
Alle Inseln spürt er, alle fernen
Küsten – nur das Paradies nicht auf.

Ach umsonst auf allen Länderkarten
Spähst du nach dem seligen Gebiet,
Wo der Freiheit ewig grüner Garten,
Wo der Menschheit schöne Jugend blüht.

Endlos liegt die Welt vor deinen Blicken,
Und die Schiffahrt selbst ermißt sie kaum,
Doch auf ihrem unermeßnen Rücken
Ist für zehen Glückliche nicht Raum.

In des Herzens heilig stille Räume
Mußt du fliehen aus des Lebens Drang,
Freiheit ist nur in dem Reich der Träume,
Und das Schöne blüht nur im Gesang.

François René de Chateaubriand
(1768–1848)

Heimweh

In meiner Brust wogt auf und nieder
Ein Ton aus unserm Frankreich wieder,
Da klingt es nach wie Lust und Schmerz

Und Lieder –
Wie sehnt sich, Schwester, heimatwärts
Mein Herz!

Denkst du der Tage längst vergangen,
Da von der Mutter Arm umfangen
An ihrer Brust die Kinderschar
Gehangen?
Wie heilig da ihr silbern Haar
Uns war!

Und denkst du noch der Pfeilerhallen,
Um die der Dore Fluten wallen,
Des alten Mohrenturms, der tief-
Metallen
Mit Glockenmund, wenn alles schlief,
Uns rief?

Denkst du des Sees, vom Forst umzogen,
Von Schwalben streifend überflogen,
Wo säuselnd sich das Schilf zur Flut
Gebogen,
Wenn ihr im Schoß des Abends Glut
Geruht?

Wer gibt mir meine Eichenhaine
Und Berge wieder? Wer die Eine,
Um die in täglich neuem Schmerz
Ich weine?
Ach, ewig sehnt sich heimatwärts
Mein Herz!

(Geibel/Leuthold)

Friedrich Hölderlin
(1770–1843)

Lebenslauf

Größers wolltest auch du, aber die Liebe zwingt
All uns nieder, das Leid beuget gewaltiger,
Doch es kehret umsonst nicht
Unser Bogen, woher er kommt.

Aufwärts oder hinab! herrschet in heil'ger Nacht,
Wo die stumme Natur werdende Tage sinnt,
Herrscht im schiefesten Orkus
Nicht ein Grades, ein Recht noch auch?

Dies erfuhr ich. Denn nie, sterblichen Meistern gleich,
Habt ihr Himmlischen, ihr Alleserhaltenden,
Daß ich wüßte, mit Vorsicht
Mich des ebenen Pfads geführt.

Alles prüfe der Mensch, sagen die Himmlischen,
Daß er, kräftig genährt, danken für Alles lern',
Und verstehe die Freiheit,
Aufzubrechen, wohin er will.

Hälfte des Lebens

Mit gelben Birnen hänget
Und voll mit wilden Rosen
Das Land in den See,
Ihr holden Schwäne,
Und trunken von Küssen
Tunkt ihr das Haupt
Ins heilignüchterne Wasser.

Weh mir, wo nehm ich, wenn
Es Winter ist, die Blumen, und wo
Den Sonnenschein,
Und Schatten der Erde?
Die Mauern stehn
Sprachlos und kalt, im Winde
Klirren die Fahnen.

Patmos
Dem Landgrafen von Homburg

Nah ist
Und schwer zu fassen der Gott.
Wo aber Gefahr ist, wächst
Das Rettende auch.
Im Finstern wohnen
Die Adler und furchtlos gehn
Die Söhne der Alpen über den Abgrund weg
Auf leichtgebaueten Brücken.
Drum, da gehäuft sind rings
Die Gipfel der Zeit, und die Liebsten
Nah wohnen, ermattend auf
Getrenntesten Bergen,
So gib unschuldig Wasser,
O Fittige gib uns, treuesten Sinns
Hinüberzugehn und wiederzukehren.

So sprach ich, da entführte
Mich schneller, denn ich vermutet,
Und weit, wohin ich nimmer
Zu kommen gedacht, ein Genius mich
Vom eigenen Haus'. Es dämmerten
Im Zwielicht, da ich ging,
Der schattige Wald

Und die sehnsüchtigen Bäche
Der Heimat; nimmer kannt' ich die Länder;
Doch bald, in frischem Glanze,
Geheimnisvoll
Im goldenen Rauche, blühte
Schnellaufgewachsen,
Mit Schritten der Sonne,
Mit tausend Gipfeln duftend,

Mir Asia auf, und geblendet sucht'
Ich eines, das ich kennete, denn ungewohnt
War ich der breiten Gassen, wo herab
Vom Tmolus fährt
Der goldgeschmückte Paktol
Und Taurus stehet und Messogis,
Und voll von Blumen der Garten,
Ein stilles Feuer, aber im Lichte
Blüht hoch der silberne Schnee,
Und Zeug unsterblichen Lebens
An unzugangbaren Wänden
Uralt der Efeu wächst und getragen sind
Von lebenden Säulen, Zedern und Lorbeern,
Die feierlichen,
Die göttlichgebauten Paläste.

Es rauschen aber um Asias Tore
Hinziehend da und dort
In ungewisser Meeresebene
Der schattenlosen Straßen genug,
Doch kennt die Inseln der Schiffer.
Und da ich hörte,
Der nahegelegenen eine
Sei Patmos,
Verlangte mich sehr,
Dort einzukehren und dort

Der dunkeln Grotte zu nahn.
Denn nicht, wie Cypros,
Die quellenreiche, oder
Der anderen eine
Wohnt herrlich Patmos,

Gastfreundlich aber ist
Im ärmeren Hause
Sie dennoch
Und wenn vom Schiffbruch oder klagend
Um die Heimat oder
Den abgeschiedenen Freund
Ihr nahet einer
Der Fremden, hört sie es gern, und ihre Kinder,
Die Stimmen des heißen Hains,
Und wo der Sand fällt, und sich spaltet
Des Feldes Fläche, die Laute,
Sie hören ihn und liebend tönt
Es wider von den Klagen des Manns. So pflegte
Sie einst des gottgeliebten,
Des Sehers, der in seliger Jugend war

Gegangen mit
Dem Sohne des Höchsten, unzertrennlich, denn
Es liebte der Gewittertragende die Einfalt
Des Jüngers und es sahe der achtsame Mann
Das Angesicht des Gottes genau,
Da, beim Geheimnisse des Weinstocks, sie
Zusammensaßen, zu der Stunde des Gastmahls,
Und in der großen Seele, ruhigahnend, den Tod
Aussprach der Herr und die letzte Liebe, denn nie genug
Hatt' er von Güte zu sagen
Der Worte, damals, und zu erheitern, da
Ers sahe, das Zürnen der Welt.
Denn alles ist gut. Drauf starb er. Vieles wäre

Zu sagen davon. Und es sahn ihn, wie er siegend blickte,
Den Freudigsten die Freunde noch zuletzt,

Doch trauerten sie, da nun
Es Abend worden, erstaunt,
Denn Großentschiedenes hatten in der Seele
Die Männer, aber sie liebten unter der Sonne
Das Leben und lassen wollten sie nicht
Vom Angesichte des Herrn
Und der Heimat. Eingetrieben war,
Wie Feuer im Eisen, das, und ihnen ging
Zur Seite der Schatte des Lieben.
Drum sandt' er ihnen
Den Geist, und freilich bebte
Das Haus und die Wetter Gottes rollten
Ferndonnernd über
Die ahnenden Häupter, da, schwersinnend,
Versammelt waren die Todeshelden,

Itzt, da er scheidend
Noch einmal ihnen erschien.
Denn itzt erlosch der Sonne Tag,
Der Königliche, und zerbrach
Den geradestrahlenden,
Den Zepter, göttlichleidend, von selbst,
Denn wiederkommen sollt es,
Zu rechter Zeit. Nicht wär es gut
Gewesen, später, und schroffabbrechend, untreu,
Der Menschen Werk, und Freude war es
Von nun an,
Zu wohnen in liebender Nacht, und bewahren
In einfältigen Augen, unverwandt
Abgründe der Weisheit. Und es grünen
Tief an den Bergen auch lebendige Bilder,

Doch furchtbar ist, wie da und dort
Unendlich hin zerstreut das Lebende Gott.
Denn schon das Angesicht
Der teuern Freunde zu lassen
Und fernhin über die Berge zu gehn
Allein, wo zweifach
Erkannt, einstimmig
War himmlischer Geist; und nicht geweissagt war es, sondern
Die Locken ergriff es, gegenwärtig,
Wenn ihnen plötzlich
Ferneilend zurück blickte
Der Gott und schwörend,
Damit er halte, wie an Seilen golden
Gebunden hinfort
Das Böse nennend, sie die Hände sich reichten –

Wenn aber stirbt alsdenn,
An dem am meisten
Die Schönheit hing, daß an der Gestalt
Ein Wunder war und die Himmlischen gedeutet
Auf ihn, und wenn, ein Rätsel ewig füreinander,
Sie sich nicht fassen können
Einander, die zusammenlebten
Im Gedächtnis, und nicht den Sand nur oder
Die Weiden es hinwegnimmt und die Tempel
Ergreift, wenn die Ehre
Des Halbgotts und der Seinen
Verweht und selber sein Angesicht
Der Höchste wendet
Darob, daß nirgend ein
Unsterbliches mehr am Himmel zu sehn ist oder
Auf grüner Erde, was ist dies?

Es ist der Wurf des Säemanns, wenn er faßt
Mit der Schaufel den Weizen,

Und wirft, dem Klaren zu, ihn schwingend über die Tenne.
Ihm fällt die Schale vor den Füßen, aber
Ans Ende kommet das Korn,
Und nicht ein Übel ists, wenn einiges
Verloren gehet und von der Rede
Verhallet der lebendige Laut,
Denn göttliches Werk auch gleichet dem unsern,
Nicht alles will der Höchste zumal.
Zwar Eisen träget der Schacht,
Und glühende Harze der Ätna,
So hätt' ich Reichtum,
Ein Bild zu bilden, und ähnlich
Zu schaun, wie er gewesen, den Christ,

Wenn aber einer spornte sich selbst,
Und traurig redend, unterweges, da ich wehrlos wäre,
Mich überfiele, daß ich staunt und von dem Gotte
Das Bild nachahmen möchte' ein Knecht –
Im Zorne sichtbar sah' ich einmal
Des Himmels Herrn, nicht, daß ich sein sollt etwas, sondern
Zu lernen. Gütig sind sie, ihr Verhaßtestes aber ist,
Solange sie herrschen, das Falsche, und es gilt
Dann Menschliches unter Menschen nicht mehr.
Denn sie nicht walten, es waltet aber
Unsterblicher Schicksal und es wandelt ihr Werk
Von selbst, und eilend geht es zu Ende.
Wenn nämlich höher gehet himmlischer
Triumphgang, wird genennet, der Sonne gleich,
Von Starken der frohlockende Sohn des Höchsten,

Ein Losungszeichen, und hier ist der Stab
Des Gesanges, niederwinkend,
Denn nichts ist gemein. Die Toten wecket
Er auf, die noch gefangen nicht
Vom Rohen sind. Es warten aber

Der scheuen Augen viele,
Zu schauen das Licht. Nicht wollen
Am scharfen Strahle sie blühn,
Wiewohl den Mut der goldene Zaum hält.
Wenn aber, als
Von schwellenden Augenbraunen,
Der Welt vergessen
Stilleuchtende Kraft aus heiliger Schrift fällt, mögen,
Der Gnade sich freuend, sie
Am stillen Blicke sich üben.

Und wenn die Himmlischen jetzt
So, wie ich glaube, mich lieben,
Wie viel mehr Dich,
Denn Eines weiß ich,
Daß nämlich der Wille
Des ewigen Vaters viel
Dir gilt. Still ist sein Zeichen
Am donnernden Himmel. Und Einer stehet darunter
Sein Leben lang. Denn noch lebt Christus.
Es sind aber die Helden, seine Söhne,
Gekommen all und heilige Schriften
Von ihm und den Blitz erklären
Die Taten der Erde bis itzt,
Ein Wettlauf unaufhaltsam. Er ist aber dabei. Denn seine
Werke sind
Ihm alle bewußt von jeher.

Zu lang, zu lang schon ist
Die Ehre der Himmlischen unsichtbar.
Denn fast die Finger müssen sie
Uns führen und schmählich
Entreißt das Herz uns eine Gewalt.
Denn Opfer will der Himmlischen jedes,
Wenn aber eines versäumt ward,

Nie hat es Gutes gebracht.
Wir haben gedienet der Mutter Erd
Und haben jüngst dem Sonnenlichte gedient,
Unwissend, der Vater aber liebt,
Der über allen waltet,
Am meisten, daß gepfleget werde
Der feste Buchstab, und Bestehendes gut
Gedeutet. Dem folgt deutscher Gesang.

Mnemosyne

[Dritte Fassung]

Reif sind, in Feuer getaucht, gekochet
Die Frücht und auf der Erde geprüfet und ein Gesetz ist,
Daß alles hineingeht, Schlangen gleich,
Prophetisch, träumend auf
Den Hügeln des Himmels. Und vieles
Wie auf den Schultern eine
Last von Scheitern ist
Zu behalten. Aber bös sind
Die Pfade. Nämlich unrecht,
Wie Rosse, gehn die gefangenen
Element' und alten
Gesetze der Erd. Und immer
Ins Ungebundene gehet eine Sehnsucht. Vieles aber ist
Zu behalten. Und Not die Treue.
Vorwärts aber und rückwärts wollen wir
Nicht sehn. Uns wiegen lassen, wie
Auf schwankem Kahne der See.

Wie aber Liebes? Sonnenschein
Am Boden sehen wir und trockenen Staub
Und heimatlich die Schatten der Wälder und es blühet

An Dächern der Rauch, bei alter Krone
Der Türme, friedsam; gut sind nämlich
Hat gegenredend die Seele
Ein Himmlisches verwundet, die Tageszeichen.
Denn Schnee, wie Maienblumen
Das Edelmütige, wo
Es seie, bedeutend, glänzet auf
Der grünen Wiese
Der Alpen, hälftig, da, vom Kreuze redend, das
Gesetzt ist unterwegs einmal
Gestorbenen, auf hoher Straß
Ein Wandersmann geht zornig,
Fern ahnend mit
Dem andern, aber was ist dies?

Am Feigenbaum ist mein
Achilles mir gestorben,
Und Ajax liegt
An den Grotten der See,
An Bächen, benachbart dem Skamandros.
An Schläfen Sausen einst, nach
Der unbewegten Salamis steter
Gewohnheit, in der Fremd', ist groß
Ajax gestorben,
Patroklos aber in des Königes Harnisch. Und es starben
Noch andere viel. Am Kithäron aber lag
Elevtherä, der Mnemosyne Stadt. Der auch, als
Ablegte den Mantel Gott, das Abendliche nachher löste
Die Locken. Himmlische nämlich sind
Unwillig, wenn einer nicht die Seele schonend sich
Zusammengenommen, aber er muß doch; dem
Gleich fehlet die Trauer.

William Wordsworth
(1770–1850)

Die einsame Schnitterin

O schau sie, einsam im Gefild,
Des Hochlands Mädchen, kornumwallt,
Schneidend und singend ganz für sich,
Bald ruhend, wandelnd bald!
Sie mäht und bindet das Getreide
Und singt ein Lied dazu voll Leide;
O lausche! Denn des Talgrunds Enge
Fließt über von der Flut der Klänge!

Kein Sprosser je so wonnesam
Schlug einer Schar, die rastend saß
Bei Wasserborn und Palmenstamm
Im Sand Arabias.
Nie sang ein süßer Lied als dies
Der Kuckuck, wenn im Lenze süß
Sein Ruf durchzog der Meere Frieden
Fern bei der fernsten der Hebriden.

Wer sagt mir, was das Mädchen singt;
Ob alten Dingen, voll von Graun,
Die schmerzlich süße Weise klingt
Und Schlachten, längst gehaun.
Wie, oder weckt ihr frommes Leid
Ein Alltagsgegenstand von heut?
Ein Kummer, ein Verlust, ein Schlag,
Der kam und wieder kommen mag?

Gleichviel: das Mädchen sang und sang,
Als wollt ihr Singen nimmer enden;
Sie sang und schnitt und bückte sich,

Die Sichel in den Händen –
Ich lauschte, bis das Herz mir schwoll,
Dann schritt ich fort des Trostes voll,
Und trug ihn mit, wohin ich wallte,
Lang noch, nachdem er mir verhallte.

(Freiligrath)

Anna

Sie wohnte, wo den stillen Grund
Der Quelle Sang durchwebte,
Ein Mädchen, das in keinem Mund
Und wenig Herzen lebte.

Ein Veilchen nur am moos'gen Stein,
Dem Auge halb verborgen,
Schön wie ein Stern, der ganz allein
Am Abend scheint und Morgen.

Und wenigen nur ging es nach,
Als man um sie geläutet.
Doch Ännchen liegt im Grab, und – ach! –
Was das für mich bedeutet!

(Schücking)

Die Welt bekümmert uns zu sehr

Die Welt bekümmert uns zu sehr, wir geben,
Uns selbst verschwendend, unsre Kräfte hin,
Die Seele zahlt es, kläglicher Gewinn!
Und die Natur hat keinen Teil am Leben.

Dies Meer, das seinen Reiz dem Mond enthüllt,
Der Wind, der unablässig heult für Stunden
Und nun entschläft wie Blumen im Gefild,
Es hat kein Echo doch bei uns gefunden,

Es rührt uns nicht. – O Gott, hätt' ich doch eh'r
Als Heide eingesaugt verklungne Lehren,
Auf dieser schönen Au würd' ich nicht mehr

Mich elend in der Einsamkeit verzehren.
Aufsteigen könnt' ich Proteus seh'n im Meer,
Sein krummes Horn den Triton blasen hören.

(Schücking)

Aus der Ausfahrt
Das All – eine Muschel

Ich sah einmal
Ein Kind – es wohnte weit im Binnenland –,
Das eine Muschel an das Ohr sich hielt,
Vor Neugier stumm; es horchte angestrengt,
Und bald erhellte Freude sein Gesicht.
Denn aus den Windungen der Muschel kam
Ein leises Murmeln, das geheimnisvoll
Gemahnte an die alte Heimat Meer.
Und ganz dieselbe Muschel ist das All
Dem Ohr des Glaubens; und ich zweifle nicht,
Empfangen hast du schon so manches Mal
Verbürgte Botschaft unsichtbaren Seins,
Von Ebbe, Flut und ewig großer Kraft

Und innrer Ruhe, die im Herzen wohnt
Endloser Regung.

(Goldscheider)

An den Kuckuck

O Ankömmling, dein freu' ich mich,
Den hörend ich erkenne;
O Kuckuck, ob ich Vogel dich,
Ob Wanderlaut nur nenne.

Indes im Gras ich liege, hallt
Dein Ton mir in den Ohren,
Der ganz den Kreis der Luft durchhallt
Auch fernab unverloren.

Du rufst dem Wald, den Fluren zu
Von Blumen und von Sonne;
Mir aber, mir verkündest du
Geheime Seherwonne.

Liebling des Frühlings, Willkomm dir,
Für mich was du gewesen;
Kein Vogel, ein Geheimnis mir,
Ein Laut, ein Geisterwesen.

Dasselbe, dem als Knabe sonst
Ich horcht', dasselbe Rufen,
Das mich ihm nach so oft umsonst
Hierhin, dorthin gerufen.

Dich zu entdecken, streift' ich da
Durch Busch und Tal und Höhen;

Der Sehnsucht, Hoffnung schienst du nah,
Doch bleibst du ungesehen.

Und so kann ich noch horchen heut,
Kann in dem Grase liegen
Und horchen, bis die goldne Zeit
Kommt neu heraufgestiegen.

Dann, sel'ger Vogel, scheint mir gleich,
Die Erd', auf der wir gehen,
Wie sonst ein luft'ges Feenreich,
Zur Heimat dir ersehen.

(Reinhold)

Samuel Taylor Coleridge
(1772–1834)

Kubla Khan

Khan Kubla baut' in Xanadu
Den Freudendom, so hoch und hehr,
Wo Alph, das heilge Wasser, drang
Durch unermeßnen Höhlengang,
Tief in ein sonnenloses Meer.
Zehn Meilen weitum fruchtbar Land
Von Mauern, Türmen, ward umspannt.
Blinkend im Bachgeschlängel Gärten lagen
Mit Bäumen, voller Weihrauchduft und Blühn,
Da rauschten Wälder aus uralten Tagen,
Und manche Lichtung ruhte hell im Grün.

Doch weh, gespenstisch eine Schlucht sich wand
Am grünen Hange, quer durch Zedernwald!
Ein wilder Ort, so schaurig und gebannt,
Drin je bei mattem Mond ein Weib gerannt
Und klagend ihren Dämonbuhlen schalt.
Und aus der Schlucht, mit Sieden, Zischen, Kochen,
Als wär's der Erde hastig Atempochen,
Schießt eine Springfontäne jach empor,
Drin, wie sie rasch zerkrachend bricht hervor,
Dem Hagelprasseln gleich, in hohem Bogen
Felsblöcke wie gedroschne Körner flogen.
Und hochgejagt ward alle Augenblicke
Der heilge Strom vom Tanz der Felsenstücke.
Fünf Meilen irrend in bestürzter Wut
Durch Wald und Tal das Wasser drang,
Hinab zum unermeßnen Höhlengang
Und tosend sank in tote Meeresflut.
Fern Kubla hört, was aus dem Tosen stieg:
Ahnväterstimmen prophezeiten Krieg.

Mittinnen auf den Wogenweiten
Sah man des Domes Schatten gleiten
Und hörte immerfort den Takt
Vom Höhlengang und Katarakt.
Noch keinem ward ein solches Wunder kund –
Ein Sonnendom auf Eiseshöhlen stund.

Ein Mädchen bei dem Harfenspiel
Im Traume wohl ich sah,
Kam aus dem Abessinierland,
Die Harfe schlug sie mit der Hand,
Sang vom Berg Abora.
O könnt' ich doch erneuen
Ihr Klingen, ihren Sang,
Das sollt' mein Herz erfreuen!

Und aus den Klängen laut und lang,
Baut' ich den Dom mir in die Luft,
Den Sonnendom, die Eisesgruft.
Und die gelauscht, sie schauten's gut,
Und alle schrie'n: Sei auf der Hut
Vor Flatterhaar und Augenglut!
Dreifach umwebet ihn im Kreis!
Das Aug' verhüllt in heilger Scham!
Weil er vom Honigtaue nahm
Und trank die Milch vom Paradeis.

(Behrmann)

Verwandlung

Dichter:
Auf einmal war ein liebliches Gebild,
Auf einmal wars an meines Bettes Rand,
Saß neben mir und stützte seine Hand
Auf meine Kissen und sah mich still an,
Daß süßer Schauer mir das Mark durchrann,
Und ich begriff: dies ist mein wahres Ich,
Das lautlos sich zu mir herüberschlich
Und nun mit tiefen Blicken mich ernährt.
Doch ach, ich hatte mich ja nicht geregt,
Und schon so schnell wie es sich von mir kehrt,
Wie es auf einmal fremde Züge trägt
Versteinernd unter meinem müden Blick!
Und nun – sein Antlitz kam ihm nicht zurück –
Und dennoch: fremde auf ein Fremdes starrend,
Fühlt ich im Innern einen Wahn beharrend,
Ein Wissen, das vom tiefsten Platz nicht wich,
Dies ist nicht Fremdes, sondern dies bin ich.

Freund:
Soll von der Wirklichkeit dies Rätsel handeln;
Solls etwas geben oder nur betören?
In welchem Zeitraum, laß uns mindest hören,
Sich zutrug dies entsetzliche Verwandeln.

Dichter:
Bann es in eines Augenblickes Räume,
So ists ein bröckelnd Nichts vom Land der Träume.
Nimm, Jahre haben dunkel dir gewirkt,
Du siehst, was jedes Leben in sich birgt.

(Hofmannsthal)

Novalis
(Friedrich von Hardenberg)
(1772–1801)

Wenn nicht mehr Zahlen und Figuren

Wenn nicht mehr Zahlen und Figuren
Sind Schlüssel aller Kreaturen,
Wenn die, so singen oder küssen,
Mehr als die Tiefgelehrten wissen,
Wenn sich die Welt ins freie Leben,
Und in die Welt wird zurückbegeben,
Wenn dann sich wieder Licht und Schatten
Zu echter Klarheit werden gatten,
Und man in Märchen und Gedichten
Erkennt die ewgen Weltgeschichten,
Dann fliegt vor Einem geheimen Wort
Das ganze verkehrte Wesen fort.

Hymne
(Geistliche Lieder VII)

Wenige wissen
Das Geheimnis der Liebe,
Fühlen Unersättlichkeit
Und ewigen Durst.
Des Abendmahls
Göttliche Bedeutung
Ist den irdischen Sinnen Rätsel;
Aber wer jemals
Von heißen, geliebten Lippen
Atem des Lebens sog,
Wem heilige Glut
In zitternde Wellen das Herz schmolz,
Wem das Auge aufging,
Daß er des Himmels
Unergründliche Tiefe maß,
Wird essen von seinem Leibe
Und trinken von seinem Blute
Ewiglich.

Wer hat des irdischen Leibes
Hohen Sinn erraten?
Wer kann sagen,
Daß er das Blut versteht?
Einst ist alles Leib,
Ein Leib,
In himmlischem Blute
Schwimmt das selige Paar. –

O! daß das Weltmeer
Schon errötete,
Und in duftiges Fleisch
Aufquölle der Fels!

Nie endet das süße Mahl,
Nie sättigt die Liebe sich.
Nicht innig, nicht eigen genug
Kann sie haben den Geliebten.
Von immer zärteren Lippen
Verwandelt wird das Genossene
Inniglicher und näher.

Heißere Wollust
Durchbebt die Seele.
Durstiger und hungriger
Wird das Herz:
Und so währet der Liebe Genuß
Von Ewigkeit zu Ewigkeit.
Hätten die Nüchternen
Einmal gekostet,
Alles verließen sie,
Und setzten sich zu uns
An den Tisch der Sehnsucht,
Der nie leer wird.
Sie erkennten der Liebe
Unendliche Fülle,
Und priesen die Nahrung
Von Leib und Blut.

Ugo Foscolo
(1778–1827)

Selbstbildnis

Gefurcht die Stirn, tiefliegend scharf der Blick,
Fuchshaarig, Wangen welk, ein kühn Gesicht,

Heißfeucht der Mund, die Zähne blank und dicht,
Breitschultrig, Haupt geneigt, ein stolz Genick.

Der rechte Wuchs, die Tracht von edlem Schick,
Gang, Denken rasch, die Rede kurz und licht,
Rechtschaffen, menschlich, nüchtern, nobel, schlicht,
Abhold der Welt, und unhold mir das Glück.

Des Worts bisweilen, oft der Tat ein Held,
Einsam zumeist, doch stets in Leid und Last;
Beweglich, zäh, jähzornig, hastgequält.

An Fehl und Vorzug reich, Enthusiast,
Kühler Vernunft und doch gefühlsbeseelt,
Gilt es zu *tun*. Im Tod erst: Ruhm und Rast!

(Wildgans)

Thomas Moore
(1779–1852)

An eine schöne Ostindierin

Wenn jeder, die ein Sonnenkind,
In Aug und Busen Feuer wohnt,
Dann sind, die so dich nennen, blind –
Dich sandte nur der bleiche Mond!

Und dennoch, zündend bliebe kalt
Dies Auge, feurig, süß und licht?
Ihr Lippen, die ihr purpurn wallt,
Euch ziemt Dianas Siegel nicht!

Oh, einen Strahl der Sonne nur,
Die deines Ganges Fluten kocht,
Zu wandeln dich, du Lichtnatur,
In alles, was mein Herz erpocht!

Ha – plötzlich lodern dich zu sehn
In deiner ganzen glühnden Pracht,
Und dann im Brande zu vergehn,
Den ich doch selber angefacht!

(Freiligrath)

Alessandro Manzoni
(1785–1873)

Der fünfte Mai
(Zum Tode Napoleons)

Er war – und wie, bewegungslos
Nach letztem Hauche-Seufzer,
Die Hülle lag, uneingedenk,
Verwaist von solchem Geiste:
So tief getroffen, starr erstaunt,
Die Erde steht der Botschaft.

Stumm, sinnend nach der letztesten
Stunde des Schreckensmannes,
Sie wüßte nicht, ob solcherlei
Fußstapfen Menschenfußes
Nochmals den blutgefärbten Staub
Zu stempeln sich erkühnten.

Ihn wetterleuchtend auf dem Thron
Erblickte die Muse schweigend,
Sodann im Wechsel immerfort
Ihn fallen, steigen, liegen;
Zu tausend Stimmen Klang und Ruf
Vermischte sich nicht die ihre.

Jungfräulich, keiner Schmeichelei
Noch frevler Schmähung schuldig,
Erhebt sie sich plötzlich aufgeregt,
Da solche Strahlen schwinden,
Die Urne kränzend mit Gesang,
Der wohl nicht sterben möchte.

Zu Pyramiden von Alpen her,
Vom Manzanar zum Rheine,
Des sichern Blitzes Wetterschlag
Aus leuchtenden Donnerwolken,
Er traf von Scylla zum Tanais,
Von einem zum andern Meere.

Mit wahrem Ruhm? – Die künftge Welt
Entscheide dies! Wir beugen uns,
Die Stirne tief, dem Mächtigsten,
Erschaffenden, der sich einmal
Von allgewaltger Geisteskraft
Grenzlose Spur beliebte.

Das stürmische, doch bebende
Erfreun an großen Planen,
Die Angst des Herzens, das ungezähmt
Dienend nach dem Reiche gelüstet
Und es erlangt, zum höchsten Lohn,
Den's törig war zu hoffen.

Das ward ihm all: der Ehrenruhm,
Vergrößert nach Gefahren,
Sodann die Flucht, und wieder Sieg,
Kaiserpalast, Verbannung;
Zweimal zum Staub zurückgedrängt,
Und zweimal auf dem Altar.

Er trat hervor: gespaltne Welt,
Bewaffnet gegeneinander,
Ergeben wandte sich zu ihm,
Als lauschten sie dem Schicksal;
Gebietend Schweigen, Schiedesmann,
Setzt' er sich mitten inne;

Verschwand! – Die Tage Müßiggangs,
Verschlossen im engen Raume,
Zeugen von grenzenlosem Neid
Und tiefem frommem Gefühle,
Von unauslöschlichem Haß zugleich
Und unbezwungener Liebe.

Wie übers Haupt Schiffbrüchigem
Die Welle sich wälzt und lastet,
Die Welle, die den Armen erst
Emporhob, vorwärts rollte,
Daß er entfernte Gegenden
Umsonst zuletzt erblickte;

So wards dem Geist, der wogenhaft
Hinaufstieg in der Erinnrung.
Ach! wie so oft den Künftigen
Wollt er sich selbst erzählen.
Und kraftlos auf das ewige Blatt
Sank die ermüdete Hand hin.

O! wie so oft beim schweigsamen
Sterben des Tags, des leeren,
Gesenkt den blitzenden Augenstrahl,
Die Arme übergefaltet,
Stand er, von Tagen vergangnen
Bestürmt ihn die Erinnrung.

Da schaut er die beweglichen
Zelten, durchwimmelte Täler,
Das Wetterleuchten der Waffen zu Fuß,
Die Welle reitender Männer,
Die aufgeregteste Herrscherschaft
Und das allerschnellste Gehorchen.

Ach, bei so schrecklichem Schmerzgefühl
Sank ihm der entatmete Busen,
Und er verzweifelte! – Nein, die Kraft
Der ewigen Hand von oben,
In Lüfte, leichter atembar,
Liebherzig trug ihn hinüber.

Und leitete ihn auf blühende
Fußpfade, die hoffnungsreichen,
Zu ewigen Feldern, zum höchsten Lohn,
Der alle Begierden beschämet;
Er sieht, wie auf Schweigen und Finsternis,
Auf den Ruhm den er durchdrungen.

Schönste, unsterblich wohltätige
Glaubenskraft, immer triumphend!
Sprich es aus! erfreue dich,
Daß stolzer-höheres Wesen
Sich dem berüchtigten Golgatha
Wohl niemals niedergebeugt hat.

Und also von müder Asche denn
Entferne jedes widrige Wort,
Der Gott, der niederdrückt und hebt,
Der Leiden fügt und Tröstung auch,
Auf der verlaßnen Lagerstatt
Ihm ja zur Seite sich fügte.

(Goethe)

Clemens Brentano
(1778–1842)

Wenn der lahme Weber träumt

Wenn der lahme Weber träumt, er webe,
Träumt die kranke Lerche auch, sie schwebe,
Träumt die stumme Nachtigall, sie singe,
Daß das Herz des Widerhalls zerspringe,
Träumt das blinde Huhn, es zähl' die Kerne,
Und der drei je zählte kaum, die Sterne,
Träumt das starre Erz, gar linde tau' es,
Und das Eisenherz, ein Kind vertrau' es,
Träumt die taube Nüchternheit, sie lausche,
Wie der Traube Schüchternheit berausche;
Kömmt dann Wahrheit mutternackt gelaufen,
Führt der hellen Töne Glanzgefunkel
Und der grellen Lichter Tanz durchs Dunkel,
Rennt den Traum sie schmerzlich übern Haufen,
Horch! die Fackel lacht, horch! Schmerz-Schalmeien
Der erwachten Nacht ins Herz all schreien;
Weh, ohn' Opfer gehn die süßen Wunder,
Gehn die armen Herzen einsam unter!

Frühling

Frühling soll mit süßen Blicken
Mich entzücken und berücken,
Sommer mich mit Frucht und Myrthen
Reich bewirten, froh umgürten.

Herbst, du sollst mich Haushalt lehren,
Zu entbehren, zu begehren,
Und du Winter lehr mich sterben,
Mich verderben, Frühling erben.

Wo schlägt ein Herz, das bleibend fühlt?

Wo schlägt ein Herz, das bleibend fühlt?
Wo ruht ein Grund nicht stets durchwühlt,
Wo strahlt ein See nicht stets durchspült,
Ein Mutterschoß, der nie erkühlt,
Ein Spiegel nicht für jedes Bild
Wo ist ein Grund, ein Dach, ein Schild,
Ein Himmel, der kein Wolkenflug,
Ein Frühling, der kein Vögelzug,
Wo eine Spur, die ewig treu
Ein Gleis, das nicht stets neu und neu,
Ach wo ist Bleibens auf der Welt,
Ein redlich, ein gefriedet Feld,
Ein Blick, der hin und her nicht schweift,
Und dies und das und nichts ergreift,
Ein Geist, der sammelt und erbaut,
Ach wo ist meiner Sehnsucht Braut;
Ich trage einen treuen Stern
Und pflanzt' ihn in den Himmel gern
Und find' kein Plätzchen tief und klar,
Und keinen Felsgrund zum Altar,

Hilf suchen, Süße, halt o halt!
Ein jeder Himmel leid't Gewalt.

Amen!

Pierre-Jean de Béranger
(1780–1857)

Verwünschter Frühling

Nach ihrem Fenster sah ich von dem meinen,
Solang der Eiswind durch die Gassen fuhr;
Wir liebten uns, doch einzig von Erscheinen,
Wir küßten uns, doch in Gedanken nur.
Durch die entlaubten Linden hin und wieder
Uns anzuschaun war unsrer Tage Glück;
Du gibst den Bäumen ihre Schatten wieder –
Verwünschter Frühling, kehrst du stets zurück?

Entrückt ist mir, vom dichten Grün verborgen,
Der Engel nun, des Lächeln mich erfreut,
Den ich begrüßt an jedem Rauhreifmorgen,
Wenn er den Vögeln Futter ausgestreut.
Sie riefen ihm – und sahn wir um die Brocken
Sie flattern, ward auch unsre Liebe flügg;
Nein, nichts so lieblich doch als Reif und Flocken –
Verwünschter Frühling, kehrst du stets zurück?

Ach, ohne dich würd ich sie stets noch schauen,
Wenn sie sich morgens frisch vom Lager hebt,
Auroren ähnlich, die mit ros'gen Brauen,
Des Tages Vorhang lüftend, aufwärts schwebt.
Und spät, wenn ihres Lämpchens Schein zerflossen,
Versenkt noch spräch ich in mein stilles Glück:

Sie schläft, mein Stern hat seinen Lauf beschlossen.
Verwünschter Frühling, kehrst du stets zurück?

Warum doch kann's nicht ewig Winter bleiben?
Dem Liebenden erschien die Zeit so schön.
Wie gerne hört ich wieder an den Scheiben
Des leichten Hagels springendes Getön.
Was hilft dein alter Hofstaat mir, dein Fächeln,
Dein Balsam, deiner Sprosser Flötenstück?
Ach, die Geliebte seh ich nimmer lächeln.
Verwünschter Frühling, kehrst du stets zurück?

(Geibel)

Alt-Mütterchen

Mein Lieb, auch deine Jugend wird verschwinden,
Auch du wirst alt, dann birgt mich schon das Grab;
Mich dünkt zerstörend, zwiefach zu empfinden
Den Flug der Stunden und des Hermes Stab.
Du, laß die läst'ge Zeit noch treu dich finden
Den Lehren, welche dir die Liebe gab,
Und singe du, Alt-Mütterchen, oft wieder
Hier am Kamine deine – unsre Lieder.

Sie werden unter deinen Runzeln spähen
Nach jener Schönheit Spur, die ich besang;
Dann wird auch oft die Frag an dich ergehen:
»Wer war dein Freund, den du beweint so lang?«
Laß sie den Reichtum unsrer Liebe sehen,
Erneure du den treugehegten Klang
Und singe du, Alt-Mütterchen, nur wieder
Hier am Kamine deine – unsre Lieder.

»War er so liebenswürdig?« wird man fragen;
Du sprichst: »Er war doch liebewert und mein.«
»Hat hämisch Wunden je der Schalk geschlagen?«
Antworte stolz und zuversichtlich: »Nein.«
Dann wiederhole du die alten Sagen
Von unsrer Liebe heitrem Sonnenschein,
Und singe du, Alt-Mütterchen, mir wieder
Hier am Kamine deine – unsre Lieder.

Mein Schmerz um Frankreich ist in dir erklungen,
Den Söhnen unsrer Helden sage du,
Wie ich den Ruhm, die Hoffnung dann besungen;
Ich sang, zerrißne Herzen horchten zu,
In Wunden ist der Balsam eingedrungen,
Ich sang den Schmerz, den schreienden, zur Ruh;
O singe du, Alt-Mütterchen, mir wieder
Hier am Kamine meine – unsre Lieder.

Geliebte, wenn im hohen Alter milde
Der Klang dich meines Namens noch erfreut,
Wenn deine liebe Hand vor meinem Bilde
In jedem Lenz den Blumenflor erneut,
Blick aufwärts du in jene Lichtgefilde,
Wo fürder Liebe keine Trennung scheut,
Und singe du, Alt-Mütterchen, mir wieder
Hier am Kamine deine – unsre Lieder.

Die neben mir wie meine Jugend stand,
An die ich solcher Worte viel gelallt,
Sie hat sich mir verborgen unterm Sand;
Ich schüttle noch, gebrochen, müd und alt,
Ungläubig fast, allein an Grabes Rand
Mein schweres Haupt, von Silberhaar umwallt,

Und singe mir nun tieferschauernd wieder,
Die sonst ich ihr gesungen – unsre Lieder.

(Chamisso)

Joseph von Eichendorff
(1788–1857)

Abschied

O Täler weit, o Höhen,
O schöner, grüner Wald,
Du meiner Lust und Wehen
Andächtger Aufenthalt!
Da draußen, stets betrogen,
Saust die geschäftge Welt,
Schlag noch einmal die Bogen
Um mich, du grünes Zelt!

Wenn es beginnt zu tagen,
Die Erde dampft und blinkt,
Die Vögel lustig schlagen,
Daß dir dein Herz erklingt:
Da mag vergehn, verwehen
Das trübe Erdenleid,
Da sollst du auferstehen
In junger Herrlichkeit!

Da steht im Wald geschrieben,
Ein stilles, ernstes Wort
Von rechtem Tun und Lieben,
Und was des Menschen Hort.
Ich habe treu gelesen

Die Worte, schlicht und wahr,
Und durch mein ganzes Wesen
Wards unaussprechlich klar.

Bald werd ich dich verlassen,
Fremd in der Fremde gehn,
Auf buntbewegten Gassen
Des Lebens Schauspiel sehn;
Und mitten in dem Leben
Wird deines Ernsts Gewalt
Mich Einsamen erheben,
So wird mein Herz nicht alt.

Das zerbrochene Ringlein

In einem kühlen Grunde
Da geht ein Mühlenrad,
Mein' Liebste ist verschwunden,
Die dort gewohnet hat.

Sie hat mir Treu versprochen,
Gab mir ein'n Ring dabei,
Sie hat die Treu gebrochen,
Mein Ringlein sprang entzwei.

Ich möcht als Spielmann reisen
Weit in die Welt hinaus,
Und singen meine Weisen,
Und gehn von Haus zu Haus.

Ich möcht als Reiter fliegen
Wohl in die blut'ge Schlacht,
Um stille Feuer liegen
Im Feld bei dunkler Nacht.

Hör ich das Mühlrad gehen:
Ich weiß nicht, was ich will –
Ich möcht am liebsten sterben,
Da wär's auf einmal still!

Mondnacht

Es war, als hätt der Himmel
Die Erde still geküßt,
Daß sie im Blütenschimmer
Von ihm nun träumen müßt.

Die Luft ging durch die Felder,
Die Ähren wogten sacht,
Es rauschten leis die Wälder,
So sternklar war die Nacht.

Und meine Seele spannte
Weit ihre Flügel aus,
Flog durch die stillen Lande,
Als flöge sie nach Haus.

Der frohe Wandersmann

Wem Gott will rechte Gunst erweisen,
Den schickt er in die weite Welt;
Dem will er seine Wunder weisen
In Berg und Wald und Strom und Feld.

Die Trägen, die zu Hause liegen,
Erquicket nicht das Morgenrot,
Sie wissen nur von Kinderwiegen,
Von Sorgen, Last und Not um Brot.

Die Bächlein von den Bergen springen,
Die Lerchen schwirren hoch vor Lust,
Was sollt ich nicht mit ihnen singen
Aus voller Kehl und frischer Brust?

Den lieben Gott laß ich nur walten;
Der Bächlein, Lerchen, Wald und Feld
Und Erd und Himmel will erhalten,
Hat auch mein Sach aufs best' bestellt!

George Gordon Noel Lord Byron
(1788 – 1824)

When we two parted

Als sich mit Schmerzen
In Tränen und stumm
Trennten die Herzen,
Wer sagt, warum? –
Kalt dein Gesicht und blaß,
Kälter dein Kuß;
O damals ahnt' ich, was
Nun kommen muß!

Es taute der Morgen
So schaurig kühl,
Mich warnte verborgen
Ein Vorgefühl.
Die Schwüre verwehten,
Die Ehre zerbrach,
Dein Ruf ist zertreten
Und *mein* deine Schmach.

Dein Namen umklingt mich
Wie Totengeläut.
Ein Schauer durchdringt mich,
Als liebt' ich noch heut.
Wie gut ich dich kannte,
Wem ist es bewußt?
Wer weiß, wie mir brannte
Von Reue die Brust?

Verstohlen besessen,
Verstohlen beweint,
Daß *du* mich vergessen,
Verraten den Freund!
Nach langem Büßen,
Wenn Jahre herum,
Wie soll ich dich grüßen?
In Tränen und stumm.

(Heyse)

Lebewohl!

Lebe wohl, und seis auf immer!
Seis auf immer, lebe wohl!
Doch, Versöhnungslose, nimmer
Dir mein Herze zürnen soll.

Könnt ich öffnen dir dies Herze,
Wo dein Haupt oft angeschmiegt
Jene süße Ruh gefunden,
Die dich nie in Schlaf mehr wiegt!

Könntest du durchschaun dies Herze
Und sein innerstes Gefühl!

Dann erst sähst du: es so grausam
Fortzustoßen war zu viel.

Mag sein, daß die Welt dich preise
Und die Tat mit Freuden seh –
Muß nicht selbst ein Lob dich kränken,
Das erkauft mit fremdem Weh?

Mag sein, daß viel Schuld ich trage,
War kein andrer Arm im Land,
Mir die Todeswund zu schlagen,
Als der einst mich lieb umwand?

Dennoch täusche dich nicht selber,
Langsam welkt die Liebe bloß,
Und man reißt so raschen Bruches
Nicht ein Herz vom Herzen los.

Immer soll dein Herz noch schlagen,
Meins auch, blut es noch so sehr;
Immer lebt der Schmerzgedanke:
Wieder sehn wir uns nicht mehr!?

Solche Worte schmerzen bittrer,
Als wenn man um Tote klagt;
Jeder Morgen soll uns finden
Im verwitwet Bett erwacht.

Suchst du Trost, wenns erste Lallen
Unsres Mägdleins dich begrüßt:
Willst du lehren »Vater« rufen
Sie, die Vaters Huld vermißt?

Wenn, umarmt von ihren Händchen,
Dich ihr süßer Kuß entzückt,

Denke sein, der fern dich liebet,
Den du liebend einst beglückt!

Wenn du schaust, daß ihr Gesichtlein
Meinen Zügen ähnlich sei,
Zuckt vielleicht in deinem Herzen
Ein Gefühl, das mir noch treu.

Alle meine Fehltritt kennst du,
All mein Wahnsinn fremd dir blieb;
All mein Hoffen, wo du gehn magst,
Welkt – doch gehts mit dir, mein Lieb.

Jed Gefühl hast du erschüttert;
Selbst mein Stolz, sonst felsenfest,
Beugt sich dir – von dir verlassen,
Meine Seel mich jetzt verläßt.

Doch was helfen eitel Worte –
Kommt ja gar von mir das Wort!
Nur entzügelte Gedanken
Brechen durch des Willens Pfort.

Lebe wohl! ich bin geschleudert
Fort von allen Lieben mein,
Herzkrank, einsam und zermalmet –
Tödlicher kann Tod nicht sein!

(Heine)

Geisterstimme
(Aus »Manfred«)

Wenn der Mond ist auf der Welle,
Wenn der Glühwurm ist im Gras
Und ein Scheinlicht auf dem Grabe,
Irres Licht auf dem Morast,
Wenn die Sterne fallend schießen,
Eul der Eul erwidernd heult
Und die Blätter schweigend ruhen
An des dunkeln Hügels Wand,
Meine Seel sei auf der deinen
Mit Gewalt und Zeichenwink!

Ist dein Schlummer noch so tief,
Kommt dein Geist doch nie zum Schlaf.
Da sind Schatten, die nicht schwinden,
Da Gedanken, die nicht bannest.
Die Gewalt, die du nicht kennest,
Läßt dich nimmermehr allein.
Bist ins Leichentuch gewindelt,
Eingehüllt in einer Wolke,
Und für immer, immer wohnst du
In dem Geiste dieses Spruchs.

Siehst mich nicht vorübergehen,
Fühlst mich doch in deinem Auge
Als ein Ding, das ungesehen
Nah dir sein muß, wie es war.
Und wenn du, geheim durchschaudert,
Deinen Kopf umwendend blickest,
Sollst dich wundern, daß nicht etwa
Wie ein Schatten bin zur Stelle;
Nein! die Kraft, die du empfunden,
Ist, was sich in dir verbirgt.

Und ein Zauberwort und Lied
Taufte dich mit einem Fluch,
Und schon hat ein Geist der Luft
Dich umgarnt mit einer Schlinge.
In dem Wind ist eine Stimme,
Die verbeut dir, dich zu freuen.
Und wenn dir die Nacht versagt
Ihres reinen Himmels Ruhe,
Bringt der Tag eine Sonn herauf –
Wär sie nieder! wünschest du.

Deinen falschen Tränen zog ich
Tödlichste Essenzen aus;
Deinem eignen Herzen sog ich
Blut, das schwärzeste, vom Quell;
Deinem Lächeln lockt ich Schlangen,
Dort geheim geringelt, ab;
Deinem Lippenpaar entsaugt ich
Allerschlimmstes aller Gifte.
Jedem Gift, das ich erprobet,
Schlimmer ist dein eignes doch.

Bei deiner kalten Brust, dem Schlangenlächeln,
Der Arglist unergründlichem Schlund,
Bei dem so tugendsam scheinenden Auge,
Bei der verschlossenen Seele Trug,
Bei der Vollendung deiner Künste,
Dem Wahn, du tragest ein menschliches Herz,
Bei deinem Gefallen an anderer Pein,
Bei deiner Kains-Bruderschaft
Beschwöre ich dich und nötige
Dich, selbst dir eigne Hölle zu sein!

Auf dein Haupt gieß ich die Schale
Die dich solchem Urteil widmet:

Nicht zu schlafen, nicht zu sterben,
Sei dein dauernd Mißgeschick;
Scheinbar soll der Tod sich nahen
Deinem Wunsch, doch nur als Grauen.
Schau! der Zauber wirkt umher dir,
Dich geklirrlos fesselt Kette;
Über Herz und Hirn zusammen
Ist der Spruch ergangen – schwinde!

(Goethe)

Aus den »hebräischen« Melodien

In ihrer Schönheit wandelt sie
  Wie wolkenlose Sternennacht;
Vermählt auf ihrem Antlitz sieh
  Des Dunkels Reiz, des Lichtes Pracht:
Der Dämmrung zarte Harmonie,
  Die hinstirbt, wenn der Tag erwacht.

Ein Schatten mehr, Licht minder klar,
  So wär die tiefe Anmut nicht,
Die niederwallt im Rabenhaar
  Und sanft verklärt ihr Angesicht,
Aus welchem hold und wunderbar
  Die reine liebe Seele spricht.

O diese Wang, o diese Braun,
  Wie sanft, wie still, und doch beredt,
Was wir in ihrem Lächeln schaun!
  Ein frommes Wirken früh und spät,

Ein Herz voll Frieden und Vertraun
Und Lieb, unschuldig wie Gebet.

(Gildemeister)

Stanzen für Musik

Ich nenne, ich flüstre, ich atme dich nicht;
Es ist Schmerz in dem Klang, es ist Schuld im Gerücht;
Nur die brennende Trän auf der Wang, o mein Herz,
Verrät dir den tiefen, den schweigenden Schmerz.

Zu kurz für das Glück, für den Frieden zu lang,
Entschwanden die Stunden, berauschend und bang;
Wir brachen die Kette, entsagten dem Glück,
Wir scheiden, wir fliehen – und kehren zurück.

O mein sei die Reue, und dein sei die Lust!
Vergib, o mein Leben! – verlaß, wenn du mußt;
Das Herz, das dich liebte, verlier es die Ruh,
Doch beugt es und bricht es kein andrer als du.

Stolz wider die Stolzen, voll Demut vor dir
Ist die Seel, ob es dunkelt und stürmet in mir;
Und die Tage sind schnell, und die Stunden sind schön
Bei dir, o mein Herz, wie in seligen Höhn.

Dein Auge voll Liebe, dein Seufzer voll Leid
Bannt oder vertreibt, straft oder verzeiht;
Und verhöhne die Welt mein Entsagen vor dir,
Antwortet, o Lippen, nicht ihnen – nur mir!

*

Keine gleicht von allen Schönen,
Zauberhafte, dir!
Wie Musik auf Wassern tönen
Deine Worte mir.
Wenn das Meer vergißt zu rauschen,
Um entzückt zu lauschen,
Lichte Wellen leise schäumen,
Eingelullte Winde träumen;

Wenn der Mond die Silberkette
Über Fluten spinnt,
Deren Brust im stillen Bette
Atmet wie ein Kind:
Also liegt mein Herz versunken,
Lauschend, wonnetrunken,
Sanft gewiegt und voll sich labend
Wie des Meeres Sommerabend.

(Gildemeister)

Percy Bysshe Shelley
(1792–1822)

Ode an den Westwind

O wilder Westwind, du des Herbstes Lied,
Vor dessen unsichtbarem Hauch das Blatt,
Dem Schemen gleich, der vor dem Zaubrer flieht,

Fahl, pestergriffen, hektisch-rot und matt,
Ein totes Laub, zur Erde fällt! O du,
Der zu der winterlichen Ruhestatt

Die Saaten führt – die Scholle deckt sie zu,
Da liegen sie wie Leichen starr und kalt,
Bis deine Frühlingsschwester aus der Ruh

Die träumenden Gefilde weckt, und bald
Die auferstandnen Keim zum Blütenmeer
Sich wandeln, dem ein süßer Duft entwallt:

Allgegenwärt'ger Geist, den ich beschwör,
Zerstörer und Erhalter, hör, o hör!

Du, dessen Strömung bei des Wetters Groll
Die Wolken von des Himmels Luftgezweig
(Engel von Blitz und Regen sind es) toll

Wie sinkend Laub zur Erde schüttelt – gleich
Dem schwarzen Haare, das man flattern sieht
Um ein Mänadenhaupt, ist wild und reich

Vom Saum des Horizonts bis zum Zenit
Auf deinem Azurfeld die Lockenpracht
Des nahnden Sturms verstreut! Du Klagelied

Des sterbenden Jahrs, in welchem diese Nacht
Die Kuppel eines weiten Grabmals wär,
Gewölbt mit all der aufgetürmten Macht

Von Dampf und Dunst, die bald die Atmosphär
Als Regen Hagel Blitz entlädt – o hör!

*

Du, der geweckt aus seinem Sommertraum
Das blaue Mittelmeer, das schlummernd lag,
Gewiegt an einer Bimsstein-Insel Schaum

In Bajäs Bucht von sanftem Wellenschlag,
Und tief im Schlaf die Wunderstadt gesehn,
Erglänzend in der Flut kristallnem Tag,

Wo blaues Moos und helle Blumen stehn
So schön, wie nimmer sie ein Dichter schuf!
Du, dem im Zorne selbst entfesselt gehn

Des Ozeans Wogen, wenn sie trat dein Huf,
Indes der schlammige Wald, saftlos im Meer
Sein Grün am Grunde fristend, deinen Ruf

Vernahm, daß jäh der Tang, von ungefähr,
Erblich, und er sich bebend neigt – o hör!

*

Wär ich ein totes Blatt, von dir entführt,
Wär eine Wolke, ziehnd auf deiner Spur,
Wär eine Welle, die den Odem spürt

Von deiner Kraft, und selbst sie teilte – nur
So frei nicht, Stürmender, wie du! Ja, schritt
Ich noch, ein Knabe, auf der Kindheit Flur,

Begleiter dir auf deinem Wolkenritt,
Als deinen Flug zu überholen mir
So leicht erschien: dann klagt ich, was ich litt,

So bitter flehend nicht wie heute dir.
O nimm mich auf, als Blatt, als Welle bloß!
Ich fall auf Schwerter – ich verblute hier!

Zu Tode wund sinkt in des Unmuts Schoß
Ein Geist wie du, stolz, wild und fessellos.

*

Laß gleich dem Wald mich deine Harfe sein,
Ob auch wie seins mein Blatt zur Erde fällt!
Der Hauch von deinen mächt'gen Melodein

Macht, daß ein Herbstton beiden tief entschwellt,
Süß – ob in Trauer. Sei du, stolzer Geist,
Mein Geist! Sei *ich*, du stürmevoller Held!

Gleich welkem Laub, das neuen Lenz verheißt,
Weh meine Grabgedanken durch das All,
Und bei dem Liede, das mich aufwärts reißt,

Streu, wie vom Herde glühnder Funkenfall
Und Asche stiebt, mein Wort ins Land hinein!
Dem Erdkreis sei durch meiner Stimme Schall

Der Prophezeiung Horn! O Wind, stimm ein:
Wenn Winter naht, kann fern der Frühling sein!

(Strodtmann)

Hymne an die geistige Schönheit

Der Schatten einer unsichtbaren weiten
Hand überfliegt uns –: Machtvoll wechselt immer
Im Schwung der Welt sein Dunkel und sein Schimmer,
Es fällt ein unbeständig Licht,
Wie Strahlen Monds durch Tannendickicht gleiten,
Auf menschlich Herz und Angesicht,
Wie Einklang auch aus Dämmrung spricht,
Aus allen Lieblichkeiten,

Die wir lieben,
Und tiefer noch, wenn sie Geheimnis blieben!

Der Schönheit heiligender Geist! erkaltet
Bei uns – Warum? Ach frag, warum vergehen
Vor unsern Augen alle, die wir sehen?
Die Augen auch! Tal Erde weint –
Frag, was mit Lust und Furcht uns mißgestaltet,
Was Traum, Geburt und Tod denn meint,
Daß solch ein Graun ins Taglicht scheint –
Die Namen sind veraltet,
Die uns schirmten,
Seit Höll und Himmel sich ins Leere türmten.

Nur du! Wenn Zweifel taub, Zufall geblendet
Uns ohne Antwort Ohr und Aug verkümmern:
Du greifst, wie Sternenwind noch klingt in Trümmern,
In unsre starren Saiten ein!
O zieh die Hand nicht fort – wohl Liebe wendet
Sich fort und Achtung (Wolken klein
Kommen und gehn): Mit dir allein
Im Herzen niemals endet
Herrlich steiget
Der Mensch, zu grenzenloser Macht geneiget.

Der du den Traum machst wahr: mußt bei uns warten.
Daß nicht das Grab wie unser furchtsam Leben
Wird finstre Wirklichkeit. Mit Knien, die beben
Und drängen, suchte ich als Kind
Nach Geistern in Ruine, Keller, Garten:
Und nichts! Doch in des Wachstums Wind,
Wenn Seele mit der Welt beginnt,
Traf mich dein Schatten –
Und entzückt gleich Frommen
Die Hände faltend jauchzt ich deinem Kommen.

Der Tag spricht feierlicher, hellere Sprache,
Wenn Mittag geht. Im Herbst sind Harmonien,
Und seine Sonne glänzt so stark im Fliehen,
Als könnt es nicht im Sommer sein.
O Wahrheit der Natur, du schriest: erwache!
In meine Jugend –: Brenn in mein
Herz inniger nun Ruhe ein.
Ich ehre dich! So mache,
Daß ich bange
Vor mir allein, und frei die Welt umfange!

(Wolfenstein)

Elegie

Wenn die Lampe zerschmettert,
  Ist ihr Licht im Staube verglüht;
Wenn die Rose entblättert,
  Ist ihr Duft im Winde versprüht;
Wenn die Laute zerbrochen,
  Ist ihr lieblicher Klang verhallt;
Wenn die Lippen gesprochen,
  Ist ihr Wort vergessen, wie bald!

So wie Klang und Schimmer
  Nicht Lampe und Laut' überlebt:
Stummer Seele auch nimmer
  Sich wieder ein Lied enthebt. –
Nur ein trübes Träumen,
  Wie der Wind durch Trümmer streift,
Wie der Woge Schäumen
  Dem Schiffer sein Grablied pfeift.

Liebten sich zwei Herzen:
  Bald flieht, ach! die Lieb' aus dem Nest;
Das schwächre hält in Schmerzen
  An seiner Liebe noch fest.
O Liebe, die alle Wesen
  Der Schwäche du zeihst, so arg,
Was hast du dir erlesen
  Den Schwächsten zur Wieg' und zum Sarg?

Sein Sehnen wird dich wiegen,
  Wie der Sturm die Raben wiegt;
Vernunft wird Ruh' dir lügen,
  Wie die Sonn' im Winter lügt.
Dein Nest wird ganz zerfallen;
  Deines Adlerhorstes beraubt,
Wirst du ein Spott sein allen,
  Wenn der Herbst die Flur entlaubt.

(Strodtmann)

Alphonse de Lamartine
(1790–1869)

Der See

So dürfen wir, umstürmt vom ewigen Orkane,
Zu neuen Ufern stets entführt vom Wellenschlag,
Denn nie vor Anker gehn im Zeitenozeane,
    Auch nicht für einen Tag?

O See, kaum ist's ein Jahr, daß mir die Engelreine
Ein Wiedersehn verhieß an deiner teuren Flut;

Doch einsam rast' ich heut, sieh her, auf diesem Steine,
Auf dem einst sie geruht!

So rauschtest du empor, daß dumpf die Felswand dröhnte,
So sah ich am Geklipp die Brandung nahn und fliehn,
So warf der Wind den Schaum, der deine Wogen krönte,
Zu ihren Füßen hin.

Denkst du des Abends noch? Der Kahn, in dem wir ruhten,
Glitt still dahin, und still versank der Glanz des Tags,
Und nichts vernahm das Ohr, als auf den Spiegelfluten
Den Takt des Ruderschlags.

Da plötzlich rief ein Laut gleichwie von Engelsmunde
Den müden Widerhall am Felsenufer wach;
Die Lüfte horchten auf, die Wasser in der Runde,
Als die Geliebte sprach:

»O Zeit, halt ein im Flug, und ihr, laßt ab zu fließen,
Ihr Stunden, einmal nur!
Vergönnt uns, unverkürzt das Höchste zu genießen,
Das je ein Herz erfuhr!

Zur Flucht beschwören euch, die elend und zerschlagen;
Flieht, flieht für sie mit Hast!
Mit ihren Tagen nehmt von dannen ihre Plagen;
Doch die Beglückten laßt!

Doch fleh' ich Rast umsonst, den Augenblick zu kosten,
Die Zeit nimmt ihren Lauf;
Noch sprech' ich zu der Nacht: Verweil'! und schon im Osten
Glüht hell das Frührot auf.

So laßt uns lieben denn! Die Stunden solcher Gnade
Sind kurz; genießen wir!
Der Mensch hat keinen Port, die Zeit hat kein Gestade,
Sie flieht und wir mit ihr.«

O Zeit, wie kann's denn sein, daß du die Wonneschauer
Des Tags, da uns den Kelch randvoll die Liebe schenkt,
Uns ganz so rasch entführst, als wie den Tag der Trauer,
Der uns mit Zähren tränkt!

Wie! Spurlos löscht' es aus, was uns so hoch entzückte?
Hin wär's, auf immer hin? Und ohne Wiederkehr?
Die Zeit, die's einmal gab und die es dann entrückte,
Sie gäb' es nimmermehr?

Abgrund der Ewigkeit, nie ausgeforschter Bronnen
Vergangenheit, wo bleibt, was rastlos du verschlingst?
Sprich, ob du nie den Rausch zu früh entriss'ner Wonnen
Dem Herzen wiederbringst?

O See, o Felsgeklüft, o dunkle Waldesbreiten,
Euch rührt die Zeit nicht an; so wahrt denn, ewig jung,
O wahrt von dieser Nacht verscholl'nen Seligkeiten
Ihr die Erinnerung!

Sie wohne, schöner See, in deiner Ufer Prangen,
Im schwarzen Föhrenkranz, der dir zu Häupten ruht,
In jenen Klippenhöhn, die schroff herniederhangen
Auf deine blaue Flut;

Sie wohn' in deiner Ruh, in deinen Ungewittern,
Im Echo, das von Strand zu Strand fortklingend fließt,
Im silberstirn'gen Mond, der sein Geleucht mit Zittern
Auf deinen Spiegel gießt;

Auf daß der Seufzerhauch im Schilf, des Windes Klage
Die Luft, die dein Gestad klar wie Kristall umgibt,
Daß alles, was man hört und sieht und atmet, sage:
»Sie haben sich geliebt.«

(Geibel/Leuthold)

Der Herbst

Ihr Wälder seid gegrüßt, vom letzten Grün bekleidet,
Du gelblich Laub, zerstreut auf diese Wiesenflur,
Du letzter schöner Tag! – dem Herzen, welches leidet,
Stellt sich so lieblich dar die Trauer der Natur.

Nachdenklich folgt mein Schritt dem unbesuchten Steige,
Und gerne mag ich schaun hinauf zum letztenmal
Ins blasse Sonnenlicht, das mühlich durchs Gezweige
Die Nacht vor meinem Fuß durchdringt mit seinem Strahl.

Aus dem verhüllten Aug', in diesen Herbstestagen,
Der sterbenden Natur ein größrer Reiz entfließt;
Das letzte Lächeln ists vom Freund, ein Abschiedsagen
Von Lippen, die der Tod nun bald auf ewig schließt.

Zu scheiden so bereit vom Horizont des Lebens,
Der Hoffnung langen Strom betrauernd, der verfloß,
Noch einmal umgekehrt, betracht' ich, ach! vergebens
Die Güter, die es gab und die ich nicht genoß.

Natur, so hold und sanft! O Erd', o Sonn', o Tale!
Wie würde nicht um euch mein Aug' am Grabe feucht?
So duftig ist die Luft! das Licht so rein von Strahle!
Dem Blick des Sterbenden so schön die Sonne däucht!

Ja, leeren möcht' ich jezt den Becher bis zur Hefe,
Aus dem ich Nektar oft, doch oft auch Galle trank;
Vielleicht, daß ich zuletzt ein Tröpfchen Honig träfe,
Das in des Lebens Kelch etwa zu Grunde sank!

Vielleicht doch wollte mir die Zukunft aufbewahren
Die Wiederkehr zum Glück, des Hoffnung mir verschwand;
Vielleicht noch hätt' ein Geist aus diesen fremden Scharen
Erwidert meinen Gruß, den er zuletzt verstand! …

Die Blume fällt und läßt den Westen ihre Düfte,
Ans Leben und ans Licht ist dies ihr Lebewohl:
So sterb' ich, und mein Geist verhaucht sich in die Lüfte,
Dem Tone gleich, der trüb und süß der Brust entquoll.

(Schwab)

John Keats
(1795–1821)

Ode an die Melancholie

Nein. Lethe nicht! nein, nein! Und keltre nicht
Wolfswurz! Trink nicht den giftgemischten Wein;
Und wenn Proserpina die Trauben bricht,
Flieh ihren falschen Nachtviolenschein.
Verwandle nicht die heitre Rosenpracht
In Taxusdüster. Nein, die Motte ist
Nicht deine Psyche! Mit der Eule teil
Nie deiner Sorgen feierliche Nacht:
Denn Schatten flieht zu Schatten und vergißt,
Versinkend, Licht und Wachsamkeit und Heil.

Wenn dich die tiefe Schwermut überfällt,
Wie eine Wolke, die der Himmel trug,
Auf jede Blume drückt, bis sie verwelkt,
Und alles Grüne hüllt in graues Tuch:
Dann wirf dein Leid in einen Rosenschoß,
Klag es dem Regenbogen, klag's dem Meer,
Sieh an, wie das Päonienbeet noch blüht!
Zürnt deine Herrin, faß, erfaß getrost
Die zarte Hand! Sie zürnt schon lang' nicht mehr.
Fühlst du nicht, wie sie dir entgegenglüht?

Sie lebt in Schönheit; Schönheit aber stirbt.
Die Finger an den Lippen, steht die Lust
Und winkt: Leb wohl! Der Schmerz tritt ein und wirbt.
Gift saugt die Biene aus der Blumenbrust.
Ja! in dem Tempel, wo die Freude lacht,
Thront tief verschleiert Schwermut nebenan.
Nur der erkennt sie, dessen kühner Mund
Der Freuden Traube leicht zerpressen kann.
Dann wird er schmecken ihre herbe Macht,
Bis tief auf ihren trüben Herrschaftsgrund.

(Paulsen)

Ode an eine Nachtigall

Mein Herz brennt, und ein wirrer Traum umfängt
Mein Hirn, als leert' ich einen Schierlingstrank
In einem Zug, als ob im Rausch versenkt
An Lethes Ufer starr ich niedersank.
Ich neid' dir nicht dein glückliches Geschick
Und schöpfte mit aus deiner Freuden Schoß,
Du holde Dryas, leichtbeschwingt! Dein Baum
          Verbirgt dich meinem Blick;

Aus buchengrünen Schatten löst sich los
Der reinsten Kehle inbrunstselger Traum.

O einen Trank von jenem Edelwein,
Der lange lag an kühler Erdenbrust.
Nach Blumen schmeckt er und nach Sonnenschein,
Nach Tanz, nach Heimatklang und junger Lust.
O! einen Becher nur vom warmen Süd,
Von jenem Tropfen unverfälscht und echt,
Der perlend auf der Oberfläche schäumt
Und purpurfarbig glüht.
Ihn trinken und vergehn! O fort! ich möcht'
Dorthin mit dir, wo Urwaldschweigen einsam träumt.

Weit fort von hier, damit mein Herz vergißt,
Was deines nie erlebt im Blättergrün:
Den Überdruß, das Fieber und die List,
Hier, wo vor Gram die Menschen früh verblühn,
Wo Greise, halbgelähmt, mit kahlem Haupt,
Und bleiche Knaben unbeweint vergehn,
Wo denken heißt: ein Mann der Sorge sein,
Hohläugig, trostberaubt.
Die Schönheit selbst, die Liebe überstehn
Kaum mehr als eines Tages blassen Schein.

Fort! fort! zu dir! Ja, führ mich! ich entflieh.
Nicht Bacchus zieht mich, nicht sein Pantherpaar.
Nein! ihre Schwingen schenkt mir Poesie;
Schwer folgt Verstand, der stets ein Zweifler war.
Bist du bereit? Die Nacht ist lau und weich.
Verschleiert sitzt die Königin auf dem Mond,
Umdrängt von Sternenfeen, unsichtbar groß.
Komm in dies dunkle Reich,
Wo kaum ein schwacher Lichtstrahl dauernd wohnt;
Zwäng dich durchs Astwerk überm Pfad von Moos.

Die Blumen mir zu Füßen seh' ich nicht,
Noch welch ein Weihrauch an den Zweigen hängt.
Doch was der scheue Balsam leis verspricht,
Der reiche Mai erfüllt's, erfüllt's und schenkt
Den wilden Apfelbaum, den Waldeswind,
Den Rosenbusch, den weißen Hagedorn
Und Veilchen, fast zu tief versteckt im Grün.
        Des Frühlings erstes Kind,
Die Moschusblume sprießt, betaut, am Born;
Und Mückenschwärme summen Melodien.

Ich lausche dir, Stimme der Dunkelheit,
Und bin verliebt in einen sanften Tod.
Ich hab' ihm Schmeichelnamen oft geweiht,
Wenn ich ihm rhythmisch meinen Atem bot.
Und mehr denn je scheint heut der Tod mir gut,
Ein leicht Verschmelzen in die Mitternacht.
Inbrünstig hauch' ich meine Seele aus
        In deine Liebesglut –
Du singst noch, während schon mein Ohr versagt –
Hell klingt dein Requiem um mein Rasenhaus.

Du wundervoller Vogel! Ja, gefeit,
Unsterblich schwebst du den Geschlechtern vor.
Was du mir singst, hat schon zu Davids Zeit
Entzückt des Königs wie des Bettlers Ohr.
Vielleicht fand damals dieses selbe Lied
Den Weg zu Ruth, als sie, vor Heimweh krank,
Umwogt von fremdem Korn in Tränen stand.
        Und heut wie ehmals flieht
Dein Zaubertrost, du magischer Gesang,
Fort übers Meer in ein verloren Land.

Verloren Land! Dies Wort wie Glockenton,
Es ruft zurück mich in mein eigen Sein.

Leb wohl denn! Phantasie ist Trug; und schon
Entlarvt sich spukhaft der bestaunte Schein.
Leb wohl! leb wohl! Dein nächtlich Lied verhallt.
Noch klingt die Wiese, und noch klingt's am Bach,
Ein Gruß vom Hügel. Nun verschwimmt er sacht
Und stirbt im nächsten Wald.
War's nur geträumt? Mein Herz, du bist doch wach?
Wo blieb der Ton? Wo blieb die Frühlingsnacht?

(Paulsen)

August Graf von Platen
(1796–1835)

Tristan

Wer die Schönheit angeschaut mit Augen,
Ist dem Tode schon anheimgegeben,
Wird für keinen Dienst auf Erden taugen,
Und doch wird er vor dem Tode beben,
Wer die Schönheit angeschaut mit Augen!

Ewig währt für ihn der Schmerz der Liebe,
Denn ein Tor nur kann auf Erden hoffen,
Zu genügen einem solchen Triebe:
Wen der Pfeil des Schönen je getroffen,
Ewig währt für ihn der Schmerz der Liebe!

Ach, er möchte wie ein Quell versiechen,
Jedem Hauch der Luft ein Gift entsaugen,
Und den Tod aus jeder Blume riechen:
Wer die Schönheit angeschaut mit Augen,
Ach, er möchte wie ein Quell versiechen!

Wer wußte je das Leben recht zu fassen

Wer wußte je das Leben recht zu fassen,
Wer hat die Hälfte nicht davon verloren
Im Traum, im Fieber, im Gespräch mit Toren,
In Liebesqual, im leeren Zeitverprassen?

Ja, der sogar, der ruhig und gelassen,
Mit dem Bewußtsein, was er soll, geboren,
Frühzeitig einen Lebensgang erkoren,
Muß vor des Lebens Widerspruch erblassen.

Denn jeder hofft doch, daß das Glück ihm lache,
Allein das Glück, wenn's wirklich kommt, ertragen,
Ist keines Menschen, wäre Gottes Sache.

Auch kommt es nie, wir wünschen bloß und wagen:
Dem Schläfer fällt es nimmermehr vom Dache,
Und auch der Läufer wird es nicht erjagen.

Wem Leben Leiden ist

Wem Leben Leiden ist und Leiden Leben,
Der mag nach mir, was ich empfand, empfinden;
Wer jedes Glück sah augenblicks verschwinden,
Sobald er nur begann, darnach zu streben;

Wer je sich in ein Labyrinth begeben,
Aus dem der Ausweg nimmermehr zu finden,
Wen Liebe darum nur gesucht zu binden,
Um der Verzweiflung dann ihn hinzugeben;

Wer jeden Blitz beschwor, ihn zu zerstören,
Und jeden Strom, daß er hinweg ihn spüle
Mit allen Qualen, die sein Herz empören;

Und wer den Toten ihre harten Pfühle
Mißgönnt, wo Liebe nicht mehr kann betören:
Der kennt mich ganz und fühlet, was ich fühle.

Heinrich Heine
(1797–1856)

Die schlesischen Weber

Im düstern Auge keine Träne,
Sie sitzen am Webstuhl und fletschen die Zähne:
Deutschland, wir weben dein Leichentuch,
Wir weben hinein den dreifachen Fluch –
Wir weben, wir weben!

Ein Fluch dem Gotte, zu dem wir gebeten
In Winterskälte und Hungersnöten;
Wir haben vergebens gehofft und geharrt,
Er hat uns geäfft und gefoppt und genarrt –
Wir weben, wir weben!

Ein Fluch dem König, dem König der Reichen,
Den unser Elend nicht konnte erweichen,
Der den letzten Groschen von uns erpreßt,
Und uns wie Hunde erschießen läßt –
Wir weben, wir weben!

Ein Fluch dem falschen Vaterlande,
Wo nur gedeihen Schmach und Schande,

Wo jede Blume früh geknickt,
Wo Fäulnis und Moder den Wurm erquickt –
    Wir weben, wir weben!

Das Schiffchen fliegt, der Webstuhl kracht,
Wir weben emsig Tag und Nacht –
Altdeutschland, wir weben dein Leichentuch,
Wir weben hinein den dreifachen Fluch,
    Wir weben, wir weben!

Giacomo Leopardi
(1798–1837)

L'infinito

Immer lieb war mir dieser einsame
Hügel und das Gehölz, das fast ringsum
ausschließt vom fernen Aufruhn der Himmel
den Blick. Sitzend und schauend bild ich unendliche
Räume jenseits mir ein und mehr als
menschliches Schweigen und Ruhe vom Grunde der Ruh.
Und über ein Kleines geht mein Herz ganz ohne
Furcht damit um. Und wenn in dem Buschwerk
aufrauscht der Wind, so überkommt es mich, daß ich
dieses Lautsein vergleiche mit jener endlosen Stillheit.
Und mir fällt das Ewige ein
und daneben die alten Jahreszeiten und diese
daseiende Zeit, die lebendige, tönende. Also
sinkt der Gedanke mir weg ins Übermaß. Unter-
gehen in diesem Meer ist inniger Schiffbruch.

(Goethe)

Auf sich selbst

Nun wirst du ruhn für immer,
Du müdes Herz. Hin ist der Wahn, der letzte,
Den ewig ich geglaubt. Er ist zerronnen.
Es schwand für holden Trug mir
Der Wunsch sogar, nicht bloß die Hoffnung. Ruhe
Nun aus für immer! Lange
Genug hast du gepocht. Nichts lebt, das würdig
Wär' deiner Regungen, und keinen Seufzer
Verdient die Erde. Bittre Langeweile
Ist unser Sein, und Kot die Welt – nichts andres.
Beruh'ge dich. Laß diese
Verzweiflung sein die letzte. Kein Geschenk hat
Für uns das Schicksal als den Tod. Verachte
Dich, die Natur, die dunkle
Gewalt, die schnöd uns quält, im Dunkel herrschend,
Die grenzenlose Nichtigkeit des Ganzen.

(Hamerling)

An den Mond

O holder Mond, heut wieder denk' ich dessen,
Wie auch vor Jahresfrist ich diesen Hügel
Betrat, von Leid erfüllt, dich zu betrachten:
Und über jenem Walde hingst du damals,
Wie nun du drüber hängst, ihn ganz erhellend.
Doch nebelhaft und zitternd ob der Tränen,
Die quollen auf die Wimper mir, erschien
Dein Antlitz meinem Aug'; denn traurig war
Mein Leben damals, und ists noch, und ändert
Sich nimmer, o geliebter Mond! Und doch
Ist mir Erinnrung lieb und meines Leides

Betrachtung! O, wie süß ists, in der Jugend,
Die lange Hoffnung hat und kurz Gedächtnis,
Vergangnes still bedenken, ob auch traurig
Der Sinn, und altes Leid noch immer währet!

(Hamerling)

Adam Mickiewicz
(1798–1856)

Die Erscheinung

Höre Mädchen! Doch sie will nicht hören!
Heller Tag ist und dort liegt das Städtchen.
Sage, nach was greifest du? wen siehst du?
Ist ja doch kein lebend Wesen um dich.
Sag', wen grüßest du? – Sie bleibt verstummt.
Leblos, wie zum toten Stein erstarret,
Schaut ihr Auge nur auf *eine* Stelle;
Jetzt mit Tränen füllt sich's, was zu haschen,
was zu halten scheint sie, weint und lächelt.

»Du bist's, in der Nacht, mein lieber Heinrich?
Ja! der Treue liebt noch nach dem Tode.
Hieher, hieher, still an meine Seite!
Sachte, daß Stiefmutter uns nicht höret!
Doch mag hören sie's, du bist ja tot längst,
Bist begraben ja, schon lange Jahre
Eine Leiche. – Ach! ich fürcht' mich! – Torheit!
Warum sollt' ich fürchten meinen Heinrich?
Ist's ja doch sein Angesicht, sein Auge
Und sein weißes Kleid! – Bleich, wie sein Kleid, ist
Sein Gesicht, wie Eis sind seine Hände!

Lege dich nur fest an meinen Busen!
Du Geliebter! küss' mich! Lipp' an Lippe! – –
Hu! wie kalt muß sein im Grabe unten!
Wie! du starbest? – – – Ja, schon sind's zwei Jahre!
Lieber! nehme mich mit dir! will sterben,
Bei *dir* sterben, – – o, ich lieb' die Welt nicht!
Im Gewühl der Menschen geht es schlecht mir.
Wein' ich, lachen sie, und sprech' ich, niemand
Mich verstehet, seh' ich, sehen sie nicht.
Komm' einmal bei Tag! – – Das ist ein Traum wohl!
Doch kein Traum! ich halt' dich ja im Arme!
Heinrich! weh! wohin verschwind'st du? weile!
Noch zu früh ist's! Gott! der Hahn kräht, Frührot
Blitzt durch's Fensterchen, – – halt! halt! ich folge!
Heinrich! Heinrich! du verschwindest? weh mir!«

So mit dem Geliebten kos't das Mädchen,
Will ihm folgen, ruft und stürzt zur Erde.
Auf den Fall, den Angstschrei kommt der Nachbar,
Kommen aufgeschreckt Frauen, Männer.
»Betet«, rufen sie, »für eine Seele,
Hier ist Heinrichs Geist bei seiner Lotte,
Er hat lebend sie geliebt, liebt tot sie!«

Und ich hör' es, und wie jene glaub' ich.
Weine, bete für die irre Seele.

Aber siehe! plötzlich zu dem Volke
Ruft ein Greis, ein alter Sternenkund'ger:
»Glaubet meinem Auge, meinem Glase,
Hier ist nichts: denn *ich* seh' nichts hier ringsum!
Geister! glaubet mir, sind nur Geburten
Hohler Köpfe, auf der Dummheit Schmiede
Ausgeschmiedet; Wahnsinn schwatzt das Mädchen,
Und das Volk hier lästert den Verstand!«

Ich bescheiden sag': »Das Mädchen *fühlet*,
Und das Volk, das Volk hat tiefen Glauben,
Aber Glaube und Gefühl spricht stärker
Zu mir als des Weisen Glas und Auge.
Tote Wahrheit, unbekannt dem Volke,
Kennst du, kennst der Sterne Rund' und Dichte,
Aber kennst nicht die lebend'ge Wahrheit,
Und so kannst du niemals Wunder sehen.
Habe Herz und schau' ins Herz, du Alter!«

(Kerner)

Victor Hugo
(1802–1885)

O sieh den Morgen lächelnd sich entschleiern,
O sieh den Turm, wie er von Strahlen glüht.
Horch! Wie dem Ruhm die Freude, zieht
Des jungen Tages ersten Feuern
Entgegen schon der Wälder erstes Lied.

Ja, lächle nur bei all dem Schönen.
Dieselbe Sonne leuchtet deinen Tränen,
Wenn morgen mich der dunkle Sarg verschlingt.
Ob meinem Grabe von denselben Tönen
Erschallt der Wald, davon er heute klingt?

Dann aber wird die Seele selig schweben
Im Grenzenlosen über Raum und Zeit.
Im Morgenrot der Ewigkeit

Wird man erwachen einst vom Leben,
Gleichwie aus wüster Traumgesichte Streit.

(Freiligrath)

Komm, junge Zauberin

Komm, junge Zauberin, die meine Seele bannte!
Als Göttin priese dich Virgil, als Engel Dante,
So hoch ist deine Stirn, so schwebend leicht dein Fuß,
Und vom halboffnen Mund so lieblich klingt dein Gruß.
Wie müßte wundervoll zu deinen stolzen Brauen
Der blaue Panzer stehn der alten Schildjungfrauen.
Und mehr als ein Serail beneidete vielleicht
Dich um der Lippen Rot, das der Koralle gleicht.

Cellini würd, entzückt von deiner Anmut, gülden
Auf einem Trinkgefäß dein holdes Gleichnis bilden,
Wie du, das Haupt empor, mit sanftgebognem Leib
Aus einer Lilie stiegst, die ausläuft in ein Weib,
Aus einem Lotuskelch, von Laubgerank umkleidet,
Um dessen fremden Reiz Natur die Kunst beneidet.

O komm und hör mich an, du, deren Blick ein Strahl. –
Der Tag, an dem ich dir genaht zum erstenmal,
Das war ein goldner Tag. O, blieb in deinem Innern,
So wie in meiner Brust, von ihm ein licht Erinnern?
Du lächelst. Gib mir denn die Hand so weiß und weich,
Und komm. Der Frühling blüht, der Pfad ist schattenreich,
Die Luft ist lau, und dort am Hang im Eichengrunde
Vernimmt kein lauschend Ohr das Wort aus unserm Munde.

(Geibel)

Hans Christian Andersen
(1803–1875)

Der Spielmann

Im Städtchen gibt es des Jubels viel,
Da halten sie Hochzeit mit Tanz und mit Spiel,
Den Fröhlichen blinket der Wein so rot,
Die Braut nur gleicht dem getünchten Tod.

Ja, tot für den, den nicht sie vergißt,
Der doch beim Fest nicht Bräutigam ist;
Da steht er inmitten der Gäste im Krug
Und streichet die Geige, lustig genug!

Er streichet die Geige, sein Haar ergraut,
Es springen die Saiten gellend und laut,
Er drückt sie ans Herz und achtet es nicht,
Ob auch sie in tausend Stücken zerbricht.

Es ist gar grausig, wenn einer so stirbt,
Wann jung sein Herz und Freude noch wirbt;
Ich mag und will nicht länger es sehn,
Das möchte den Kopf mir schwindelnd verdrehn.

Wer heißt euch mit Fingern zeigen auf mich?
O Gott! bewahr' uns gnädiglich,
Daß keinen der Wahnsinn übermannt;
Bin selber ein armer Musikant.

(Chamisso)

Der Soldat

Es geht bei gedämpfter Trommel Klang;
wie weit noch die Stätte, der Weg wie lang!
O wär er zur Ruh und alles vorbei!
Ich glaub, es bricht mir das Herz entzwei.

Ich hab in der Welt nur ihn geliebt,
nur ihn, dem man jetzt den Tod doch gibt;
bei klingendem Spiel wird paradiert,
dazu bin auch ich, auch ich kommandiert.

Nun schaut er auf zum letztenmal
in Gottes Sonne freudigen Strahl,
nun binden sie ihm die Augen zu –
Dir schenke Gott die ewige Ruh!

Es haben die Neun wohl angelegt,
acht Kugeln haben vorbeigefegt;
sie zitterten alle vor Jammer und Schmerz –
Ich aber, ich traf ihn mitten ins Herz.

(Chamisso)

Eduard Mörike
(1804–1875)

An einem Wintermorgen, vor Sonnenaufgang

O flaumenleichte Zeit der dunkeln Frühe!
Welch neue Welt bewegest du in mir?
Was ist's, daß ich auf einmal nun in dir
Von sanfter Wollust meines Daseins glühe?

Einem Kristall gleicht meine Seele nun,
Den noch kein falscher Strahl des Lichts getroffen;
Zu fluten scheint mein Geist, er scheint zu ruhn,
Dem Eindruck naher Wunderkräfte offen,
Die aus dem klaren Gürtel blauer Luft
Zuletzt ein Zauberwort vor meine Sinne ruft.

Bei hellen Augen glaub ich doch zu schwanken;
Ich schließe sie, daß nicht der Traum entweiche.
Seh ich hinab in lichte Feenreiche?
Wer hat den bunten Schwarm von Bildern und Gedanken
Zur Pforte meines Herzens hergeladen,
Die glänzend sich in diesem Busen baden,
Goldfarbgen Fischlein gleich im Gartenteiche?

Ich höre bald der Hirtenflöten Klänge,
Wie um die Krippe jener Wundernacht,
Bald weinbekränzter Jugend Lustgesänge;
Wer hat das friedenselige Gedränge
In meine traurigen Wände hergebracht?

Und welch Gefühl entzückter Stärke,
Indem mein Sinn sich frisch zur Ferne lenkt!
Vom ersten Mark des heutgen Tags getränkt,
Fühl ich mir Mut zu jedem frommen Werke.
Die Seele fliegt, so weit der Himmel reicht,
Der Genius jauchzt in mir! Doch sage,
Warum wird jetzt der Blick von Wehmut feucht?
Ist's ein verloren Glück, was mich erweicht?
Ist es ein werdendes, was ich im Herzen trage?
– Hinweg, mein Geist! hier gilt kein Stillestehn:
Es ist ein Augenblick, und alles wird verwehn!

Dort, sieh, am Horizont lüpft sich der Vorhang schon!
Es träumt der Tag, nun sei die Nacht entflohn;

Die Purpurlippe, die geschlossen lag,
Haucht, halbgeöffnet, süße Atemzüge:
Auf einmal blitzt das Aug, und, wie ein Gott, der Tag
Beginnt im Sprung die königlichen Flüge!

Um Mitternacht

Gelassen stieg die Nacht ans Land,
Lehnt träumend an der Berge Wand,
Ihr Auge sieht die goldne Waage nun
Der Zeit in gleichen Schalen stille ruhn;
Und kecker rauschen die Quellen hervor,
Sie singen der Mutter, der Nacht, ins Ohr
Vom Tage,
Vom heute gewesenen Tage.

Das uralt alte Schlummerlied,
Sie achtet's nicht, sie ist es müd;
Ihr klingt des Himmels Bläue süßer noch,
Der flüchtgen Stunden gleichgeschwungnes Joch.
Doch immer behalten die Quellen das Wort,
Es singen die Wasser im Schlafe noch fort
Vom Tage,
Vom heute gewesenen Tage.

Er ist's

Frühling läßt sein blaues Band
Wieder flattern durch die Lüfte;
Süße, wohlbekannte Düfte
Streifen ahnungsvoll das Land.
Veilchen träumen schon,
Wollen balde kommen.

– Horch, von fern ein leiser Harfenton!
Frühling, ja du bist's!
Dich hab ich vernommen!

Auf eine Lampe

Noch unverrückt, o schöne Lampe, schmückest du,
An leichten Ketten zierlich aufgehangen hier,
Die Decke des nun fast vergeßnen Lustgemachs.
Auf deiner weißen Marmorschale, deren Rand
Der Efeukranz von goldengrünem Erz umflicht,
Schlingt fröhlich eine Kinderschar den Ringelreihn.
Wie reizend alles! lachend, und ein sanfter Geist
Des Ernstes doch ergossen um die ganze Form –
Ein Kunstgebild der echten Art. Wer achtet sein?
Was aber schön ist, selig scheint es in ihm selbst.

Gérard de Nerval
(1808–1855)

Delphica

Kennst du ihn, Daphne, diesen Sang aus alter Zeit,
Am Fuß der Sykomore, unter Lorbeer weiß,
Bei Ölbaum, Myrte, dem Geflirr der Weidenzweige,
Den Sang der Liebe, der sich ewig fort erneut?

Kennst du den Tempel wieder, mächtig Peristyl,
Zitronen bitter, die dein Zahn gezeichnet hat?
Die Grotte schicksalvoll den unbedachten Gästen,
Darin der Drache schlafend wahrt uralte Brut?

Sie kommen wieder, diese Götter, die du stets beweinst!
Einst führt die Zeit zurück die Ordnung alter Ewe.
Schon schütterte die Welt vor neuem Künde-Wort.

Doch die Sybille mit lateinischem Gesicht,
Noch ruht sie schlafend unterm Bogen Konstantins,
Und nichts noch wirrte die gestrenge Pforte.

(Usinger)

Alfred Lord Tennyson
(1809–1992)

Am Meer

Brich, brich, brich
  An die grauen Klippen, o Meer!
Und ich wollte, ich könnte es sagen,
  Warum mir das Herz so schwer.

O glücklich der Fischerknabe,
  Der spielt mit der Schwester im Sand,
O glücklich der Junge, der jauchzend
  Treibt seinen Kahn an Land.

Und die stolzen Schiffe ziehn hin,
  Wo die schimmernde Küste sich dehnt –
Doch ach, die Hand, die du nie mehr drückst,
  Die Stimme, die nie mehr tönt!

Brich, brich, brich
  Am Fuß deiner Klippen, o Meer!

Für den holden Tag, der versunken ist,
    Gibt's nie eine Wiederkehr.

(Schücking)

Der sterbende Schwan

Das Land war grasbedeckt und bloß,
Weit, wild und offen rings dem Stoß
Der Luft, die wölbend es umfloß
Mit einem Dach von düsterm Grau.
Der breite Strom war gelb von Schlamm;
Ein Schwan auf ihm herniederschwamm
Mit lautem Klagelied.
Des Tages Mitte war's genau,
Der Wind umstrich der Erlen Stamm
Und riß die Spitzen ab vom Ried.

Fern hob sich blauer Gipfel Höh';
Am kalten Himmel blitzte weiß
Auf ihrem Haupt der Schnee.
Eine Weide bog sich am Gestad'
Und trank die Flut und seufzte leis.
Im Winde sang die Schwalbe,
Sich selber jagend, her und hin,
Und durch das Moorland, still und grün,
Bezeichnet ward der Rinnen Pfad
Durch Blasen, rote, schillernde, falbe.

Des Schwanes Lied ergriff mit Lust
Das Herz der Wüstenei –
Mit Lust und Weh. Zuerst erscholl
Das Wirbeln tief und klar und voll;
Dann war es nur ein matter Schrei,

Der aus der todgeweihten Brust
Mit leisem Schmerze quoll.
Doch dann aufs neue, mächtig und breit,
Bald ein Lied, das jauchzt, bald ein Lied, das grollt,
Mit kühnen Klängen kam es gerollt,
Wie wenn ein mächtig Volk sich freut
Mit Zimbeln, Schalmein und Harfen von Gold,
Und hinausströmt den Jubel, den es zollt,
Durch die offenen Tore der Hauptstadt fern
Dem Hirten, der anschaut den Abendstern.
Und das kriechende Moos und das rankige Moor
Und die Weidenzweige, vom Strom bespült,
Und das schwellende, seufzende, flüsternde Rohr
Und das hallende Ufer, vom Wasser zerwühlt,
Und die Blumen der Öde, zitternd und bang
Ihre Köpfchen hebend die Bucht entlang –
All überflutete wirbelnder Sang.

(Freiligrath)

Alfred de Musset
(1810–1870)

Madrid, du Licht von Spaniens Talen,
In deinen tausend Feldern strahlen
Viel tausend Augen, schwarz und blau.
Du weiße Stadt der Serenaden,
Viel tausend kleine Füße baden
Sich nachts in deines Prados Tau,

Madrid, und kämpfen deine Stiere,
Dann lassen tausend Händchen ihre
Buntfarbgen seidnen Schärpen wehn;

Und in den sternerhellten lauen
Lenznächten sieht man deine Frauen
Auf deinen blauen Treppen stehn.

Madrid, Madrid, laß sie sich sehnen;
Ich spotte deiner stolzen Schönen,
Die mutig tummeln Maul und Pferd,
Denn unter allen weiß ich eine,
Laß Braun und Blonde kommen, keine
Ist ihre Fingerspitze wert.

Und mich nur, wann die Sterne scheinen,
Läßt die Duenna dieser einen
Durch ihr vergittert Fenster. – Wer
Nach zorngen Blicken trägt Begehren,
Der nah ihr nur beim Messehören,
Sei Bischof oder König er.

Denn wisset, meine wilde Kleine,
Aus Andalusien ist sie, meine
Wittib mit dunklem Flammenblick.
Sie ist ein Teufel und ein Engel,
Braun, der Orange gleich am Stengel,
Und wie ein Vogel flügg und quick.

O, wann wir zitternd Küsse tauschen,
Wann um mein Haupt mit süßem Rauschen
Entfesselt ihre Locken wehn,
Dann muß man sie mit glühnder Wange
Behend und schnell wie eine Schlange
In meinem Arm sich winden sehn.

Und fragt ihr, welchem Preis die schlanke
Erobrung ich denn wohl verdanke:
's war meines Rosses Mähnenpracht,

Das Loben ihrer Samtmantille,
Nicht zu vergessen auch Vanille-
Bonbons in einer Faschingsnacht.

(Freiligrath)

Trauer

Mein Leben, meine Kraft ist hin;
Mein Glück, die Freunde, mir erkoren,
Sogar den Stolz hab' ich verloren,
Der Welt zu zeigen, was ich bin.

Wie einer treuen Führerin
Hatt' ich der Wahrheit zugeschworen;
Seitdem sie Kinder mir geboren,
Ließ ich auch sie, gesättigt, ziehn.

Doch keiner, der sie je besessen,
Die ewig jung, wird sie vergessen,
Da er durch sie gereift zum Mann.

Mir selber ist von ihrem Lieben
Mein höchstes Lebensgut geblieben:
Daß ich zuweilen weinen kann.

(Geibel/Leuthold)

Heimkehr

Den ersten scharfen Frost im Herbst, wie lieb' ich ihn,
Wenn hart im Stoppelfeld des Waidmanns Tritte gehen,

Wenn auf gemähter Trift nach Beute ziehn die Krähen,
Und hell im alten Schloß auffiackert der Kamin!

Das ist die Zeit der Stadt. O, als sie jüngst erschien,
Als ich auf's neu Paris und seinen Rauch gesehen,
Des Louvre Kuppeldach, die Pappeln der Alleen
(Noch hör' ich's, wie vom Bock die Postillone schrien),

Wie schien dies Zwielichtgrau mir süß! Wie fürstlich zogen
Im roten Lampenglanz dahin der Seine Wogen!
Schon ahnt' ich Winterluft, und dich, mein Leben, dich.

Mich trieb's, in deinem Blick die Seele zu versenken,
Und stürmisch jauchzt' ich auf. – Denn o, wie
konnt' ich denken,
Daß gar so rasch, Madame, Ihr Herz erkühlt für mich!

(Geibel/Leuthold)

Théophile Gautier
(1811–1872)

An eine junge Italienerin

Noch knirscht der Februar, von Schnee und Reif umschauert,
Der Regen peitscht das Dach, kalt pfeifts in den Alleen;
Du aber seufzest schon: Mein Gott, wie lang das dauert.
Wann werden im Gehölz wir Veilchen pflücken gehn?

Kind, Frankreichs Himmel ist ein Tränensieb. Im Pelze
Am flammenden Kamin sitzt fröstelnd unser Lenz;
Paris vergeht im Schmutz, wenn auf dem grünen Schmelze
Der Wiesen sein Geschmeid längst ausgelegt Florenz.

Sieh, kahl sind Park und Flur; zu warten gilts ein Weilchen,
Dich hat dein Herz getäuscht, das warm und südlich glüht;
Dein blaues Auge nur, sonst gibts hier noch kein Veilchen
Und keinen Lenz, als der auf deiner Wange blüht.

(Geibel)

Elisabeth Barrett Browning
(1806–1861)

Sonette aus dem Portugiesischen

I

Und es geschah mir einst, an Theokrit
zu denken, der von jenen süßen Jahren
gesungen hat und wie sie gütig waren
und gebend und geneigt bei jedem Schritt:

und wie ich saß, antikischem Gedicht
nachsinnend, sah ich durch mein Weinen leise
die süßen Jahre, wie sie sich im Kreise
aufstellten, traurig, diese von Verzicht

lichtlosen Jahre: meine Jahre. Da
stand plötzlich jemand hinter mir und riß
aus diesem Weinen mich an meinem Haar.

Und eine Stimme rief, die furchtbar war:
»Rate, wer hält dich so?« – »Der Tod gewiß.«
– »Die Liebe« – klang es wieder, sanft und nah.

(Rilke)

II

Nur Drei jedoch in Gottes ganzem All
vernahmen es: Er selbst und du, der sprach,
und ich, die hörte. Und in diesem Fall
war Ers, der Antwort gab … um Ungemach

auf meinen Augenlidern aufzuschichten
so viel, daß nicht mit größeren Gewichten
der Tod sie hindern könnte, sich zu dir
noch einmal aufzuschlagen. Dieses hier,

dies Nein von Gott, mein Freund, ist schwerer als
andere Nein. Wir dürften allenfalls
stehn, gegen Menschen, Meer und Sturm uns sträubend,

und durch Gebirge hin uns halten lernen;
und stürzten Himmel hier herein betäubend:
wir hielten uns noch fester zwischen Sternen.

(Freiligrath)

Robert Browning
(1812–1889)

Nächtliche Fahrt

Grau ist die See und schwarz das Land –
Noch steht der Halbmond rot und tief –
Leuchtend läuft eine Woge zum Strand,
Die der Bug meines Boots aus dem Schlafe rief.
Schon winkt mir die Bucht, die mein Herz mir wies,
Schon hemmt meine Fahrt der knirschende Kies.

Weithin dehnt sich der duftende Strand –
Drei Felder landein, da zeigt sich ein Haus –
Heimlich ein Tupf an den Fensterrand –
Ein Zündholz, knisterig, flammt und lischt aus –
Ein flüsterndes Wort zwischen Angst und Lust –
Schon schlagen zwei Herzen Brust an Brust.

(Flatter)

Charles-Marie-René Leconte de Lisle
(1818–1894)

Sonnenuntergang

Auf märchenhaftem Küstenhang,
Dran blaue Wogen still sich schmiegen,
Siehst du zwei Palmen hoch und schlank
Die stolzen Blätterkronen wiegen.

Darunter, wie ein Nabob schier,
Beschattet vor dem Sonnenbrande,
Schläft ein ostindisch Tigertier
Dahingestreckt im roten Sande.

Und um die glatten Schäfte sieht
Dein Aug' in goldgeschuppten Ringen
Wie einst in Edens Fruchtgebiet
Zwei Schlangen ihre Knoten schlingen.

Tief glänzt, wie Laubwerk im Damast,
Im Golf die fremde Pflanzenwildnis;
Ein byzantinischer Palast
Beschaut in ihm sein braunrot Bildnis.

An seiner Porphyrstufen Saum
Ziehn tausend Schwäne durch die Wellen;
Es spielt mit ihres Halses Flaum
Der Wind und macht ihn flockig schwellen.

Klar dehnt der Horizont sich aus;
Kein Laut am Himmel, kein Bewegen!
Nur, daß im Glanz des tiefen Blaus
Leis' atmend sich die Palmen regen.

Doch plötzlich, scharlachschwingig, läßt
Im West der Vogel Rock sich schauen;
Sein Schnabel hält die Sonne fest,
Und Blitze sprühn aus seinen Klauen.

An seiner mächt'gen Brust, bedeckt
Mit flammenwehendem Gefieder,
Schmilzt langsam das Gestirn und leckt
In Bächen von Topasen nieder.

Da richtet sich im Norden fern
Ein Ries' empor, ein Bogenträger,
Orion, oder vor dem Herrn
Ein anderer gewalt'ger Jäger.

Den eh'rnen Bogen spannt er straff,
Und, mit dem einen Fuß in Eile
Vortretend in des Meeres Haff,
Trifft er den Rock mit sicherm Pfeile.

Heiß überströmt vom blut'gen Schwall
Muß seinen Raub der Vogel lassen;
Vom Himmel fällt der Glutenball
Und trümmert in geborstne Massen.

Du siehst ins weite Luftgebiet
Myriaden Funken lodernd spritzen;
Juwelen regnets vom Zenit,
Die klar in tausend Farben blitzen.

Doch endlich scheint der Wirbelflug
Der sprüh'nden Trümmer zu ermatten;
Des Tages letzter Atemzug
Haucht Purpur und zerfließt in Schatten.

Und düster, stumm, geheimnisschwer
Zieht her die Nacht und läßt im Wallen
Weitfaltig über Land und Meer
Die schwarze Sammetschleppe fallen.

(Geibel/Leuthold)

Gottfried Keller
(1819–1890)

Erkenntnis

Willst du, o Herz! ein gutes Ziel erreichen,
Mußt du in eigner Angel schwebend ruhn;
Ein Tor versucht zu gehn in fremden Schuhn,
Nur mit sich selbst kann sich der Mann vergleichen!

Ein Tor, der aus des Nachbars Kinderstreichen
Sich Trost nimmt für das eigne schwache Tun,
Der immer um sich späht und lauscht und nun
Sich seinen Wert bestimmt nach falschen Zeichen!

Tu frei und offen, was du nicht willst lassen,
Doch wandle streng auf selbstbeschränkten Wegen
Und lerne früh nur deine Fehler hassen!

Und ruhig geh den anderen entgegen;
Kannst du dein Ich nur fest zusammenfassen,
Wird deine Kraft die fremde Kraft erregen.

Abendlied

Augen, meine lieben Fensterlein,
Gebt mir schon so lange holden Schein,
Lasset freundlich Bild um Bild herein:
Einmal werdet ihr verdunkelt sein!

Fallen einst die müden Lider zu,
Löscht ihr aus, dann hat die Seele Ruh;
Tastend streift sie ab die Wanderschuh,
Legt sich auch in ihre finstre Truh.

Noch zwei Fünklein sieht sie glimmend stehn,
Wie zwei Sternlein innerlich zu sehn,
Bis sie schwanken und dann auch vergehn,
Wie von eines Falters Flügelwehn.

Doch noch wandl' ich auf dem Abendfeld,
Nur dem sinkenden Gestirn gesellt;
Trinkt, o Augen, was die Wimper hält,
Von dem goldnen Überfluß der Welt!

Theodor Fontane
(1819–1898)

Mein Leben

Mein Leben, ein Leben ist es kaum,
Ich gehe dahin, als wie im Traum.

Wie Schatten huschen die Menschen hin,
Ein Schatten dazwischen ich selber bin.

Und im Herzen tiefe Müdigkeit –
Alles sagt mir, Es ist Zeit …

Ausgang

Immer enger, leise, leise,
Ziehen sich die Lebenskreise,
Schwindet hin, was prahlt und prunkt,
Schwindet Hoffen, Hassen, Lieben,
Und ist nichts in Sicht geblieben
Als der letzte dunkle Punkt.

Es kribbelt und wibbelt weiter

Die Flut steigt bis an den Ararat,
Und es hilft keine Rettungsleiter,
Da bringt die Taube Zweig und Blatt –
Und es kribbelt und wibbelt weiter.

Es sicheln und mähen von Ost nach West
Die apokalyptischen Reiter,

Aber ob Hunger, ob Krieg, ob Pest,
Es kribbelt und wibbelt weiter.

Ein Gott wird gekreuzigt auf Golgatha,
Es brennen Millionen Scheiter,
Märtyrer hier und Hexen da,
Doch es kribbelt und wibbelt weiter.

So banne dein Ich in dich zurück
Und ergib dich und sei heiter;
Was liegt an dir und deinem Glück?
Es kribbelt und wibbelt weiter.

Sándor Petőfi
(1823–1849)

Ein Stern erglänzet wunderbar
 Mir aus des Äthers tiefsten Gründen:
Solch einen Schimmer keusch und klar
 Die reinsten Sterne nicht entzünden.

Und eine Stimme spricht in mir:
 »Sieh, das ist die geliebte Tote!
Das Erdenleben wirf von Dir –
 Dort wartet Dein der Himmelsbote.«

Gern wollte steigen ich empor,
 Doch brach entzwei des Glaubens Leiter.
Und nimmer klimmt, wer sie verlor,
 Zu jenen Höhen hell und heiter.

(Bleibtreu)

Conrad Ferdinand Meyer
(1825–1898)

Der römische Brunnen

Aufsteigt der Strahl und fallend gießt
Er voll der Marmorschale Rund,
Die, sich verschleiernd, überfließt
In einer zweiten Schale Grund;
Die zweite gibt, sie wird zu reich,
Der dritten wallend ihre Flut,
Und jede nimmt und gibt zugleich
  Und strömt und ruht.

Jan Neruda
(1834–1891)

Kosmische Lieder

Bis einstens der Planeten Heer
Zurück zur Mutter Sonne fällt,
Bis die erlosch'ne Sonne selbst
Vom Frost durchdrungen einst zerschellt,
Bis einst die Trümmer dieser Welt
In wildem, regellosem Flug
Durchirren die Unendlichkeit
Gleich einem düster'n Leichenzug:
In Ewigkeiten ferner Zeit;

Bis dann in einem Winkel, wo
Der Trümmer Flug einst halten wird
Und aus dem Staub vergang'ner Welt
Ein Chaos neu gestalten wird,

Bis neue Glut entfalten wird
Der Kampf in dieses Chaos Reich,
Wo wilde Flammen lohend wehn,
Und aus der Glut dem Phönix gleich
Die neue Welt wird auferstehn;

Und bis auf ihrem Boden dann
Ein neues Leben auferwacht,
Der Hain voll süßem Flüstern ist,
Die Fluren voller Farbenpracht,
Voll Licht und Glanz des Himmels Dom;
Bis dort ein Herz mit Sangeslust,
Ein fühlendes Geschöpf erblüht:
Vielleicht erhebt dann mein Atom
Auch wiederum ein kosmisch' Lied.

(Pawikovski)

Moderne

Charles Baudelaire
(1821–1867)

Der Albatros

Oft kommt es dass das schiffsvolk zum vergnügen
Die albatros · die grossen vögel · fängt
Die sorglos folgen wenn auf seinen zügen
Das schiff sich durch die schlimmen klippen zwängt.

Kaum sind sie unten auf des deckes gängen
Als sie · die herrn im azur · ungeschickt
Die grossen weissen flügel traurig hängen
Und an der seite schleifen wie geknickt.

Er sonst so flink ist nun der matte steife.
Der lüfte könig duldet spott und schmach:
Der eine neckt ihn mit der tabakspfeife ·
Ein andrer ahmt den flug des armen nach.

Der dichter ist wie jener fürst der wolke ·
Er haust im sturm · er lacht dem bogenstrang.

Doch hindern drunten zwischen frechem volke
Die riesenhaften flügel ihn am gang.

(George)

Einklänge

Aus der natur belebten tempelbaun
Oft unverständlich wirre worte weichen ·
Dort geht der mensch durch einen wald von zeichen
Die mit vertrauten blicken ihn beschaun.

Wie lange echo fern zusammenrauschen
In tiefer finsterer geselligkeit ·
Weit wie die nacht und wie die helligkeit
Parfüme färben töne rede tauschen.

Parfüme gibt es frisch wie kinderwangen
Süss wie hoboen grün wie eine alm –
Und andre die verderbt und siegreich prangen

Mit einem hauch von unbegrenzten dingen ·
Wie ambra moschus und geweihter qualm
Die die verzückung unsrer seelen singen.

(George)

Die Leuchttürme

Rubens · der müssigkeit garten · fluss von vergessen
Und pfühl frischen fleisches · für unsre liebe wol leer ·
Doch von einem leben so strömend und drängend besessen
Wie luft in dem himmel und wie das meer in dem meer.

Leonardo da Vinci · ein spiegel tief und dunkel
Wo reizende engel mit ihrem süss-lächelnden mund
Und voll von geheimnis erscheinen im abendgefunkel
Der gletscher und fichten · des heimatlands hintergrund.

Rembrandt · trauriges siechhaus voll murmelnder stimmen
Und mit einem grossen kruzifix nur geschmückt ·
Wo beten und weinen über dem unrat schwimmen –
Und jählings von einem winterstrahle durchzückt.

Michelangel · nebelwelt wo die giganten hämmern
Und märtyrer dulden · wo sich in die höhe streckt
Aus seinem grab ein mächtig gespenst das im dämmern
Sein schweisstuch zerreisst indem es die finger reckt.

Der wettkämpfer wüten · das schamlose treiben der faunen:
Du der die schönheit bei pöbel und schurken fand ·
Du stolzen sinnes doch schwach und mit giftigen launen ·
Puget · du trauriger fürst in der sträflinge land.

Watteau · ein fasching wo viele erlauchte herzen
Wie schmetterlinge irren mit zuckendem glanz ·
Ein frischer und leichter zierrat erhellt von den kerzen
Die tollheit giessen in diesen wirbelnden tanz.

Goja · ein nachtmahr von unergründeten dingen ·
Von leichen die man an hexensabbaten sott ·
Wo weiber vorm spiegel und nackte mädchen sich schwingen
Die strümpfe sich bindend den lüsternen geistern zum spott.

Delacroix · blut-see wo böse engel sich scharen ·
Darüber die schatten der stets grünen fichten ziehn ·
Wo unter dem traurigen himmel fremde fanfaren
Wie ein erstickter seufzer von Weber fliehn. –

Dies alles an flüchen an lästerungen an träumen
Verzückungen klagen tränen und lobliedern trifft
Sich wie ein echo aus tausend verschlungenen räumen ·
Es ist für die menschen ein göttlich berauschendes gift ·

Es ist ein laut den tausend schildwachen schreien ·
Ein losungswort das von tausenden lippen schwirrt ·
Es ist ein leuchtturm der flammt über tausend basteien ·
Ein ruf von jägern im dickicht des waldes verirrt.

Dies ist es o Gott! was bei all deinen herrlichkeiten
An unsre würde uns den glauben erwirbt:
Der glühende seufzer der hinrollt von zeiten zu zeiten
Und der am rande deiner ewigkeit stirbt.

(George)

Vorleben

Ich wohnte lang in weiten säulengängen
Die in der meeressonnen feuerbad
Des abends sich erheben stolz und grad
Und wie basaltne grotten überhängen.

Der wellen die des himmels bilder wiegeln
Musik in mystisch feierlicher art
Sich mächtig tönend mit den farben paart
Wie sie beim sonnenuntergange spiegeln:

Dort lebte ich in stiller wollust landen
Inmitten woge glanz und blauer luft
Und nackter sklaven ganz getränkt in duft

Die neben mir mit palmenwedeln standen
Nur einer sorge voll: würd ihnen kund
Mein schwer geheimnis · meines leides grund!

(George)

De profundis clamavi

Zu dir · du einzig teure · dringt mein schrei
Aus tiefster schlucht darin mein herz gefallen ·
Dort ist die gegend tot · die luft wie blei
Und in dem finstern fluch und schrecken wallen.

Sechs monde steht die sonne ohne warm.
In sechsen lagert dunkel auf der erde.
Sogar nicht das polarland ist so arm ·
Nicht einmal bach und baum noch feld noch herde.

Erreicht doch keine schreckgeburt des hirnes
Das kalte grausen dieses eis-gestirnes
Und dieser nacht · ein chaos riesengross!

Ich neide des gemeinsten tieres loos
Das tauchen kann in stumpfen schlafes schwindel . .
So langsam rollt sich ab der zeiten spindel!

(George)

Die Katzen

Verliebte glühend und gelehrte brütend
Verehren wenn des alters reife naht

Die katzen sanft und stark · des hauses staat ·
Gleich ihnen fröstelnd und das zimmer hütend.

Des wissens freunde und der sinnesglut ·
Der stillen schauerlichen nacht genossen ·
Der Orkus nähme sie zu toten-rossen:
Bezwänge sich zum dienst ihr hoher mut.

Sie gleichen wenn sie sinnen edlen büsten:
Den grossen sfinxen hingestreckt in wüsten
Die ewig schläfert eine traumes-hand.

Aus ihren hüften funken sich entfernen
Und goldne teilchen wie ein feiner sand
Ihr rätselvolles augenrund besternen.

(George)

Der Schwan
An Victor Hugo

1

Andromache · deiner gedenk ich! das flüsschen bescheiden
Und ärmlich – es spiegelte ehdem in seinem schooss
Die mächtige trauer deiner witwenleiden:
Der trügende Simoïs durch deine tränen nun gross

Ist plötzlich in mein fruchtbar gedächtnis gedrungen
An jenem tag auf dem neuen Carrousel . .
Die Stadt wird mir fremd vor lauter veränderungen.
Ein menschenherz ach! verändert sich nicht so schnell.

Ich sehe nur noch im geiste die vielen baracken
Begonnene säulen und fässer am boden umher
Vom wasser der pfützen grün überzogene wacken
Und durch die fenster ein trödel kreuz und quer.

Dort war eine schaubude seltener tiere gewesen ·
Dort kam mir entgegen in kaltklarer morgenzeit
Wo wieder die arbeit erwacht und die rotte der besen
Zum stillen himmel verderbliche dünste speit:

Ein schwan – der fliehend seinen käfig verlassen ·
Mit flossigem fusse das trockene pflaster rieb ·
Das weisse gefieder zog auf den holprigen gassen
Und vor einem bach ohne wasser stehen blieb.

Er badete zitternd in dem staub seine schwingen
Und sprach im gedanken ans blaue heimatgefild:
Wann triffst du mich · blitz! wann wirst du mich ·
wolke · verschlingen!
Ich sah den elenden · unheilvoll seltsames bild ·

Zum himmel oft · wie der mann in Ovidi gedichten ·
Zum blauen himmel der lächelt mit grausamem spott
Auf zuckendem halse den kopf in die höhe richten
Als wende er sich in bittrem vorwurf an Gott.

2

Paris wird anders · doch meine betrübnis zu mildern
Vermag keine ändrung · gerüst und neuer palast
Und alte vorstadt – alles erscheint mir in bildern
Und meine erinnrungen wiegen wie bergeslast.

Vorm Louvre · wo ein bild mich erschütterte · dachte
Ich an meinen grossen schwan der vorüberschlich
Wie irr und wie die verbannten – erhabne verlachte
Und ewig von sehnsucht zernagte – und dann an dich ·

Andromache der man den grossen gatten entzogen ·
Dem stolzen Pyrrhus wurde als beute dein leib ·
Du über ein leeres grab in verzückung gebogen ·
Du witwe des Hector ach! und des Helenus weib.

Ich denke der negerin zehrung-erkrankt und hager:
Sie watet im schmutze und sucht mit fahlem gesicht
Der strahlenden Afrika glückliche palmenlager
Weit hinter den schranken sich türmender nebelschicht –

Und derer die sich um unwiederbringliches kränken
Das nie . . nie . . und derer die schöpfen am tränenteich ·
Am schmerz wie an einer gütigen wölfin sich tränken ·
Der mageren waisen die welken den blumen gleich.

Im walde worin mein geist in verbannung gesessen
Ertönt eine alte erinnrung mit markigem schall! . .
Ich denke an schiffer auf einsamer insel vergessen
Und an die gefangnen · besiegten . . . und anderen all!

(George)

Einer Vorübergehenden

Es tost betäubend in der strassen raum.
Gross schmal in tiefer trauer majestätisch
Erschien ein weib · ihr finger gravitätisch
Erhob und wiegte kleidbesatz und saum ·

Beschwingt und hehr mit einer statue knie.
Ich las · die hände ballend wie im wahne ·
Aus ihrem auge (heimat der orkane):
Mit anmut bannt mit liebe tötet sie.

Ein strahl . . . dann nacht! o schöne wesenheit
Die mich mit EINEM blicke neu geboren ·
Kommst du erst wieder in der ewigkeit?

Verändert · fern · zu spät · auf stets verloren!
Du bist mir fremd · ich ward dir nie genannt ·
Dich hätte ich geliebt · dich die's erkannt.

(George)

Der Tod der Künstler

Wie lange werd ich fröstelnd beben müssen
Und · spottgestalt! die flache stirn dir küssen ·
Wie viele pfeile fliehn aus meinen köchern
Die mystisch ferne scheibe zu durchlöchern?

Wir zehren unsere kraft in spitzen plänen ·
Wir werden manche harte wehr zerhauen
Eh wir die grosse kreatur beschauen –
Ihr höllisches gelüst erzwingt uns tränen.

So manche fanden niemals ihr Idol ·
Verwünschte bildner die die schande geisselt
Und deren hand dir haupt und busen meisselt

Mit EINER hoffnung · düstres kapitol ·
Dass einst der Tod · ein neues tag-gestirn ·
Die blumen spriessen lässt in ihrem hirn.

(George)

Dante Gabriel Rossetti
(1828–1882)

Der Liebe Erlösung

Du flössest meinem munde allzeit ein
Der in der liebe stunde fromm entbrennt
Der liebe fleisch und blut im sakrament ·
Ich fühle dir genaht: der odem dein

Muss ihres domes tiefster weihrauch sein ·
Du hast sie stumm empfangen und dir nennt
Sie ihren wunsch dass nichts von dir mich trennt
Und überm kelche sprachst du: denke mein!

O welches glück mir deine huld verleiht
Und welchen ruhm der liebe! trittst du vor
Den steilen weg zu dem verlassnen tor

Zum seufzersee zum ort der traurigkeit
Und bist erlöser dort und steigt befreit
Mein geist aus banden wenn du winkst empor.

(George)

Die Spitze des Hügels

Es ist der sonne festtag: ihr altar
Im breiten westen ruft zum vespersang.
Ich bringe – ich verblieb im tal zu lang –
Verspätet meine huldigungen dar.

Doch dies · erinnr ich wohl · ward ich gewahr
Auf meinem wanderzug: ihr antlitz stand
Verwandelt an umfranztem himmelsrand ·
Ein feuerbusch mit blendend hellem haar.

Nun da mein fuss die höhe kaum gewinnt
Muss ich hinab durch jäher schatten schicht
Und irrend wandeln bis die nacht beginnt.

Doch weiden darf sich kurz noch mein gesicht
Daran: wie gold und silberluft zerrinnt
Und lezter vogel fliegt ins lezte licht.

(George)

Guido Gezelle
(1830–1899)

Der Abend und die Rose

Hab manche manche Stund mit dir
Versponnen und genossen
Und nie hat eine Stund mit dir
Mich einen Wink verdrossen.
Hab manche Blume auch für dich
Erlesen und gespendet

Und bienengleich mit dir mit dir
Den Honig draus entwendet.
Nie war die Stund so süß mit dir
Wenn sie zu dauern wußte
Nie war die Stunde härter mir
Wenn ich dir scheiden mußte
Als *jene*: da ich dicht bei dir
Den Abend war gesessen
Dich sprechen hörte: sprach zu dir
Was Seelen nie vergessen.
Nie eine Blum so schön von dir
Gesucht gepflückt erlesen
Als *jenen* Abend wuchs aus dir
Und durfte für mich wesen!
Obschon – so gilt es mir und dir
– Wer wird die Qual uns heilen? –
Die Stunde mir, die Stunde dir
Nicht länger durfte weilen.
Obschon auch mir, obschon auch dir
So lieb und auserlesen
Die Rose: war sie gleich von dir –
Nicht lange mochte wesen.
Doch lang bewahrt – das sag ich dir –
Was ich mir auch erlose
Mein Herz drei heilge Bilder: *dich*
Den Abend – und – *die* Rose.

(Cordan)

Giosuè Carducci
(1835–1907)

Ein Abend in San Pietro

Noch gedenk ichs. Es sank die Sonne zwischen den roten
Dünsten und schwülen Wolken ins Meer, wie ein
kupferner Schild, der
In barbarischen Schlachten geglänzt, dann
taumelnd dahinsinkt.
Castiglioncello sah von der Höh aus den Eichen hernieder,
Lachend aus allen Fenstern ein rötlich verzaubertes Lachen.
Ich, trübselig und matt (das böse Maremmenfieber
Schüttelt' ich kaum erst ab; noch fühlt ichs wie
Blei in den Nerven),
Schaut' aus dem Fenster. Es schossen in schrägem
Fluge die Schwalben
Blitzschnell hin und wider, am Dach die Rinnen umkreisend,
Und die Sperlinge lärmten und schrien im
tückischen Zwielicht.
Zwischen dem Wald abwechselnd die Hügel und
ebenen Halden
Schimmerten, halb von der Sichel gestutzt, halb blond
noch und wallend.
Über das Feld zog Rauch von den angezündeten Stoppeln,
Und bald klang, bald schwieg in den feuchten
Lüften der Schnitter
Singen, gedehnt, ganz fern, wehklagend, müde verhallend.
Lähmende Schwüle beklemmte die Luft, das Meer
und die Pflanzen,
Und aufblickt' ich zur Sonne: O stolze Leuchte des Weltalls,
Wie ein trunkner Zyklop, so blickst du herab auf das Leben!

Meiner spottend schrien aus Granatenbüschen die Pfauen,
Und eine Fledermaus streifte verirrten Fluges die Stirn mir.

(Heyse)

Winterabend auf dem Marktplatz zu Bologna

Schwarz in die Helle des Frosts ragt auf die
getürmte Bologna,
und drüber blinkt in weißem Schnee der Berg herab.

Dies ist die liebliche Zeit, wann niedergehend die Sonne
die Türme und deine Kirche, San Petronio, grüßt;

grüßt Turmzinnen, daran der Fittich manches Jahrhunderts
anschlug, und einsam hohes heiliges Kirchendach.

Stahlblau funkelt im frostigen Glanz das Himmelsgewölbe,
ein Silberschleier überzieht die Luft den Markt,

über die düsteren Firste, die hoch die beschildeten Arme
der Ahnen aufgerichtet, breitend leichten Dunst.

Zögernd scheidet die Sonne; sie wirft auf die riesigen Giebel
den letzten melancholisch violetten Gruß,

der in der Quadern Grau, im gesättigten Rote des Backsteins
scheint aufzuwecken längst vergangner Zeiten Geist,

aufzuwecken zugleich in des Winters Starre das Sehnen
nach Maienwonne, nach des Juliabends Glut,

da manch minniglich Kind auf diesem Platze getanzt hat;
und hier des Städters Ketten trug ein Kaisersohn.

Also scheidet mit lächelndem Gruß vom Liede die Muse,
Durch das nach Griechenschönheit eitles Sehnen zuckt.

(Wilamowitz-Möllendorf)

Algernon Charles Swinburne
(1837–1909)

Eine Ballade vom Traumland

Ich barg mein herz in ein nest von rosen
Weit von dem sonnenweg niederwärts ·
So weich kann nicht weicher schnee mit ihm kosen –
Unter den rosen barg ich mein herz.
Was wollt es nicht schlummern? was sollt es nicht weilen
Wenn niemals ein blatt von dem rosenbaum schwang?
Was liess ihm den schlaf aufflatternd enteilen?
Nur eines heimlichen vogels gesang.

Lieg still! sprach ich: schwingen des windes ruhten.
Das laub dämpft milde den stechenden strahl.
Lieg still! denn der wind schläft warm auf den fluten
Unstäter wie du ist der wind nicht einmal.
Hat dich wie ein dorn ein gedanke getroffen?
Verlezt dich noch zögernder hoffnung fang?
Was hält deines schlafes lider noch offen?
Nur eines heimlichen vogels gesang.

Vom grünen land das ein zauber umgreifet
Schrieb niemals den namen ein wanderer auf
Und süssere frucht als auf bäumen dort reifet
Kam niemals auf einem markte zu kauf.
Die schwalben des traums ziehn im trüben gefilde ·

Wie schlaf ist in allen wipfeln der klang ·
Dort droht in den wäldern kein bellen dem wilde ·
Nur eines heimlichen vogels gesang.

Zueignung

Im lande der träume ersah ich mein ziel ·
Dort schlaf ich und hör nichts den sommer lang
Von liebe in treue von liebe im spiel –
Nur eines heimlichen vogels gesang.

(George)

Ein verlassener Garten

Unter dem Kliff am Dünenrande,
Zwischen Hochland und Meer, zwischen windwärts und Lee,
Von Felsen umwallt, eine Insel im Lande
Blickt der Geist eines Gartens hinaus auf die See.
Ein Gürtel von Dornen und dürren Moosen
Umschließt den Hang und das leere Beet,
Und das Kraut, einst grün auf dem Grabe der Rosen,
Welkt und vergeht.

Das Gefild fällt südwärts, jäh und gebrochen,
Bis das Meer die öde Erde umfaßt.
Wenn ein Tritt erknirscht, wenn ein Wort gesprochen,
Ersteht nicht ein Geist vor dem fremden Gast?
So lange schon liegen die Gänge gastlos –
Bricht ein Mensch durch Disteln und Dornen mit Macht,
So sieht er ein Grab, nur der Wind streicht rastlos
Tag und Nacht. –

Der schmale Gang ist in Strauchwerk gefangen,
Der kriechend hinauf zur Halde führt.
Über den Platz sind die Jahre gegangen,
Und Dornen nur ließen sie unberührt.
Sie schonen den Dorn, wenn die Rosen sanken.
Die Felsen ragen, wenn Fluren vergehn. –
Es wandert der Wind, dürre Halme schwanken,
Sie bestehn.

Keine Blume erblüht dem Busch, dem verworrnen,
Tot wie das Grab sind die Matten all,
Keine Nachtigall ruft aus dem Dickicht der Dornen,
Keine Rose ertönt im Widerhall.
Über den Gräsern, die welken und blühen,
Schallt nur der Möwe harter Sang,
Nur Sonne und Wolken vorüberziehen –
Jahrelang.

Die Sonne sengt, und es beugt der Regen
Eine duftlose Blume in fahlem Rot.
Nur Winde fahren auf diesen Wegen
Im Rund, wo das Leben öd' wie der Tod.
Vor alters durchhallte Lachen die Schluchten,
Doch keiner denkt der Geliebten mehr,
Die mit den Augen die Ferne suchten
Auf dem Meer.

Herz schlug an Herz, wie am Felsen sie standen.
Er spricht: »Blick aufs Meer von den Blumen hier!
Denn die Schaumblume dauert, wenn Rosen schwanden,
Und wer flüchtig liebt, kann sterben – doch wir?«
Und derselbe Wind sang, und die Wogen schäumten,
Und des Gartens letzte Blume verdarb;
Einst seufzten die Lippen, die Augen träumten,
Die Liebe starb. –

Oder schied sie der Tod? – Wer will's ergründen?
Wer kennt die verschwiegene Schattennacht?
Die Liebe muß gleich der Rose schwinden,
Wie Meertang ersterben in rosiger Pracht.
Sollen Tote fühlen und Tote umarmen?
Kann Liebe umfahn, was in Gräbern ruht?
Sie schlafen und können nicht mehr erwarmen —
Kalt wie die Flut.

Geliebte und Rosen sind eins wie im Leben,
Von Wogen und Felsen und Fluren umhegt,
Keinen Hauch versunkener Zeit fühlst du schweben
Im Wind, der die Süße des Sommers schon trägt.
Kein Hauch soll die künftigen Tage verschönen
Der Geliebten, die Freude und Trauern erfüllt,
Wenn gleich denen, die frei nun von Lachen und Tränen,
Schlaf uns gestillt.

Hier teilt der Tod nicht wieder auf immer,
Kein Wechsel naht, eh' sich der Wechsel verzehrt;
Aus Gräbern und Grüften erstehen sie nimmer,
Die kein Lebendes ließen verwüstenswert.
Sand, Stein und der Dorn, den die Klippen hausen,
Sie sind, solange die Sonne kehrt,
Bis am Ende der Sturm über alles mit Brausen
Das Meer beschwört.

Bis die See erschäumt und die Felsen fallen,
Der Abgrund Matten und Halden trinkt,
Bis die Wogen der Springflut tosen und wallen,
Die Felder schwinden, das Kliff versinkt.
In seinem Triumph, der alles vernichtet,
Auf Trümmern, die er zu stürzen gebot,

Ein Gott, der sich selbst am Altare gerichtet,
Tot liegt der Tod.

(Tychsen)

Stéphane Mallarmé
(1842–1898)

Seebrise

Das fleisch ist trauernd ach! und alle bücher las ich.
O fliehen dorthin fliehn! ich weiss dass vögel trunken
Inzwischen unbekanntem schaum und himmel sind.
Nichts – auch die alten gärten die das auge spiegelt
Nicht – hält dies herz zurück das sich im meere badet.
O nächte! weder die verlassne helle meiner lampe
Auf meinen leeren blättern die die weisse schüzt ·
Noch auch die junge frau die ihren säugling stillt.
Ich zieh ins ferne. Dampfer das getakel schaukelnd
Den anker heb nach einer fremden heissen erde!
Ein leid · um grausam hoffen in verzweifelung ·
Vertraut noch auf der taschentücher lezten gruss.
Vielleicht sind diese masten die die stürme laden
Von denen die ein windstoss neigt auf die zerschellten
Verlornen · ohne mast noch grüner insel flor . . .
Doch · o mein herz · horch horch auf der matrosen chor!

(George)

Erscheinung

Der mond war in trauer und weinende engel im traum ·
Den bogen in ihren händen im blumigen raum ·
Im hauchenden · liessen aus den sterbenden saiten
Wie weisse seufzer auf azurne kelche gleiten.
Es war deines ersten kusses gesegneter tag.
Mein schwärmen quälte mich mit geisselndem schlag
Und tauchte mich weise unter im dufte der trauer
Der ohne nachgeschmack lässt und ohne bedauern
Das pflücken eines traums fürs herz das ihn pflückt.
Ich irrte das auge aufs alternde pflaster entrückt –
Da kamst du mit der sonne im haar auf den wegen
Und in dem abend auf einmal mir lächelnd entgegen.
Ich glaubte ich sähe die fee im strahlenhut
Die einst überm schlaf des verwöhnten kindes geruht
Mit halbverschlossenen händen vorübergleiten
Draus weisse sträusse von duftenden sternen schneiten.

(George)

Der Fächer

O Träumerin, daß ich mich trüge
zur Wonne, die kein Weg je fand,
behalte du durch kühnste Lüge
nur meinen Flügel in der Hand.

Von einer Dämmerung die Kühle
hat jeder Schlag dir eingeflößt,
der mit gefangenem Gefühle
die Weite sanft hinüberstößt.

Da schwindelt einem: sieh, nun wehen
die Räume wie ein großer Kuß,
der, toll, für keinen zu entstehen,
unhingenommen kommen muß.

Dir ist: ein Paradies verschlüge
dein Lächeln jäh zur Unterwelt,
daß es in unbeschränkte Züge
von deinem Mund hinüberfällt.

Das Szepter rosiger Gestade,
Die spät im Gold erstarrn, das ist
Der weiße Flug, der sich gerade
Am Feuer eines Armbands schließt.

(Rilke)

Sonett

Wird uns, jungfräulich, lebenskräftig, schön, das Heut
mit einem trunknen Flügelschlag den harten See zerreißen,
den, unterm Reif vergessen, des durchscheinend weißen
Gletschers von Flügen, die nicht flohn, Beharren reut!

Ein Schwan von einst entsinnt sich seiner Pracht. Erneut
sich zu befrein er noch vergebliches Befleißen,
der singend hat versäumt, die Zuflucht zu verheißen,
als unergiebiger Winter öden Glanz gestreut?

Abschütteln wird sein ganzer Hals die weiße Pein,
dem Vogel zugefügt vom Raum, den er verneint,
doch nicht den Graus, gefiederfest am Grund zu sein.

Gespenst, das diesem Ort sein reiner Glanz vereint,
erstarrt, der sich am Eistraum der Verachtung weidet,
worein der Schwan die Leere seines Elends kleidet.

(Schaukal)

Das Grab Edgar Poes

Erst in sich selbst verwandelt von der Ewigkeit
aufscheucht mit nacktem Schwert der Dichter das verstörte
Jahrhundert, das des Todes Siegsgesang nicht hörte
in dieser unerkannten Stimme Seltsamkeit.

Sie, weil der Engel, der landläufigem Wort vor Zeit
reinern Sinn verlieh, die Vipernbrut empörte,
verschrien den Zaubertrank, der flutend sie betörte,
als eine schwarze Mischung der Verworfenheit.

Dem Boden und der Wolke gleich Feindselige, weh!
So draus gemeißelt unserm Geist kein Bild ersteh,
womit Poes Grab sich halb erhaben blendend schmückte,

ruhiger Block, aus dunkelm Unheil her verirrt:
daß, Grenzstein, der Granit auf immer doch entrückte
der Schmähung Krähenflug, der in der Zukunft schwirrt!

(Schaukal)

Das Himmelsblau

Des Ewig-Blauen spöttische Gelassenheit
erdrückt, gleichgültig schön, so wie die Blumen prangen,

den Dichter, der vor Weh fruchtloser Einsamkeit
Begnadung schmäht, die ein Unfähiger empfangen.

Flüchtend, geschloßnen Auges fühl' ich's mit der Macht
zermalmenden Gewissensbisses mich betrachten
in meiner Leere. Flieh' ich? Welche wilde Nacht
werf ich, in Fetzen, auf das wühlende Verachten?

Nebel, empor! Eintöniger Aschen Ströme gießt
samt langen Lumpen Dunstes in des Himmels Tiefe,
daß er vom fahlen Sumpf des Herbstes überfließt,
baut eine breite Decke, die von Schweigen triefe!

Und komm, Freund Gram, laß Lethes Teiche, raff daraus
den Schlamm im Gehn, das Schilfrohr rauf, das blasse,
und füll die großen blauen Löcher fleißig aus,
die boshaft drin die Vögel machen meinem Hasse!

Noch nicht genug! Traurige Schlote, stockt nicht, raucht,
daß Ruß in Qualm und Greuel seiner schwarzen Schwaden,
ein schweifendes Gefängnis, bis zur Sonne schmaucht,
die gelblich randwärts hinstirbt stickend zu beladen!

Tot ist der Himmel! – Schnell zu dir denn, Stoff! Gewähr
Vergessen des erhabnen Ziels, das grausam peinigt,
und auch der Sünde dem, den eine Streu nunmehr
dem andern Menschenvolk im Glück des Lagers einigt.

Dort will ich, da mein Hirn doch endlich, ausgeleert
gleich einem Schminktopf unterm Auswurf an der Mauer,
ohnmächtig sich der schluchzenden Gedanken wehrt,
hin bis zum dunkeln Sterben gähnen düstre Trauer …

Umsonst! Das Blau ist Herr! Ich hör' es in dem Klang
der Glocken singen. Stimme hat es angenommen

und macht uns, Seele, Sieg der Bosheit, mehr noch bang,
da's lebend, blauer Engelgruß, dem Erz entkommen!

Durch Nebel rollt's, das alte, her, ein sichres Schwert,
den eingebornen Todeskampf dir zu zerhauen:
Flieh' ich? Wohin? Vergebens, sinnlos aufbegehrt!
Ich bin behext vom Blau, vom Blaun, vom Blauen!

(Schaukal)

Paul Verlaine
(1844–1896)

Der Faun

Der alte faun aus grauem thone ·
Sieht aus dem gras mit lüsternheit ·
Er profezeit uns zweifelsohne
Ein schlimmes end auf heitre zeit

Die mich geleitet dich geleitend
Uns wanderer mit trübem geist
Bis zu der stunde die entgleitend
Beim klang der tamburine kreist.

(George)

Amor auf der Erde

Der nachtwind warf den liebesgott herab
Der in des parks geheimstem winkel stand

Und boshaft spielte mit des bogens band
Und der uns einst so viel zu denken gab –

Der nachtwind jagte ihn herab · es streichen
Die morgenwinde drüber hin · o trauer!
Den sockel anzusehn wo der erbauer
Geschrieben steht in halbverwischten zeichen.

O trauer! wie der sockel nun verwaist
Für sich! Ein düsterer gedanke kam
Und ging in meinem sinn wo tiefer gram
In eine zukunft schlimm und einsam weist.

O trauer! dich sogar schien zu bekümmern
Das trübe bild wenn du auch keck und heiter
Dem gold- und purpurfalter folgst der weiter
Sich tummelt über den zerstreuten trümmern.

(George)

Kaspar Hauser singt:

Sanften blickes ein stiller waise
Zu grosser städte getös
Kam ich auf meiner reise –
Niemand nannte mich bös.

Im zwanzigsten jahre ein grauen
(Man heisst es auch liebesglut)
Gab mir die schönheit der frauen –
Sie waren mir nicht gut.

Wenngleich ohne heimat und erben
Wenngleich ich für tapfer nicht golt ·

Im kriege wollt ich sterben . .
Der tod hat mich nicht gewollt.

Kam ich zu spät · zu frühe?
Ich weiss nicht wie mirs ergeht.
O ihr all! schwer ist meine mühe –
Sprecht für mich ein gebet!

(George)

Vom Mondenschein ist
Der Wald so blaß.
Im ganzen Hain ist
Ein Flüstern, das
Vom Laubdach tönte:

O Vielersehnte!

Im tiefen Teiche
Bespiegeln lind
Sich schwarze Sträuche,
Es weint der Wind
In Weidenbäumen …

Zeit ist zu träumen.

Ein zartes Schweigen
Scheint sanft und rein
Herabzusteigen
Vom Dämmerschein
Der Sternenrunde …

Das ist die Stunde.

(Kalckreuth)

Es glänzt der Himmel über dem Dach
    So blau, so stille.
Ein Baum wiegt draußen über dem Dach
    Der Blätter Fülle.

Eine Glocke im Himmel, den du siehst,
    Hörst sanft du klingen,
Einen Vogel auf dem Baum, den du siehst,
    Seine Klage singen.

Mein Gott! Mein Gott! Das Leben fließt dort
    Ohne Leiden und Härmen,
Vom Städtchen kommt mir herüber dort
    Ein friedliches Lärmen.

Und du dort, der weint bei Tag und Nacht
    In schmerzlicher Klage,
O sage mir du dort, wie hast du verbracht
    Deine jungen Tage?

(Kalckreuth)

Herbstlied

    Seufzer gleiten
    Die saiten
Des herbsts entlang
    Treffen mein herz
    Mit einem schmerz
Dumpf und bang.

    Beim glockenschlag
    Denk ich zag
Und voll peinen

An die zeit
Die nun schon weit
Und muss weinen.

Im bösen winde
Geh ich und finde
Keine statt …
Treibe fort
Bald da bald dort –
Ein welkes blatt.

(George)

Agnus Dei

Es sucht das Lamm die Bitterkeit der Heide,
Zieht Salz dem Zucker vor auf seiner Weide,
Sein Schritt wird laut im Staub, daß ich ihn nicht vom Regen unterscheide.

Will es ein Ziel, so ist nichts anzufangen,
Kopfstoßend starr durchstemmt es sein Verlangen,
Dann blökt es seiner Mutter zu, der bangen.

Lamm Gottes, das der Menschen Heil beginnt,
Lamm Gottes, das uns zählt und kennt und findt,
Lamm Gottes, sieh, erbarm dich dessen, was wir sind.

Gib uns den Frieden, nicht den Krieg bescher',
Lamm, schrecklich in des rechten Zornes Wehr,
O du, einziges Lamm, Gott und Gottvaters Einziger.

(Rilke)

Gerard Manley Hopkins
(1844–1889)

Frühling

Nichts ist so schön wie der Lenz, der entspringt –
Wenn wirbliges Wildkraut emporschießt,
saftleuchtend und lang!
Gleich niedernden Himmeln sind Eier der Drossel; ihr Sang
Nachhallend im Gehölze, spült und klingt
Durchs Ohr – gleich Blitzen trifft es, wie hell sie singt!
Mit Blättern und Blust fegt der glasblanke
Birnbaum den Hang
Einfallender Bläue … wettspringende Schäfchen – auch
sie sind beschwingt!

Was ist er, der Saft – all der Jubel, der sprüht?
Eine Weise der Erde aus urersten Zeiten, geboren
In Edens Garten. Habt, hegt – eh Sang verblüht
Und Saft verstockt – habt Christus, unverloren;
Hegt frischesten Mai und kindlich ein schuldlos Gemüt,
Wohl wert den Gewinn – und von Dir, Kind
der Jungfrau, erkoren!

(Behn)

Getigerte Schönheit

Ehre sei Gott für diese getigerte Welt –
Für zwiefarbnen Himmel, gleichwie eine Kuh überscheckt;
Für flinke Forellen, getüpfelt mit rosigem Kreis;
Für die Schwinge des Finks, die Kastanie,
die aufglühend fällt;

Und Landschaft mit Brache, Pferch, Pflug, die
gestückelt sich streckt;
Für alle Gewerbe – ihr Werkzeug, Gerät und Gegleiß!

Dies quere, krause, eigne Allerlei –
Was immer verflattert – wer wüßte nur, wie? –
und sich fleckt,
So herbe wie süß, schnell-langsam, aufgrellend wie leis:
Er zeugt es – Schönheit *Er* vom Wandel frei:
Ihm Preis!

(Behn)

Friedrich Nietzsche
(1844–1900)

Das trunkene Lied

Oh Mensch! Gieb Acht!
Was spricht die tiefe Mitternacht?
»Ich schlief, ich schlief –,
»Aus tiefem Traum bin ich erwacht: –
»Die Welt ist tief,
»Und tiefer als der Tag gedacht.
»Tief ist ihr Weh –,
»Lust – tiefer noch als Herzeleid:
»Weh spricht: Vergeh!
»Doch alle Lust will Ewigkeit –,
»– will tiefe, tiefe Ewigkeit!«

Venedig

An der Brücke stand
jüngst ich in brauner Nacht.
Fernher kam Gesang:
goldener Tropfen quoll's
über die zitternde Fläche weg.
Gondeln, Lichter, Musik –
trunken schwamm's in die Dämmrung hinaus …

Meine Seele, ein Saitenspiel,
sang sich, unsichtbar berührt,
heimlich ein Gondellied dazu,
zitternd vor bunter Seligkeit.
– Hörte Jemand ihr zu? …

Jens Peter Jacobsen
(1847–1885)

An Agnes

Alle meine Wünsche, du weißt, sind Mangel nach dir,
jeder meiner Gedanken heißt wie du,
alle meine Worte hör ich von deiner Lippe.
Aber wünsch ich wild
denk ich hart
fallen meine Worte zu schwer
so halt mich für schwach, halt mich nicht für schlecht.
Denk: ich komm müd aus dem Kampfe her
und verwirr mich in alten Netzen erst recht.
Sprich dann zu mir leise und weich
deine hellen milden Worte
drin glänzende Tränen zittern.

Zieh mich dann mit dem leichten Geweb
ab von dem lautlosen Seufzer deiner Gedanken.
O aber Halt! jeder Träne des Auges
Halt! dem mindesten Seufzer der Brust.
Denn Tränen sieht man, hört Seufzer,
und daß ich je dir Schmerz angetan
muß ich wohl ahnen, aber nie wissen
nie wissen.

(Rilke)

Landschaft

Weithin eine Heide, bemoostes Gestein,
ein wenig Wasser glänzt ferne,
wo die Sonne sank, ein goldroter Schein,
vereinzelte bebende Sterne.

Und seltsam sausend im Abendwind
gestrecktes, geseufztes Hauchen,
als ginge in ihm eine Seele um,
in irdisches Elend zu tauchen.

Da die Sonne sich hob, hob tausendfach
sich Hoffnung auf mutigen Schwingen;
wer weiß, nun mag dieser seufzende Wind
Gestürzte und Wunde bringen.

Wer weiß, sie sammeln sich hier vielleicht
wie Vögel in herbstlichen Zügen
und versuchen: haben die Flügel noch Kraft
oder werden sie nie mehr genügen.

Und manche wissen sich längst unterwegs
stummströmendem Tode entgegen,
die andern flattern in Schwärmen auf
sich in Menschenträume zu legen.

(Rilke)

See-stück

Hervor aus des haares rabenschwarzen wolken
Der augen blinkendes zwillingslicht
Strahlend bricht.
Des atemzugs wehungen laue und leise
Über die klippen der schultern der weissen
Sachte gleiten.
Indess gegen kleides spitzenküste
Schwellend sich wälzen die wogenden brüste
Schaumweiss doch stumm.
– Ach wenn doch klänge
Schmelzend weich und
Zauberisch mild
Hin zu sich tragendes
Liebeklagendes
Meerfrauenlied!

(George)

Jaroslav Vrchlický
(1853–1912)

Hermes

Hermes, zauberreich im hohen
Götterkreise,
Setzt auf Land und Flut die frohen
Flügelschritte leicht und leise;
Führer in des Hades' Schauer,
Ew'ger Dauer,
Fühlt er nie des Alters Macht.

Den Nepenthes in den Haaren,
Schwingt er seinen
Zauberstab; ihm folgen Scharen
Dunkler Schatten; die mit Weinen,
Die gelassen und zufrieden,
Denn beschieden
Ist die Ruhe mit der Nacht.

Leise hin zum Lethe streichen
Sie gemessen,
Und es brennen ihre bleichen
Lippen nach dem Trank: Vergessen,
Nach dem süßen Schlaf die Glieder;
Er kehrt wieder,
Wo das Leben stürmisch wacht.

Klopft an Hütten und Paläste,
Geht durchs breite
Stadtgewühl, wo hell beim Feste
Zu dem Becher klingt die Saite,
Tritt als Gast zu Not und Elend,

Wo beseelend
Nie des Lebens Schimmer lacht.

Naht auf weitem Meer den Booten,
Wenn sie sinken,
Und dann führt er hin die Toten,
Daß sie ew'gen Frieden trinken.
Der Geleiter ist er allen,
Ob sie fallen
Hier vom Blitz, dort in der Schlacht.

Seinem Werk in Ruh ergeben,
Unempfindlich,
Macht er alle Welt erbeben,
Wie der Tod unüberwindlich.
Ob er trifft den Geist verwittert,
Ob erbittert,
Dessen hat er nimmer Acht.

Plötzlich hebt, emporzuschweben,
Er die Schritte,
Ruht im Schoße lächelnd Heben
Droben in der Götter Mitte,
Plötzlich um die Stirn zum Kranze
Reiht im Glanze
Sich ihm ew'ger Sterne Pracht.

(Adler)

Arthur Rimbaud
(1854–1891)

Vokale

A schwarz E weiss I rot U grün O blau – vokale
Einst werd ich euren dunklen ursprung offenbaren:
A: schwarzer samtiger panzer dichter mückenscharen
Die über grausem stanke schwirren · schattentale.

E: helligeit von dämpfen und gespannten leinen ·
Speer stolzer gletscher · blanker fürsten · wehn von dolden.
I: purpurn ausgespienes blut · gelach der Holden
Im zorn und in der trunkenheit der peinen.

U: räder · grünlicher gewässer göttlich kreisen ·
Ruh herdenübersäter weiden · ruh der Weisen
Auf deren stirne schwarzkunst drückt das mal.

O: seltsames gezisch erhabener posaunen ·
Einöden durch die erd- und himmelsgeister raunen
Omega – ihrer augen veilchenblauer strahl.

(George)

Der Schläfer im Tal

Ein grüner winkel den ein bach befeuchtet
Der toll das gras mit silberflecken säumt ·
Wohin vom stolzen berg die sonne leuchtet –
Ein kleiner wasserfall von strahlen schäumt.

Ein kriegsmann jung barhaupt mit offnem munde
Den nacken badend in dem blauen kraut

Schläft unter freiem himmel · bleich · am grunde
Gestreckt · im grünen bett vom licht betaut.

Ein Strauch deckt seine füsse. Wie ein kind
Lächelnd das krank ist hält er seinen schlummer.
Natur umhüll ihn warm! es friert ihn noch.

Ihm zuckt die nase nicht vom duftigen wind.
Er schläft im sonnenschein · die hand auf stummer
Brust – auf der rechten ist ein rotes loch.

(George)

Faunskopf

Im busche · grüner schrein mit goldnem guss ·
Im busche voll von blumigem geschwanke ·
In riesenblumen schläft der goldne kuss ·
Dort zeigt sich keck vorm köstlichen geranke

Mit grossen augen der verliebte faun
Der weissen zahns die rote blume beisset
Und wie ein alter wein blutfarbig braun ·
Sein mund mit lachen durchs gezweige reisset.

Ist er geflohen wie ein eichhorn flink ·
Hängt noch an jedem blatte sein getriller
Und es erscheint geschreckt durch einen fink
Der goldne kuss im wald. Dann wird es stiller.

(George)

Empfindung

Über Korngestöber-Pfade, durch des Sommers Abendsüße,
Werd ich streichen, kleines Gras zertreten, traumvergessen,
Und dann spür ich gute Frische um die Füße,
Der Luft erlaub ich gerne, meinen Kopf zu nässen.

Und ich werde auch nicht sprechen, ob ich
fortgeh oder bleibe:
Doch es wird die große Liebe meine Seele sanft erfassen.
Und ich werde ziehn wie ein Zigeuner, spät vom
Wandern lassen,
Hinaus in meinen Wald, und so glücklich wie
mit einem Weibe.

(Däubler)

Das besoffne Schiff

Ich bin im verschlummerten Flusse hinunter geschwommen,
Da fühlt ich mich plötzlich von Schiffsziehern
nimmer gelenkt.
Zu Zielscheiben hatten sie Rothäute heulend genommen:
An Pfähle genagelt, in qualvoller Nacktheit verrenkt.

Ich ließ alle Mannschaften hinter mir streiten,
Sie führten Getreide aus Flandern und englische
Baumwolle mit.
Es ging, wie ich wollte, in strömende Weiten,
So wie ich zu mir, dem Gelärm von Matrosen, entglitt.

Ja ich, den Winter im Wesen, beflog das Gewoge,
Stürzte mich leibhaft und taub, wie ein kindlicher Hirnbrei,

Dahin über treibende Halbinseln, Höllenprologe:
Ins Tohuwabohu der siegreichen Weltsudelei.

Die Seehosen haben mein See-Sang-Erwachen gesegnet.
So leicht wie ein Stöpsel betanzt ich die Flut,
Die da heißt »von den Leichen Ertrunkner durchregnet«.
Zehn Nächte lang! Ohne ein Haschen nach äugender Glut.

Oh, süß wie den Kindern das Fleisch ihres Apfels am Abend,
So drang in die Nußschale grünliches Wasser um mich.
Die Speipfützen blauten hinweg; und, im
Holzgeripp schabend,
Wusch michs vom Wein: Steuergriff, Ruder ließ ich im Stich.

Damit aber war ich der Dichtung im Meer hingegeben:
Es hat mich ein glitzerndes Sternengestöber durchzuckt:
Machte mich habhaft ergrünender Bläue. Bei
bleichem Erbeben
Von Wellen wird oft ein Ertrunkner, der hinsinnt,
verschluckt.

Ich war wo die Blauheiten leiserer Rhythmen,
Ein bleiches Geriesel bei morgendem Rot,
Dem bittersten Gären der Liebe sich widmen:
Viel stärker wie Sprit, höchstes Blutaufgebot!

Und ich weiß nun von Himmeln, die blitzend zerspringen,
Von Seehosen, Ebbe, vom Strom. Den Abend. Ich weiß
Das Tagen, ein Schwärmen von Tauben mit
glitzernden Schwingen:
Gewahrte was Menschen der seltenste Preis!

Dann sah ich sie niedrig, die Sonne, wie
Unterweltsschrecken!

Gestaffel von lila Geglüh. Und Schauspielern,
gleißend beschuht,
Auf sehr alten Bühnen, begegnet ich, fallenden Recken.
Ein zitterndes Faltenspiel rollte empor aus der Flut.

Mir träumte von Küssen, die langsam auf Wellen sich legten,
Die Nächte erschienen mir grün im erstaunenden Schnee,
Unsagbare Säfte, die kreisten, im Blute sich regten:
Ein gelblich und blaues Erwachen wie leuchtende See.

Den trächtigen Monaten bin ich gefolgt. Einer
Horde von Kühen.
Hysterischen. Auch Böen beim Ansatz zum Riff.
Da ahnte ich nicht des Marienmonds Füße, die blühen.
Der Ozean atmete schwer. Ein Büffel: sein Wutübergriff!

Oh, wüßtet ihr: kenternd gelangt ich auf Floridas Hügel,
Wo Augen von Panthern die Blumen beblitzten;
ich spürte die Haut
Von Menschen. Regenbogenbespannt trugen wir Zügel.
Noch unter dem Seehorizont: dort wo ein
Wassergezappel erblaut.

Die Sümpfe: ich sah sie. Unsagbare Netze.
Im Schilfe erschimmelt der Urtag als Fund,
Bei windstillem Wetter der Einsturz: gewitternde Hetze;
Katarakthaft die Ferne beim Fall in den Schlund.

Und Gletscher. Versilberte Sonnen. Entzündete Himmel.
Gescheiterte, schrecklich in Tiefen der bräunlichen Bucht.
Ein riesiger Seeschlangenknoten im Wanzengewimmel,
Von Bäumen durchspickt und umstunken von Sucht.

Die goldnen Fischreisen hätt ich so gerne den Kindern
Im Blauen gezeigt, es sang mir der Fische Geleit.

Wie sollt ich ein Segnen von schäumenden
Blumen verhindern?
Sie kamen: dann trug mich ein Windschwang,
zur Liebe bereit.

Ermüdet vom Pole, der Märtyrer tropischer Zonen,
Umseufzte mich süßeres Schaumesgetreib
Mit gelblichen Schattenbetastern von Traumanemonen:
Und da beugt sich das Knie wie ein regloses Weib.

Besudelt vom Kote blondäugiger Vögel im Wassergezänke,
Eine Halbinsel, wälzt ich mich, Spiel meines
treibenden Bretts;
Oder Ertrunkne, beim Rückwärtsruck, glitten, durch Ränke,
Hinab in den Schlaf und zerzausten mein dünnes Genetz.

So ward ich zum Wrack unterm Haar einer Klippe,
Im Gischte vom Sturm in die Luft ohne Vögel gezischt.
Mein Schiffsgeripp hätte, besoffen im Wogengewippe,
Vom Grunde, kein Monitor, Segler der Hansa gefischt.

Frei und auch rauchend, mit lila Gewölk übersponnen,
Habe ich Mauern von Himmeln aus Scharlach durchlocht,
Und süßeste Labsal entquoll mir, dem Dichter geronnen,
In die sich ein Blauauswurf, Sonnengealge verflocht.

Ich lief, von elektrischen Möndchen besprenkelt, geleitet
Von Seepferdchen, zugweis und schwarz: ich, das
irrende Brett.
Ein Himmelgefetz hat der Juli sich peitschend bereitet:
Durch brennenden Trichter stürzte er ab, blau ins Violett.

Ich zitterte: dort fünfzig Meilen von mir das Gestöhne
Vom brünstigen Maelstrom! Ich selber, Verspinner von Blau,

Das ewig unsagbar Unregsamkeit hergibt, entwöhne
Mich schwer von der Brüstung Europas, dem alten Verhau!

Ich sah der Gestirne Gemeer, habe Inseln und Himmel
Für Wahnwitzerbrüche geöffnet. Hinfiebernd: gekannt.
Du kommende Kraft, goldner Vögel Millionengewimmel,
Entschlummerst du da, in die schlundhaften
Nächte verbannt?

Ich habe unendlich geweint! Denn der Morgen
bringt Grauen.
Der Mond ist Verbrecher: die Sonne zu herb!
In beißender Liebeslust mußte ich schaudernd erlauen:
Entstünde im Kiele ein Leck: und ich wüßte, ich sterb!

Ersehnt ich ein Wasser Europas, so wär es ein Tümpel.
Verdunkelt und frostig; ein Kindlein am Abend dabei!
Es kauerte dort und entließe mein Schiffchen mit Wimpel,
Das sauste durch Fluten so sacht wie ein Falter im Mai.

Nicht länger ertrag ich euch, Wellen, Betraufer mit Trauer.
Was sollen mir Baumwollenbringer, mein Kielwasserraub,
Die Durchfahrt im Prunke von Fahnen und Flammen
voll Schauer!
Nicht schwimme ich mehr mit der Strandaugen
scheelem Verlaub.

(Däubler)

Giovanni Pascoli
(1855–1912)

Das Nest

Im kahlen Rosenstrauche hängt ein Nest.
Oh, einst im Lenz, wie quoll daraus und drang,
Wenn Atzung war, geschwätziger Überschwang
Zwitschernder Brut, erfüllend das Geäst!

Nur *eine* Feder blieb als armer Rest
Und haftet, vor dem Raub der Lüfte bang,
Gleich einem Traume, den die Seele lang
Festhalten will und endlich doch entläßt.

Und zu der Erde wendet sich die Schau
Vom Himmel ab, wo längst kein Liederklang
Mehr strahlend aufsteigt und zerstiebt im Blau.

Verweht von welken Laubes Niedergang
Sind alle Gründe. Durch das ewige Grau
Weint wie in Wellen weher Windgesang.

(Wildgans)

Emile Verhaeren
(1855–1916)

Der Schrei

An ödem teich wo braunes wasser steht
Hängt an ein schilfrohr sich ein abendstrahl –

Verzweifelt tönt ein schrei · ein vogelschrei –
Ein schwacher schrei der fern ersterbend weint.

Wie ist er schwach und dünn und scheu und fein ·
Wie er in traurigkeit sich zieht und wiegt ·
Wie er sich dehnt und mit dem weg sich senkt
Und sich verliert am stummen horizont!

Wie seines röchelns takt die stunde schlägt
Und wie in seinem kläglich schwanken ton
Und seinem hinkend leisen widerhall
Die abendschmerzen schüchtern sich beklagen

Manchmal so leise dass man kaum ihn hört
Besingt er dennoch ohne unterlass
Erloschnen lebens abschied düster zart
Die armen toten und den armen tod.

Den tod der blumen und den tod der falter
Den sanften tod von flügel halm und duft
Der fernen klaren flüge die erstarrten
Und die gebrochen ruhn in gras und moos.

(George)

Die Bäume

Wenn schon die erde feuer- und purpurrot
Unter der sterbenden sonne des herbstes flammt
So sieht man von einem kreuzweg einsam und fahl
Die bäume · die pilger · ins unendliche ziehn.

Die pilger wandeln in ihrer betrübnis gross
Gedankenvoll langsam und fromm auf den wegen am abend ·

Die pilger riesenhaft schwer · und lassen ihr laub
Von tränen und trauer und bitterkeit sinken.

Die pilger wandeln geheimnisvoll dahin ·
In zweien reihen immer · seit wievielen jahren?
Zum himmel immer und seiner verblichenen pracht
Und seinem magneten herrisch und unüberwindlich.

Die pilger tragen mäntel ganz aus strahlen ·
Gezackt durch den verscheidenden abendglanz.
Sie scheinen wie goldne kleider auf einem weg
Dahin gezogen von weihrauch und staub.

Die pilger mit ihren wirren und buschigen häuptern
Bei ihrem vorüberwallen werden beschaut
Von mystischen weilern und frommen dörfern
Die im gebet sich beugen und niederknien.

(George)

Die Toten

An diesen Abenden, da in der Nebeldauer
verhüllter Himmel langsam blich, entschlief, verscholl,
tret ich gesammelter, doch ohne taube Trauer
auf diese Erde, Toter voll.

Absichtlich dröhnt mein Schritt, daß sie ihn jetzt noch hören,
von denen träumend nun in ihres Schlafes Haft,
die mit noch größrer Kraft und größerem Beschwören
umschaffen, was sie einst geschafft.

Nicht unser träger Schmerz und weinendes Geschreie
tut ihnen not in ihrer alten Särge Holz.

Sie gönnen gerne jedem Werke nach der Reihe
Anteil an Freude und an Stolz.

Ihr Geist ist tief in uns, doch nicht um uns zu schaden,
zwingt uns nicht fort vom Licht zu tastend blindem Gang.
Noch klingt ihr Reden süß, wenns um uns
rauscht in Schwaden,
doch unser ist jetzt der Gesang.

Denn dies ist unsre Zeit, und diese schöne Lichte,
der Boden und die Flut und was ringsum gedeiht
und braust und schwingt an Kraft bis in der Dinge Dichte
hält alles sich für uns bereit.

Götter und Menschen sind für unser Herz verwandelt,
ein anderes Gesetz durchdringt uns bis ins Mark;
ein neu Unendliches, das anders in uns handelt,
fühlt sich in unserm Glauben stark.

Auf, Menschensehnsucht, auf! Auf, Macht der
Menschenmassen,
werft euch hinaus soweit euch Eintracht trägt und Groll.
Und Liebe sei euch neu und neu sei euer Hassen
auf dieser Erde, Toter voll.

(Rilke)

Die Mühle

(erste fassung)

Die mühle dreht im tiefen abend leise
Auf einem himmel voll von weh und trauer ·

Sie dreht und dreht. Ihr hefenfarbnes segel
Ist trüb und schwach und ist unendlich müd.

Seit früh hat sie die arme wie zur klage
Gehoben und gesenkt und wieder nun
Entsinken sie in der geschwärzten luft
Im vollen schweigen der erstorbnen welt.

Ein weher wintertag entschläft in weiten ·
Die wolken sind des düstren zuges müde
Die hecken ziehen ihre schatten ein
Die gleise gehn nach toten horizonten.

Am feldrand ein paar hütten aus gebälk
Sind ganz armselig hin im kreis gelagert ·
Das kupferlämpchen von der decke hängend
Bezieht mit seinem feuer wand und fenster.

Und in der ebne und entschlafnen leere
Betrachten sie · die kläglichen verstecke ·
Mit armen augen aus zersplissnen scheiben
Der alten mühle drehn und drehn und sterben.

(George)

George Rodenbach
(1855–1898)

Die Spiegel

An jenen kurzen Spätdezembertagen schimmern
Stehenden Wassern gleich die Spiegel in den Zimmern,
Und willst du ihrer Schwermut fernen Grund erkunden,

Die Angesichte sind's, die einst in schönen Stunden
In ihren Quellen sich gespiegelt lächelmilde.
Und stehst du nun vor deinem eignen Spiegelbilde,
Glaubst du zu sehn, und fühlst vergangne Zeit dich mahnen,
Die Angesichte toter Schwestern, toter Ahnen,
Und glaubst, wenn du dich neigst zum Glase, deine Lieben
Zu küssen auf die tote Stirn, die hier verblieben.

(Hauser)

Jean Moréas
(1856–1910)

Auf, meine Seele, auf, und wieder sei die Scheibe
für Pfeil um Pfeil aus Gold:
daß sie durch meine Hand der Leier furchtbar bleibe,
Minerva hats gewollt.

Der Baum, der Früchte trägt, daß er dem Sturm erliege,
der Tod, der schon bewacht
die Stirne eines Freunds – in des Verrates Wiege
ein schlafender Verdacht,

der Leuchtturm auf dem Damm, der Stern am Horizonte,
das Glas, so klar und fein,
das ich auf einmal so nach rückwärts werfen konnte,
mit allem seinem Wein,

und meine Tage, die wie jene Blumen schwinden,
die wir ins Wasser streun:

wie aber dürft es Platz in meinem Schicksal finden,
dies Hoffen, dies Bereun?

(Rilke)

Gustav Fröding
(1860–1911)

Narkissos

Er sah ins Wasser, auf den Knien liegend,
Das Dunkel war sein Trost und, Schleier schmiegend
Um jenes Bild, war ihm sein Freund die Nacht
Die Sonne kam und, scharf vom Tag beschienen,
Ergab sich das Verzehrte seiner Mienen:
Die Wange leer, sein Schönsein durchgebracht.
Er sank zusamm, sein Bau war ganz zerbrochen,
Im Blute fühlt' er Fieberfeuer kochen,
Der Brand trank ihm sein Blut und fraß die Lunge.
Und laut, wie früher, rief er, rief: »Narkissos!«
Narkissos!
Klang Echos Antwort dumpf von Bergeszunge.

Erbittert sah er sich sein Bild verdrehen.
»Ists nicht genug an dieser Qual Geschehen,
In dem, was sieht und zuhört, wohnt sie still.
Ich seh und hör und kenne nur Narkissos.
Ich hasse dich, du bist mir lieb, Narkissos,
Fort will ich gehn und kann nicht, was ich will!
Für mich ist Wille hin und alles Wählen,
Denn selbst den Haß noch lieb ich und das Quälen:
Was peinigst du mich da zu Tod, Narkissos?«
Und Echo rief in Kümmernis: Narkissos!

Narkissos!
Und tausendfältig klangs: Narkissos! – Narkissos!

Da sah man Falten weiß im Winde fliegen
Und sah: ein Mädchen kam zum Quell gestiegen
Und trat den Grübelnden von hinten an.
Sie schlang den Arm um seinen Hals, sie wiegte
Ihr Haar an seins und sprach, die Angeschmiegte:
»Sei Mann, Narkissos, mutig, sei ein Mann!
Der düstre Ring ist nur im Wasser einer,
Doch wende dich, ganz Hellas wartet deiner
Und mit den Jünglingen ein edles Ringen,
– Und siegst du nicht, so hast du mich, Narkissos!«
Narkissos!
Hörte mans weich vom Berge widerklingen.

Da strich er sich aus seiner Stirn das Haar,
Stand auf und küßte sie, die bei ihm war,
Vergaß die Quelle und sein eignes Bild.
Dann liefen sie die Wiesen hin zu zweien,
Und in den Wäldern hörte man das Schreien
Lachender Faune freundlich, freudig, wild.
Und Aphrodite brach den Zauberbann,
Und sie goß wieder Stärke in den Mann
Und hob sein Blut in eine hohe Welle.
»Sieh, dich hat Liebe ganz geheilt, Narkissos.«
Narkissos!
Sang Echo sterbend an der Kummerquelle.

(Rilke)

Maurice Maeterlinck
(1862–1949)

Du hast die Lampen angezündet!
– O! und die Sonne auf dem Garten!
Du hast die Lampen angezündet,
ich sehe Sonne durch die Spalten,
tu auf die Türen nach dem Garten!

– Die Schlüssel alle sind verloren,
wir müssen warten, warten, warten,
die Schlüssel sind vom Turm gefallen;
wir müssen warten und erwarten
Tage, die anders sind als alle …

Tage, die öffnen werden – glaub es!
Jetzt hält der Wald der Riegel Band,
der Wald steht um uns wie ein Brand.
Der klare Glanz des toten Laubes
brennt jetzt auf unseren Schwellen, glaub es!

– Die andern Tage sind schon müde längst,
die andern Tage haben Angst gleich diesen,
die kommen nie, die Tage, die du denkst;
die andern Tage sterben hin gleich diesen,
und wir auch sterben hier auf diesen Fliesen …

(Rilke)

Gabriele d'Annunzio
(1863–1938)

An die Lorbeeren

O lorbeern die im grossen strengen schatten
Ihr den gedankenvollen jüngling hegtet ·
Erzählet mir von ihm · am ersten abend

Erzählet mir von ihm in milden worten ·
Ihr alten lorbeern! weil vielleicht er hört.
Weil er vielleicht entfernt ist und doch hier.

Wie hat der junge hüter euch geliebt ·
Wie beugtet ihr auf seine freundes-stirne
Die stirne oft um euer lob zu hören!

Er las in jenem buche worin züchtig
Die seele zittert und begehrt und weint
Umschlossen vom gewand antiker grazie.

Langsam im kreise stieg der schöne garten
Auf – wie ein traumbild aus dem herzen steigt
Bewässert von der reinen sangesweise ·

In einem ungewohnten geistigen licht
Das nicht vom himmel sondern auf der erde
Von dem unsterblichen gedicht entflossen.

O lorbeern · ich bin der! nicht mehr verberg ichs –
Ich bin es der im buche las · das licht
Erschaute und im tiefen herzen froh war.

Ist alles hin? der lezte strahl bespottet
im grossen becken das verfaulte wasser ·
Auf einer hohen mauer schreit der pfau.

In dem geblichnen und versengten grase
Sind tot des ortes liebe schutzgewalten . .
So ist denn jede gottheit hingeschwunden?

Nur kommt ein heisrer klang der glocken näher ·
An welchem leid die fromme flut sich bäumt!
Der schatten dringt zu einem haus allmählich ·

Dem trüben haus wo meine mutter weint.

(George)

Der Betrug

Ich leide nicht! nein · wenn ich schweigsam bleibe
Am abend wo ich dir zu füssen sitze –
(O schreck des nahen nächtigen gerichtes
In jenem grossen weissen bette) wisse:

So tu ich es damit die seele besser
Geniesse diese köstlich süsse stille –
(Bei tag und nacht zermartert ein gedanke
Die seele ohne ruhe ohne ruhe!)

Die süsse stille die um mich gezogen
Vielleicht mit allzu ungewohnten freuden.
(Verleih · o Herr · verleih dass ich auf immer
Mein schreckliches geheimnis nicht verrate!)

O dies vergessen-haben · dies verzichten
Auf alles · dir zu füssen · sei gesegnet!
(Die seele wird niemals vergessen können ·
Niemals vergessen · niemals!) sei gesegnet!

(George)

Eine Erinnerung

Zu der erde wandte sie die blicke –
Unerklärlich schweigen. Die minuten
Schienen klüfte masslos zu eröffnen.
O dass wir doch unter unversehenem
Schlag auf ewig stumm geblieben wären!
Langsam hob sie auf mich jene augen.
Ihre lippen leer von blut und zuckend
Seh ich noch und ihre ersten worte
Fallen wie die ersten tropfen blutes
Einer wunde die zu bluten anfängt.

(George)

Ein Traum

Sie war gestorben. Sie war kalt. Die wunde
War kaum ersichtlich in der einen seite:
Ein kleiner ausgang für so grosses leben!

Weit minder weiss erschien mir als die leiche
Das linnen · niemals wird das auge sehen
Ein ding das weisser ist als jenes weiss.

In flammen traf der ungestüme sommer
Die scheiben und insekten · ungeheure ·
Im schwülen dunste summten ohne ruhe.

Sie war erstarrt. Ich sagte: schläfst du denn?
Mit einem stumpfen fürchterlichen lächeln
Ganz nahe wiederholt ich: schläfst du? schläfst du?

Schläfst du? und denkend dass die schrille stimme
Nicht meine wäre bebte ich vor angst.
Ich horchte. Aber weder hauch noch stimme!

Es schien als ob die wände flammen wären.
In jener schwüle hob sich immer stärker
Ein odem wie aus einem grabgewölbe.

Der unbesiegliche geruch des todes
Erstickte mich – ich musste wohl ersticken ·
Ich selber hatte tür und tor geschlossen.

Schläfst du? Schläfst du? sie hatte keine antwort ·
Das linnen schien vor ihr weit minder weiss.
Auf erden werden nie die augen sehen

Ein ding das weisser ist als jenes weiss.

(George)

Henri de Régnier
(1864–1936)

Wanderung

Der Weg war weit. Hindämmernd sank die Nacht ·
und blasser wurden meine Morgenträume:
Da hast du mich zum fernen Schloß gebracht ·
das zaubrisch schläft inmitten dunkler Bäume

im wunderlichen Licht des Monds · der einsam trauert
auf alten müden Gärten · wo aus Zweigen
von Blütenbüschen glockenglanzumschauert
Pagodenprunk und Vogeltempel steigen.

Die glänzgen Purpurvögel deckt ein tiefer Traum ·
die goldnen Fische schatten in den Becken kaum ·
die Brunnen sterben rieselnd in den Finsternissen.

Der Moosgrund schauert · wenn dein Kleid darüber fegt
und meine Hände hast in deine süßen Hände du gelegt ·
die um verborgner Schlösser tiefen Zauber wissen.

(George)

Nachwort

Im alten buch geziert mit krallenschlössern
Hab ich begierig nach der zauberweisheit
Den geist und allen willen eingesetzt
Um der juwelen manche kraft zu lernen.

Smaragde helfen zwillinge gebären ·
Rubin macht keusch und hält die lüste fort ·

Der amethyst das auge fleißger nächte ·
Und demant bricht das gift und böses wort.

Ich tötete an seinem tisch den meister ·
Als kymophan er schnitzte und gagat
Ein wirksam mittel gegen zaubereien.

Die steine hab ich dir gestohlen · Holde!
Und tat an meine hand sein vorrecht kennend
Den chrysolith der von dem wahnsinn heilt.

(George)

Albert Verwey
(1865–1932)

O mann des schmerzes mit der dornenkron!
O bleich und blutig antlitz das bei nacht
Glost eine bleiche flamme · welche macht
Endlosen leidens macht dein bild so schön?

Glänzende liebe in einem dunst von hohn ·
Wie still sind deine lippen und wie sacht
Nickst du vom kreuz · wie manchmal leise lacht
Gott der Mysterien: Gottes liebster sohn!

Flamme der Passion in diesem kalten All!
Schönheit von schmerzen auf der dunklen bahn!
Wunder von liebe das kein mensch vernahm!

Weh mir! ich höre stets den trüben fall
Der tropfen bluts · und lang starrt er mich an
Mit grosser liebe und endlosem gram.

(George)

Wir schwärmen wie trunkne: unsre taten
Bedachten wir allzulang.
Nun wachsen die dunklen herzenssaaten
Um uns im wunderdrang.

Sie drehn uns das haupt · ihre trübe
Betäubung führt uns blind
Längs dem rand von mancher grube ·
Längs schneidend steinigem wind.

Wir gehn und horchen: unsre ohren
Strengen umsonst sich an.
Ists herz · das sich lässt hören
Durch pfeifen rings im orkan?

(George)

William Butler Yeats
(1865–1939)

Wenn du erst alt bist

Wenn du erst alt und grau, vom Schlafe schwer
Am Feuer hockst und bist halb eingenickt,
Dann träum, wie deine Augen sanft geblickt
Und einst so tief die Schatten um sie her.

Wie viele liebten deine Schönheit nicht
Und deine Fröhlichkeit. Ach, einer nur
Hat deine Pilgerseele und die Spur
Von Schmerz geliebt in deinem Angesicht.

Dann rückst du wohl noch näher hin zur Glut,
Beklagst dich leise, daß die Liebe floh
Auf zu den Bergen und nun irgendwo
Verbirgt ihr Antlitz in der Sternenflut.

(Beate Schücking)

Ramón del Valle-Inclán
(1866–1936)

Rose des Ostens

Ihr Gang hat die Geschmeidigkeit der Katze,
Sie ist erfüllt von tiefem, dunklem Klingen,
Und Gottesträume aus dem Orient schwingen
Ihr im Korallenschmuck und Perlbesatze.

In ihrem schwarzen Glutblick liegt ein Ahnen,
Uralte Wissenschaft in ihrem Lächeln,
Und um die Rosen ihres Schoßes fächeln
Die heiligen Gebräuche der Brahmanen.

Sie hat dem Baum im Ost den Zweig entrissen
Von dem die Früchte der Erkenntnis stammen,
Um ihre Brüste windet wie verbissen

Die Schlange sich, halb Wollust, halb Verdammen
Und Heiligkeit. Und in den Finsternissen
Der märchenklaren Augen zischen Flammen.

(Grossmann)

Wacław Rolicz-Lieder
(1866–1912)

Das Buch

Sie sprach: du sitzest verstimmt über deinen papieren
Und zupfest im munde die feder die lange nicht ruhte.
Brich ab mit deinen gedichten und ernsten gedanken
Und weihe dem eigenen glück eine kurze minute!

Und saugt dein gemüt durch vieles sinnen gefesselt
Im garten der bücher einen belebenden odem
Und stützest du brütend das schwere haupt mit dem arme
Wie hölzerne götter in indischen pagoden:

So stelle dir vor ich wäre ein buch: ein solches
Das nie zu betrüben und immer zu trösten suche
Und wenn aus der feder dir ein missklang gleitet
So blättere einige seiten in diesem buche!

(George)

Regen-Landschaft

Der regen · dunkel · der mond in verdichteten wolken
Ertränkt die elektrischen augen im kühlen bad –

Schlaf-wandelnden jungfrauen gleich in wehenden hemden
Irrt luftiger nebel auf nasser hügel pfad.

Ein haus steht geheimnisvoll am fuss eines hügels
Ohne schutz ohne klang ohne licht ohne lied ·
Die läden sanken herab auf seine fenster
Wie auf ein träumendes auge das müde lid.

Der regen weint gleich der reifen frauenseele ·
Ist ihre heliotropische liebe vorbei –
Die ganze welt ist bedeckt mit feuchtender schwüle ·
Wird finster und ruht nach abgebrochenem schrei.

Ein wesen sonderbar gehüllt ganz in schleier
Pocht heimlich wie eine maus an dem schweigenden haus
Und wartet · pocht wieder und wartet gekauert
Und giesst sich · ein trüber fleck · in die dämmerung aus.

(George)

Wahlspruch

Wozu der stolz auf den besitz der gefühle?
Wozu dich rühmen deiner gedanken und taten?
Bist du nicht geschaffen aus einer handvoll erde
Vermischt mit einigen tropfen bittren wassers? –
Ja – doch ich trage mein haupt so hoch erhoben
Und so hoch streben seine wünsche und pläne
Dass dieser turban womit es sich decke nur einzig
Gefüttert sein kann mit den sternen des himmels.

(George)

Stefan George
(1868–1934)

Komm in den totgesagten park und schau

Komm in den totgesagten park und schau:
Der schimmer ferner lächelnder gestade ·
Der reinen wolken unverhofftes blau
Erhellt die weiher und die bunten pfade.

Dort nimm das tiefe gelb · das weiche grau
Von birken und von buchs · der wind ist lau ·
Die späten rosen welkten noch nicht ganz ·
Erlese küsse sie und flicht den kranz ·

Vergiss auch diese lezten astern nicht ·
Den purpur um die ranken wilder reben
Und auch was übrig blieb von grünem leben
Verwinde leicht im herbstlichen gesicht.

Francis Jammes
(1868–1938)

Gebet, mit den Eseln ins Himmelreich einzugehen

Wenn einst zu dir, mein Gott, der Ruf zu gehn mich heißt,
Dann gib, daß feiertäglich rings das Land im
Sommerstaube gleißt,
Ich will nur so, wie ich getan hienieden,
Einen Weg mir wählen und für mich in Frieden
Ins Himmelreich hinwandeln, wo am hellen Tag
die Sterne stehn.

Ich greife meinen Stock, und auf der großen Straße
will ich fürbaß gehn
Und zu den Eseln, meinen Freunden, sprech ich dies:
»Hier, das ist Francis Jammes: der geht ins Paradies,
Ins Land des lieben Gottes, wo es keine Hölle gibt;
Kommt mit mir, sanfte Freunde, die ihr so die
Himmelbläue liebt,
Arme geliebte Tiere, die mit einem kurzen Schlagen
Des Ohrs die Fliegen und die Prügel und die Bienen
von sich jagen.«
Dann will inmitten dieser Tiere ich mich vor dir zeigen,
Die ich so liebe, weil den Kopf so sänftiglich sie neigen
Und ihre kleinen Füße aneinanderstemmen,
wenn sie stille stehn,
Recht voller Sanftmut, daß es rührend ist, sie anzusehn.
So tret ich vor dich hin in dieser tausend Ohren Zug,
Gefolgt von solchen, denen einst der Korb
um ihre Lenden schlug,
Und denen, die im Joch der Gauklerkarren gingen,
Und vor geputzten Wagen, die voll Flittergold
und Federn hingen,
Und solchen, über deren Leib verbeulte Kannen schwankten,
Und trächtigen Eselinnen schwer wie Schläuche, die zerbroch-
nen Schrittes wankten,
Und denen, über deren Bein man kleine Hosen streift,
Die Fliegen abzuwehren, deren Schwarm vom Blute
trunken sie umschweift
Und ihrem Leib die blauen, sickernd offnen Male läßt –
Laß mich, mein Gott, mit diesen Eseln zu dir schreiten,
Gib, daß einträchtiglich die Engel uns geleiten
Zu den umbuschten Bächen, wo im Winde zitternd
Kirschen hangen,
So glatt und hell wie Haut auf jungen Mädchenwangen,
Und gib, daß ich in jenem Seelenreiche,
Zu deinen Wassern hingebeugt, den Eseln gleiche,

Die alle sanfte, arme Demut ihres Gangs auf Erden
Im lautern Quell der ewigen Liebe spiegeln werden.

(Stadler)

Else Lasker-Schüler
(1869–1945)

Mein blaues Klavier

Ich habe zu Hause ein blaues Klavier
Und kenne doch keine Note.

Es steht im Dunkel der Kellertür,
Seitdem die Welt verrohte.

Es spielen Sternenhände vier
– Die Mondfrau sang im Boote –
Nun tanzen die Ratten im Geklirr.

Zerbrochen ist die Klaviatür …
Ich beweine die blaue Tote.

Ach liebe Engel öffnet mir
– Ich aß vom bitteren Brote –
Mir lebend schon die Himmelstür –
Auch wider dem Verbote.

Christian Morgenstern
(1871–1914)

Das ästhetische Wiesel

Ein Wiesel
saß auf einem Kiesel
inmitten Bachgeriesel.

Wißt ihr
weshalb?

Das Mondkalb
verriet es mir
im Stillen:

Das raffinier-
te Tier
tat's um des Reimes willen.

Die Trichter

Zwei Trichter wandeln durch die Nacht.
Durch ihres Rumpfs verengten Schacht
fließt weißes Mondlicht
still und heiter
auf ihren
Waldweg
u.s.
w.

Paul Valéry
(1871–1945)

Die Schläferin

Welches Geheimnis da in der jungen Freundin glüht
vor sich hin –
Seele, die einer Blume Duft durch die sanfteste
Maske genießt?
Aus was für nichtiger Nahrung erschließt
Ihre arglose Wärme das Schimmern der Schläferin?

Atem, Traum, Schweigen –, unbezwingliche Stille, drin
Du den Sieg hast, Friede, der stärker als Weinen fließt,
Wenn der volle Schlaf, der sich ernsthaft und breit ergießt, –
Einer solchen Feindin bewältigt den Eigensinn.

Schläferin: Hingabe, Schatten und Goldes ein Hauf,
Aber dein furchtbares Ruhn tut so große Begabungen auf,
Langhin, o Hindin, bei einer Traube gestreckte,

Daß, wird die Seele, dir fern, auch im Hades betroffen,
Doch deine lautere Form, die ein Arm wie im
Fließen verdeckte,
Wacht; sie wacht deine Form, und meine Augen sind offen.

(Rilke)

Die Granaten

Halboffne Granaten, beengte,
Die fast schon die Körner verlieren,
Ihr seid mir wie Stirnen, von ihren
Gedanken gewaltig gesprengte!

Wenn Sonnen, die ihr ertruget,
Euch also zum Hochmut geraten,
Daß ihr, ihr geklafften Granaten,
Rubinene Wände durchschluget,

Und wenn eine Kraft es gewollt,
Daß der Rinde trockenes Gold
Über saftroten Sternen zerspringe,

So rührt sich in mir vor dem Spalt
Eine meinige Seele der Dinge
Und ihrer geheimen Gestalt.

(Rilke)

Die Schritte

Deine Schritte, als meines Schweigens
Kinder, arglos und langsam gesetzt,
nahn sie dem Bette, wo ich mich eigens
wachsam halte, und frieren jetzt.

Göttlicher Schatten, du reine, du gute,
o deiner Schritte verhaltener Gruß!
Was ich, ihr Götter, an Gaben vermute,
kommt jetzt zu mir auf entkleidetem Fuß!

Wenn deine Lippen vielleicht schon vom Weiten
jenem, der in mir sich bergen muß,
seine unendliche Stillung bereiten
endlich in dem nährenden Kuß,

eile mir nicht zum Vollzuge, dem zarten,
Süße, drin Sein und Nichtsein stritt,

denn ich lebte vom Dich-Erwarten,
und mein Herz war nichts als dein Schritt.

(Rilke)

Poesie

Plötzlicher Hemmung bewußt,
hob sich ein Mund, dem noch eben
Dichtung die Brüste gegeben,
ab von der stillenden Brust:

Mutter im Geiste, warum
muß mir die Süße entgehen,
sag mir, durch welches Versehen
kehren die Strömungen um?

Kaum noch, daß, unter der Schwere
von Weißem, dir angelegt,
mich mit der Woge der Meere
dein vollkommenes Herz bewegt;

kaum, daß ich niedergesunken
in dunkelen Himmeln an dir,
von jenen Schatten getrunken,
die alles verklärten in mir!

Ein Gott, in sein Wesen vergänglich
und in der entzücktesten Art
für die sanfte Erfüllung empfänglich,
die unendlich sich offenbart,

so berührt ich die reinste der Nächte,
und Tod war fortan ohne Sinn,

denn ein Strom, den kein Stocken schwächte,
ging, wie mir schien, durch mich hin ...

Welchem Unmut, welchem Bedenken
gabst du auf einmal nach,
daß sich das herrliche Schenken
an meinen Lippen brach?

O Strenge, du zeigst mir, ich ahn es,
daß ich meiner Seele mißfiel!
Nicht mehr wie ein Schweben des Schwanes
vereint uns ein schweigendes Spiel.

Unsterbliche, selbst mit den Blicken
entziehst du mir jetzt meinen Schatz,
auch dein Leib scheint sich fremd zu verdicken,
und macht einem steinernen Platz!

Was meinst du, die Himmel mir wehrend,
warum dieser Umschwung jetzt?
Was bist du, meine Lippen entbehrend?
Was bin ich, ohne Liebe zuletzt? –

Doch die Quelle in Hindernissen
erwidert ihm sanft genug:
So wild hast du mich gebissen,
daß mein Herz nicht mehr schlug.

(Rilke)

Hugo von Hofmannsthal
(1874–1929)

Vorfrühling

Es läuft der Frühlingswind
Durch kahle Alleen,
Seltsame Dinge sind
In seinem Wehn.

Er hat sich gewiegt,
Wo Weinen war,
Und hat sich geschmiegt
In zerrüttetes Haar.

Er schüttelte nieder
Akazienblüten
Und kühlte die Glieder,
Die atmend glühten.

Lippen im Lachen
Hat er berührt,
Die weichen und wachen
Fluren durchspürt.

Er glitt durch die Flöte
Als schluchzender Schrei,
An dämmernder Röte
Flog er vorbei.

Er flog mit Schweigen
Durch flüsternde Zimmer
Und löschte im Neigen
Der Ampel Schimmer.

Es läuft der Frühlingswind
Durch kahle Alleen,
Seltsame Dinge sind
In seinem Wehn.

Durch die glatten
Kahlen Alleen
Treibt sein Wehn
Blasse Schatten.

Und den Duft,
Den er gebracht,
Von wo er gekommen
Seit gestern Nacht.

Ballade des äußeren Lebens

Und Kinder wachsen auf mit tiefen Augen,
Die von nichts wissen, wachsen auf und sterben,
Und alle Menschen gehen ihre Wege.

Und süße Früchte werden aus den herben
Und fallen nachts wie tote Vögel nieder
Und liegen wenig Tage und verderben.

Und immer weht der Wind, und immer wieder
Vernehmen wir und reden viele Worte
Und spüren Lust und Müdigkeit der Glieder.

Und Straßen laufen durch das Gras, und Orte
Sind da und dort, voll Fackeln, Bäumen, Teichen,
Und drohende, und totenhaft verdorrte …

Wozu sind diese aufgebaut? und gleichen
Einander nie? und sind unzählig viele?
Was wechselt Lachen, Weinen und Erbleichen?

Was frommt das alles uns und diese Spiele,
Die wir doch groß und ewig einsam sind
Und wandernd nimmer suchen irgend Ziele?

Was frommts, dergleichen viel gesehen haben?
Und dennoch sagt der viel, der »Abend« sagt,
Ein Wort, daraus Tiefsinn und Trauer rinnt

Wie schwerer Honig aus den hohlen Waben.

Manche freilich …

Manche freilich müssen drunten sterben,
Wo die schweren Ruder der Schiffe streifen,
Andre wohnen bei dem Steuer droben,
Kennen Vogelflug und die Länder der Sterne.

Manche liegen immer mit schweren Gliedern
Bei den Wurzeln des verworrenen Lebens,
Andern sind die Stühle gerichtet
Bei den Sibyllen, den Königinnen,
Und da sitzen sie wie zu Hause,
Leichten Hauptes und leichter Hände.

Doch ein Schatten fällt von jenen Leben
In die anderen Leben hinüber,
Und die leichten sind an die schweren
Wie an Luft und Erde gebunden:

Ganz vergessener Völker Müdigkeiten
Kann ich nicht abtun von meinen Lidern,
Noch weghalten von der erschrockenen Seele
Stummes Niederfallen ferner Sterne.

Viele Geschicke weben neben dem meinen,
Durcheinander spielt sie alle das Dasein,
Und mein Teil ist mehr als dieses Lebens
Schlanke Flamme oder schmale Leier.

Terzinen

I
Über Vergänglichkeit

Noch spür ich ihren Atem auf den Wangen:
Wie kann das sein, daß diese nahen Tage
Fort sind, für immer fort, und ganz vergangen?

Dies ist ein Ding, das keiner voll aussinnt,
Und viel zu grauenvoll, als daß man klage:
Daß alles gleitet und vorüberrinnt.

Und daß mein eignes Ich, durch nichts gehemmt,
Herüberglitt aus einem kleinen Kind
Mir wie ein Hund unheimlich stumm und fremd.

Dann: daß ich auch vor hundert Jahren war
Und meine Ahnen, die im Totenhemd,
Mit mir verwandt sind wie mein eignes Haar,

So eins mit mir als wie mein eignes Haar.

II

Die Stunden! wo wir auf das helle Blauen
Des Meeres starren und den Tod verstehn,
So leicht und feierlich und ohne Grauen,

Wie kleine Mädchen, die sehr blaß aussehn,
Mit großen Augen, und die immer frieren,
An einem Abend stumm vor sich hinsehn

Und wissen, daß das Leben jetzt aus ihren
Schlaftrunknen Gliedern still hinüberfließt
In Bäum und Gras, und sich matt lächelnd zieren

Wie eine Heilige, die ihr Blut vergießt.

III

Wir sind aus solchem Zeug wie das zu Träumen,
Und Träume schlagen so die Augen auf
Wie kleine Kinder unter Kirschenbäumen,

Aus deren Krone den blaßgoldnen Lauf
Der Vollmond anhebt durch die große Nacht.
… Nicht anders tauchen unsre Träume auf,

Sind da und leben wie ein Kind, das lacht,
Nicht minder groß im Auf- und Niederschweben
Als Vollmond, aus Baumkronen aufgewacht.

Das Innerste ist offen ihrem Weben;
Wie Geisterhände in versperrtem Raum
Sind sie in uns und haben immer Leben.

Und drei sind Eins: ein Mensch, ein Ding, ein Traum.

Rainer Maria Rilke
(1875–1926)

Herbsttag

Herr: es ist Zeit. Der Sommer war sehr groß.
Leg deinen Schatten auf die Sonnenuhren,
und auf den Fluren laß die Winde los.

Befiehl den letzten Früchten voll zu sein;
gieb ihnen noch zwei südlichere Tage,
dränge sie zur Vollendung hin und jage
die letzte Süße in den schweren Wein.

Wer jetzt kein Haus hat, baut sich keines mehr.
Wer jetzt allein ist, wird es lange bleiben,
wird wachen, lesen, lange Briefe schreiben
und wird in den Alleen hin und her
unruhig wandern, wenn die Blätter treiben.

Römische Fontäne

Borghese

Zwei Becken, eins das andre übersteigend
aus einem alten runden Marmorrand,
und aus dem oberen Wasser leis sich neigend
zum Wasser, welches unten wartend stand,

dem leise redenden entgegenschweigend
und heimlich, gleichsam in der hohlen Hand,
ihm Himmel hinter Grün und Dunkel zeigend
wie einen unbekannten Gegenstand;

sich selber ruhig in der schönen Schale
verbreitend ohne Heimweh, Kreis aus Kreis,
nur manchmal träumerisch und tropfenweis

sich niederlassend an den Moosbehängen
zum letzten Spiegel, der sein Becken leis
von unten lächeln macht mit Übergängen.

Der Panther

Im Jardin des Plantes, Paris

Sein Blick ist vom Vorübergehn der Stäbe
so müd geworden, daß er nichts mehr hält.
Ihm ist, als ob es tausend Stäbe gäbe
und hinter tausend Stäben keine Welt.

Der weiche Gang geschmeidig starker Schritte,
der sich im allerkleinsten Kreise dreht,
ist wie ein Tanz von Kraft um eine Mitte,
in der betäubt ein großer Wille steht.

Nur manchmal schiebt der Vorhang der Pupille
sich lautlos auf –. Dann geht ein Bild hinein,
geht durch der Glieder angespannte Stille –
und hört im Herzen auf zu sein.

Das Karussell

Jardin du Luxembourg

Mit einem Dach und seinem Schatten dreht
sich eine kleine Weile der Bestand

von bunten Pferden, alle aus dem Land,
das lange zögert, eh es untergeht.
Zwar manche sind an Wagen angespannt,
doch alle haben Mut in ihren Mienen;
ein böser roter Löwe geht mit ihnen
und dann und wann ein weißer Elefant.

Sogar ein Hirsch ist da, ganz wie im Wald,
nur daß er einen Sattel trägt und drüber
ein kleines blaues Mädchen aufgeschnallt.

Und auf dem Löwen reitet weiß ein Junge
und hält sich mit der kleinen heißen Hand,
dieweil der Löwe Zähne zeigt und Zunge.

Und dann und wann ein weißer Elefant.

Und auf den Pferden kommen sie vorüber,
auch Mädchen, helle, diesem Pferdesprunge
fast schon entwachsen; mitten in dem Schwunge
schauen sie auf, irgendwohin, herüber –

Und dann und wann ein weißer Elefant.

Und das geht hin und eilt sich, daß es endet,
und kreist und dreht sich nur und hat kein Ziel.
Ein Rot, ein Grün, ein Grau vorbeigesendet,
ein kleines kaum begonnenes Profil –.
Und manchesmal ein Lächeln, hergewendet,
ein seliges, das blendet und verschwendet
an dieses atemlose blinde Spiel …

Ausgesetzt auf den Bergen des Herzens

Ausgesetzt auf den Bergen des Herzens. Siehe, wie klein dort,
siehe: die letzte Ortschaft der Worte, und höher,
aber wie klein auch, noch ein letztes
Gehöft von Gefühl. Erkennst du's?
Ausgesetzt auf den Bergen des Herzens. Steingrund
unter den Händen. Hier blüht wohl
einiges auf; aus stummem Absturz
blüht ein unwissendes Kraut singend hervor.
Aber der Wissende? Ach, der zu wissen begann
und schweigt nun, ausgesetzt auf den Bergen des Herzens.
Da geht wohl, heilen Bewusstseins,
manches umher, manches gesicherte Bergtier,
wechselt und weilt. Und der große geborgene Vogel
kreist um der Gipfel reine Verweigerung. – Aber
ungeborgen, hier auf den Bergen des Herzens ....

An die Musik

Musik: Atem der Statuen.   Vielleicht:
Stille der Bilder.   Du Sprache wo Sprachen
enden.   Du Zeit,
die senkrecht steht auf der Richtung
                    vergehender Herzen.

Gefühle zu wem? O du, der Gefühle
Wandlung in was? –: in hörbare Landschaft.
Du Fremde: Musik. Du uns entwachsener
Herzraum. Innigstes unser,
das, uns übersteigend, hinausdrängt, –
heiliger Abschied:
da uns das Innre umsteht
als geübteste Ferne, als andre

Seite der Luft:
rein,
riesig,
nicht mehr bewohnbar.

Juan Ramón Jiménez
(1881–1958)

Ich bin nicht ich

Ich bin nicht ich.
Ich bin jener,
der an meiner Seite geht, ohne daß ich ihn erblicke,
den ich oft besuche,
und den ich oft vergesse.
Jener, der ruhig schweigt, wenn ich spreche,
der sanftmütig verzeiht, wenn ich hasse,
der umherschweift, wo ich nicht bin,
der aufrecht bleiben wird, wenn ich sterbe.

(Davi)

Ernst Stadler
(1883–1914)

Fahrt über die Kölner Rheinbrücke bei Nacht

Der Schnellzug tastet sich
und stößt die Dunkelheit entlang.
Kein Stern will vor. Die ganze Welt ist nur ein enger,
nachtumschienter Minengang,

Darein zuweilen Förderstellen
    blauen Lichtes jähe Horizonte reißen: Feuerkreis
Von Kugellampen, Dächern, Schloten,
    dampfend, strömend . . nur sekundenweis . .
Und wieder alles schwarz.
    Als führen wir ins Eingeweid der Nacht zur Schicht.
Nun taumeln Lichter her . . verirrt, trostlos vereinsamt . .
    mehr . . und sammeln sich . . und werden dicht.
Gerippe grauer Häuserfronten liegen bloß,
    im Zwielicht bleichend, tot –
    etwas muß kommen . . o, ich fühl es schwer
Im Hirn. Eine Beklemmung singt im Blut.
    Dann dröhnt der Boden plötzlich wie ein Meer:
Wir fliegen, aufgehoben,
    königlich durch nachtentrissne Luft, hoch übern Strom.
    O Biegung der Millionen Lichter, stumme Wacht,
Vor deren blitzender Parade
    schwer die Wasser abwärts rollen.
    Endloses Spalier, zum Gruß gestellt bei Nacht!
Wie Fackeln stürmend! Freudiges!
    Salut von Schiffen über blauer See! Bestirntes Fest!
Wimmelnd, mit hellen Augen hingedrängt!
    Bis wo die Stadt
    mit letzten Häusern ihren Gast entläßt.
Und dann die langen Einsamkeiten. Nackte Ufer.
    Stille. Nacht. Besinnung. Einkehr. Kommunion.
    Und Glut und Drang
Zum Letzten, Segnenden. Zum Zeugungsfest.
    Zur Wollust. Zum Gebet. Zum Meer.
    Zum Untergang.

Vorfrühling

In dieser Märznacht
Trat ich spät aus meinem Haus.
Die Straßen waren aufgewühlt von Lenzgeruch
Und grünen Saatregen.
Winde schlugen an. Durch die verstörte Häusersenkung
Ging ich weit hinaus
Bis zu dem unbedeckten Wall und spürte:
Meinem Herzen schwoll ein neuer Takt entgegen.
In jedem Lufthauch
War ein junges Werden ausgespannt.
Ich lauschte, wie die starken Wirbel
Mir im Blute rollten.
Schon dehnte sich bereitet Acker.
In den Horizonten eingebrannt
War schon die Bläue hoher Morgenstunden,
Die ins Weite führen sollten.
Die Schleusen knirschten.
Abenteuer brach aus allen Fernen.
Überm Kanal, den junge Ausfahrtswinde wellten,
Wuchsen helle Bahnen,
In deren Licht ich trieb.
Schicksal stand wartend in umwehten Sternen.
In meinem Herzen lag ein Stürmen
Wie von aufgerollten Fahnen.

Ezra Pound
(1885–1972)

In einer Station der Metro

Das Erscheinen dieser Gesichter in der Menge:
Blütenblätter auf einem nassen, schwarzen Ast.

(Hesse)

E. P. Ode pour l'élection de son sépulcre

I

Drei Jahre lang, im Mißton mit der Zeit,
Versuchte er die tote Kunst der Dichtung
Zu wecken; das »Erlesene« zu erhalten,
Wie man es einst verstand. Von Anbeginn verfehlt –

Wohl kaum! Indes geboren in halbwildem Land,
Und hintenan, war er darauf versteift,
Der Eicheln Lilien abzuringen;
Capaneus; falsche Fliegen zum Forellenfang;

Ἴδμεν γάρ τοι πάνθ', ὅσ' ἐνὶ Τροίῃ
Verfängt sich im horchenden Ohr;
Er gab den Felsen kaum Abtrift,
Die Kopfsee hielt ihn deshalb, in jenem Jahr.

Seine wahre Penelope war Flaubert,
Er angelte an eigensinnigen Inseln;
Beachtete das Zierliche in Circes Haar
Mehr als die Sprüche auf Sonnenuhren.

Unberührt vom »Zeitgeschehen«
Entschwand er menschlichem Gedächtnis
In *l'an trentiesme de son eage*; der Fall
Gereicht den Musen nicht zum Ruhm.

II

Die Zeit verlangte ein Abbild
Ihrer aufgeputschten Grimassen,
Etwas für moderne Bühnen,
Jedenfalls keine attische Anmut;

Nicht, gewiß nicht, jenes dunkle Sinnen,
Nicht den Blick nach Innen;
Lieber gelogen
Als Klassiker übertragen!

»Die Zeit verlangte« vor allem einen Gipsabguß,
Verfertigt ohne Zeitverlust,
Ein Kinema der Prosa, nie, niemals Alabaster,
Noch den »Meißel« des Reims.

III

Das tee-rosa Teekleid, etc.,
Verdrängt den Musselin von Kos,
Das Groschenklavier
»Ersetzt« Sapphos Barbitos.

Christos folgt auf Dionysos,
Phallisch und ambrosial,
Bricht der Kasteiung Bahn;
Caliban bannt Ariel.

Alle Dinge fließen,
Sagt der weise Heraklit;
Das Wohlfeile aber
Wird uns wohl überdauern.

Auch die christliche Schönheit
Versagt – nach Samothrake;
Nun sieht man τὸ καλόν
Auf den Märkten verfügt.

Uns ward nicht Faunenfleisch zuteil
Noch des Heiligen Schau.
Wir haben die Presse zur Hostie;
Wahlrecht zur Beschneidung.

Alle sind gleich, vorm Gesetz.
Befreit von Pisistratos,
Wählen wir Schuft oder gar Eunuch
Als unsern Oberherrn.

O lichter Apollon,
τίν' ἀνδρα, τίν' ἥρωα, τίνα θεόν,
Welchen Gott, Mann oder Heroen
Krön ich mit dem Zinnkranz nun!

IV

Jene kämpften auf jeden Fall,
und manche gläubig,
        »pro domo« auf jeden Fall …

Manche rasch zum Raufen,
manche für Abenteuer,
manche aus Angst vor Schwäche,

manche aus Angst vor Tadel,
manche voll Blutrunst – in der Phantasie –
sich später wandelnd …
manche, voll Angst, lernen Lust am Gemetzel;
Manche starben, »pro patria«,
 nicht »dulce«, nicht »et decor« …
schritten bis an die Augen hinan in der Hölle,
glaubten die Lügen der Greise, kehrten dann heim
ohne Glauben, heim zu der Lüge,
heim zu vielfachem Trug,
zu alten Lügen, neuer Niedertracht;
Wucher steinalt und versteint
und Lügner von Amts wegen.

Wagemut wie nie zuvor, Leerlauf wie nie zuvor.
Junges Blut, heißes Blut,
Helle Wangen, grader Wuchs;

Standhaftigkeit wie nie zuvor,

Freimut wie nie zuvor,
Ernüchterung wie nie in alten Zeiten,
Hysteria, Laufgraben-Beichten,
Gelächter aus toten Bäuchen.

V

Es starben Millionen,
Darunter die Besten,
Für eine alte Sau mit Zahnfäule,
Eine verfahrene Zivilisation.

Liebreiz, im heilen Munde ein Lächeln,
Lebende Augen unters Erden-Lid,

Für zwei Gros zerbrochene Standbilder,
Für einige tausend zerfledderter Bücher.

(Hesse)

Gottfried Benn
(1886–1956)

Kleine Aster

Ein ersoffener Bierfahrer wurde auf den Tisch gestemmt.
Irgendeiner hatte ihm eine dunkelhellila Aster
zwischen die Zähne geklemmt.
Als ich von der Brust aus
unter der Haut
mit einem langen Messer
Zunge und Gaumen herausschnitt,
muß ich sie angestoßen haben, denn sie glitt
in das nebenliegende Gehirn.
Ich packte sie ihm in die Brusthöhle
zwischen die Holzwolle,
als man zunähte.
Trinke dich satt in deiner Vase!
Ruhe sanft,
kleine Aster!

Chopin

Nicht sehr ergiebig im Gespräch,
Ansichten waren nicht seine Stärke.
Ansichten reden drum herum,
wenn Delacroix Theorien entwickelte,

wurde er unruhig, er seinerseits konnte
die Notturnos nicht begründen.

Schwacher Liebhaber;
Schatten in Nohant,
wo George Sands Kinder
keine erzieherischen Ratschläge
von ihm annahmen.

Brustkrank in jener Form
mit Blutungen und Narbenbildung,
die sich lange hinzieht;
stiller Tod
im Gegensatz zu einem
mit Schmerzparoxysmen
oder durch Gewehrsalven:
Man rückte den Flügel (Erard) an die Tür
und Delphine Potocka
sang ihm in der letzten Stunde
ein Veilchenlied.

Nach England reiste er mit drei Flügeln:
Pleyel, Erard, Broadwood,
spielte für zwanzig Guineen abends
eine Viertelstunde
bei Rothschilds, Wellingtons, im Strafford House
und vor zahllosen Hosenbändern;
verdunkelt von Müdigkeit und Todesnähe
kehrte er heim
auf den Square d'Orléans.

Dann verbrennt er seine Skizzen
und Manuskripte,
nur keine Restbestände, Fragmente, Notizen,
diese verräterischen Einblicke –

sagte zum Schluß:
»Meine Versuche sind nach Maßgabe dessen vollendet,
was mir zu erreichen möglich war.«

Spielen sollte jeder Finger
mit der seinem Bau entsprechenden Kraft,
der vierte ist der schwächste
(nur siamesisch zum Mittelfinger).
Wenn er begann, lagen sie
auf e, fis, gis, h, c.

Wer je bestimmte Präludien
von ihm hörte,
sei es in Landhäusern oder
in einem Höhengelände
oder aus offenen Terrassentüren
beispielsweise aus einem Sanatorium,
wird es schwer vergessen.

Nie eine Oper komponiert,
keine Symphonie,
nur diese tragischen Progressionen
aus artistischer Überzeugung
und mit einer kleinen Hand.

Georg Heym
(1887–1912)

Ophelia

Im Haar ein Nest von jungen Wasserratten,
Und die beringten Hände auf der Flut

Wie Flossen, also treibt sie durch den Schatten
Des großen Urwalds, der im Wasser ruht.

Die letzte Sonne, die im Dunkel irrt,
Versenkt sich tief in ihres Hirnes Schrein.
Warum sie starb? Warum sie so allein
Im Wasser treibt, das Farn und Kraut verwirrt?

Im dichten Röhricht steht der Wind. Er scheucht
Wie eine Hand die Fledermäuse auf.
Mit dunklem Fittich, von dem Wasser feucht,
Stehn sie wie Rauch im dunklen Wasserlauf,

Wie Nachtgewölk. Ein langer, weißer Aal
Schlüpft über ihre Brust. Ein Glühwurm scheint
Auf ihrer Stirn. Und eine Weide weint
Das Laub auf sie und ihre stumme Qual.

Georg Trakl
(1887–1914)

Frühling der Seele

Aufschrei im Schlaf; durch schwarze Gassen stürzt der Wind,
Das Blau des Frühlings winkt durch brechendes Geäst,
Purpurner Nachttau und es erlöschen rings die Sterne.
Grünlich dämmert der Fluß, silbern die alten Alleen
Und die Türme der Stadt. O sanfte Trunkenheit
Im gleitenden Kahn und die dunklen Rufe der Amsel
In kindlichen Gärten. Schon lichtet sich der rosige Flor.

Feierlich rauschen die Wasser. O die feuchten
Schatten der Au,

Das schreitende Tier; Grünendes, Blütengezweig
Rührt die kristallene Stirne; schimmernder Schaukelkahn.
Leise tönt die Sonne im Rosengewölk am Hügel.
Groß ist die Stille des Tannenwalds, die ernsten
Schatten am Fluß.

Reinheit! Reinheit! Wo sind die furchtbaren Pfade des Todes,
Des grauen steinernen Schweigens, die Felsen der Nacht
Und die friedlosen Schatten? Strahlender Sonnenabgrund.

Schwester, da ich dich fand an einsamer Lichtung
Des Waldes und Mittag war und groß das
Schweigen des Tiers;
Weiße unter wilder Eiche, und es blühte silbern der Dorn.
Gewaltiges Sterben und die singende Flamme im Herzen.

Dunkler umfließen die Wasser die schönen Spiele der Fische.
Stunde der Trauer, schweigender Anblick der Sonne;
Es ist die Seele ein Fremdes auf Erden. Geistlich dämmert
Bläue über dem verhauenen Wald und es läutet
Lange eine dunkle Glocke im Dorf; friedlich Geleit.
Stille blüht die Myrthe über den weißen Lidern des Toten.

Leise tönen die Wasser im sinkenden Nachmittag
Und es grünet dunkler die Wildnis am Ufer,
Freude im rosigen Wind;
Der sanfte Gesang des Bruders am Abendhügel.

Verklärter Herbst

Gewaltig endet so das Jahr
Mit goldnem Wein und Frucht der Gärten.
Rund schweigen Wälder wunderbar
Und sind des Einsamen Gefährten.

Da sagt der Landmann: Es ist gut.
Ihr Abendglocken lang und leise
Gebt noch zum Ende frohen Mut.
Ein Vogelzug grüßt auf der Reise.

Es ist der Liebe milde Zeit.
Im Kahn den blauen Fluß hinunter
Wie schön sich Bild an Bildchen reiht –
Das geht in Ruh und Schweigen unter.

Der Herbst des Einsamen

Der dunkle Herbst kehrt ein voll Frucht und Fülle,
Vergilbter Glanz von schönen Sommertagen.
Ein reines Blau tritt aus verfallener Hülle;
Der Flug der Vögel tönt von alten Sagen.
Gekeltert ist der Wein, die milde Stille
Erfüllt von leiser Antwort dunkler Fragen.

Und hier und dort ein Kreuz auf ödem Hügel;
Im roten Wald verliert sich eine Herde.
Die Wolke wandert übern Weiherspiegel;
Es ruht des Landmanns ruhige Geberde.
Sehr leise rührt des Abends blauer Flügel
Ein Dach von dürrem Stroh, die schwarze Erde.

Bald nisten Sterne in des Müden Brauen;
In kühle Stuben kehrt ein still Bescheiden
Und Engel treten leise aus den blauen
Augen der Liebenden, die sanfter leiden.
Es rauscht das Rohr; anfällt ein knöchern Grauen,
Wenn schwarz der Tau tropft von den kahlen Weiden.

Elis
(3. Fassung)

1
Vollkommen ist die Stille dieses goldenen Tags.
Unter alten Eichen
Erscheinst du, Elis, ein Ruhender mit runden Augen.

Ihre Bläue spiegelt den Schlummer der Liebenden.
An deinem Mund
Verstummten ihre rosigen Seufzer.

Am Abend zog der Fischer die schweren Netze ein.
Ein guter Hirt
Führt seine Herde am Waldsaum hin.
O! wie gerecht sind, Elis, alle deine Tage.

Leise sinkt
An kahlen Mauern des Ölbaums blaue Stille,
Erstirbt eines Greisen dunkler Gesang.

Ein goldener Kahn
Schaukelt, Elis, dein Herz am einsamen Himmel.

2
Ein sanftes Glockenspiel tönt in Elis' Brust
Am Abend,
Da sein Haupt ins schwarze Kissen sinkt.

Ein blaues Wild
Blutet leise im Dornengestrüpp.

Ein brauner Baum steht abgeschieden da;
Seine blauen Früchte fielen von ihm.

Zeichen und Sterne
Versinken leise im Abendweiher.

Hinter dem Hügel ist es Winter geworden.

Blaue Tauben
Trinken nachts den eisigen Schweiß,
Der von Elis' kristallener Stirne rinnt.

Immer tönt
An schwarzen Mauern Gottes einsamer Wind.

Grodek
(2. Fassung)

Am Abend tönen die herbstlichen Wälder
Von tödlichen Waffen, die goldnen Ebenen
Und blauen Seen, darüber die Sonne
Düstrer hinrollt; umfängt die Nacht
Sterbende Krieger, die wilde Klage
Ihrer zerbrochenen Münder.
Doch stille sammelt im Weidengrund
Rotes Gewölk, darin ein zürnender Gott wohnt
Das vergoßne Blut sich, mondne Kühle;
Alle Straßen münden in schwarze Verwesung.
Unter goldnem Gezweig der Nacht und Sternen
Es schwankt der Schwester Schatten durch den schweigenden Hain,
Zu grüßen die Geister der Helden, die blutenden Häupter;
Und leise tönen im Rohr die dunkeln Flöten des Herbstes.
O stolzere Trauer! ihr ehernen Altäre
Die heiße Flamme des Geistes nährt heute ein gewaltiger Schmerz,
Die ungebornen Enkel.

Psalm
(2. Fassung)

Karl Kraus zugeeignet

Es ist ein Licht, das der Wind ausgelöscht hat.
Es ist ein Heidekrug, den am Nachmittag ein
Betrunkener verläßt.
Es ist ein Weinberg, verbrannt und schwarz mit
Löchern voll Spinnen.
Es ist ein Raum, den sie mit Milch getüncht haben.
Der Wahnsinnige ist gestorben. Es ist eine Insel der Südsee,
Den Sonnengott zu empfangen. Man rührt die Trommeln.
Die Männer führen kriegerische Tänze auf.
Die Frauen wiegen die Hüften in Schlinggewächsen und
Feuerblumen,
Wenn das Meer singt. O unser verlorenes Paradies.

Die Nymphen haben die goldenen Wälder verlassen.
Man begräbt den Fremden. Dann hebt ein Flimmerregen an.
Der Sohn des Pan erscheint in Gestalt eines Erdarbeiters,
Der den Mittag am glühenden Asphalt verschläft.
Es sind kleine Mädchen in einem Hof in Kleidchen voll
herzzerreißender Armut!
Es sind Zimmer, erfüllt von Akkorden und Sonaten.
Es sind Schatten, die sich vor einem erblindeten
Spiegel umarmen.
An den Fenstern des Spitals wärmen sich Genesende.
Ein weißer Dampfer am Kanal trägt blutige Seuchen herauf.

Die fremde Schwester erscheint wieder in jemands
bösen Träumen.
Ruhend im Haselgebüsch spielt sie mit seinen Sternen.
Der Student, vielleicht ein Doppelgänger, schaut ihr
lange vom Fenster nach.

Hinter ihm steht sein toter Bruder, oder er geht die
alte Wendeltreppe herab.
Im Dunkel brauner Kastanien verblaßt die Gestalt
des jungen Novizen.
Der Garten ist im Abend. Im Kreuzgang flattern
die Fledermäuse umher.
Die Kinder des Hausmeisters hören zu spielen auf und suchen
das Gold des Himmels.
Endakkorde eines Quartetts. Die kleine Blinde läuft
zitternd durch die Allee,
Und später tastet ihr Schatten an kalten Mauern hin,
umgeben von Märchen und heiligen Legenden.

Es ist ein leeres Boot, das am Abend den schwarzen
Kanal heruntertreibt.
In der Düsternis des alten Asyls verfallen
menschliche Ruinen.
Die toten Waisen liegen an der Gartenmauer.
Aus grauen Zimmern treten Engel mit kotgefleckten Flügeln.
Würmer tropfen von ihren vergilbten Lidern.
Der Platz vor der Kirche ist finster und schweigsam, wie in
den Tagen der Kindheit.
Auf silbernen Sohlen gleiten frühere Leben vorbei
Und die Schatten der Verdammten steigen zu den seuf-
zenden Wassern nieder.
In seinem Grab spielt der weiße Magier mit
seinen Schlangen.

Schweigsam über der Schädelstätte öffnen sich
Gottes goldene Augen.

Jakob van Hoddis
(1887–1942)

Weltende

Dem Bürger fliegt vom spitzen Kopf der Hut,
In allen Lüften hallt es wie Geschrei.
Dachdecker stürzen ab und gehn entzwei,
Und an den Küsten – liest man – steigt die Flut.

Der Sturm ist da, die wilden Meere hupfen
An Land, um dicke Dämme zu zerdrücken.
Die meisten Menschen haben einen Schnupfen.
Die Eisenbahnen fallen von den Brücken.

Thomas Stearns Eliot
(1888–1965)

Wie heißen die Katzen

Wie heißen die Katzen? gehört zu den kniffligsten Fragen
Und nicht in die Rätselecke für jumperstrickende Damen.
Ich darf Ihnen, ganz im Vertrauen, sagen:
Eine jede Katze hat DREI VERSCHIEDENE NAMEN.
Zunächst den Namen für Hausgebrauch und Familie,
Wie Paul oder Moritz (in ungefähr diesem Rahmen),
Oder Max oder Peter oder auch Petersilie –
Kurz, lauter vernünft'ge, alltägliche Namen.
Oder, hübscher noch, Murr oder Fangemaus
Oder auch, nach den Mustern aus klassischen Dramen:
Iphigenie, Orest oder Menelaus –
Also immer noch ziemlich vernünft'ge, alltägliche Namen.
Doch nun zu dem nächsten Namen, dem zweiten:

Den muß man besonders und anders entwickeln.
Sonst könnten die Katzen nicht königlich schreiten,
Noch gar mit erhobenem Schwanz perpendikeln.
Zu solchen Namen zählt beispielsweise
Schnurroaster, Tatzitus, Katzastrophal,
Kralline, Nick Kater und Kratzeleise –
Und jeden der Namen gibt's nur einmal.
Doch schließlich hat jede noch einen dritten!
Ihn kennt nur die Katze und gibt ihn nicht preis.
Da nützt kein Scharfsinn, da hilft kein Bitten.
Sie bleibt die einzige, die ihn weiß.
Sooft sie versunken, versonnen und
Verträumt vor sich hinstarrt, ihr Herren und Damen,
Hat's immer und immer den gleichen Grund:
Dann denkt sie und denkt sie an diesen Namen –
Den unaussprechlichen, unausgesprochenen,
Den ausgesprochenen unaussprechlichen,
Geheimnisvoll dritten Namen.

(Kästner)

Giuseppe Ungaretti
(1888–1970)

Morgen

Ich erleuchte mich
durch Unermeßliches

(Bachmann)

Freude der Schiffbrüche

Und plötzlich nimmst du
die Fahrt wieder auf
wie
nach dem Schiffbruch
ein überlebender
Seebär

(Bachmann)

Franz Werfel
(1890–1968)

Lächeln Atmen Schreiten

Schöpfe du, trage du, halte
Tausend Gewässer des Lächelns in deiner Hand!
Lächeln, selige Feuchte ist ausgespannt
All übers Antlitz.
Lächeln ist keine Falte,
Lächeln ist Wesen vom Licht.
Durch die Räume bricht Licht, doch ist es noch nicht.
Nicht die Sonne ist Licht,
Erst im Menschengesicht
Wird das Licht als Lächeln geboren.
Aus den tönenden, leicht unsterblichen Toren,
Aus den Toren der Augen wallte
Frühling zum erstenmal, Himmelsgischt,
Lächelns nieglühender Brand.
Im Regenbrand des Lächelns spüle die alte Hand,
Schöpfe du, trage du, halte!

Lausche du, horche du, höre!
In der Nacht ist der Einklang des Atems los,
Der Atem, die Eintracht des Busens groß.
Atem schwebt
Über Feindschaft finsterer Chöre.
Atem ist Wesen vom höchsten Hauch
Nicht der Wind, der sich taucht
In Weid, Wald und Strauch,
Nicht das Wehn, vor dem die Blätter sich drehn …
Gottes Hauch wird im Atem der Menschen geboren.
Aus den Lippen, den schweren,
Verhangen, dunkel, unsterblichen Toren
Fährt Gottes Hauch, die Welt zu bekehren.
Auf dem Windmeer des Atems hebt an
Die Segel zu brüsten im Rausche,
Der unendlichen Worte nächtlich beladener Kahn.
Horche du, höre du, lausche!

Sinke hin, kniee hin, weine!
Sieh der Geliebten erdenlos schwindenden Schritt!
Schwinge dich hin, schwinde ins Schreiten mit!
Schreiten entführt
Alles ins Reine, alles ins Allgemeine.
Schreiten ist mehr als Lauf und Gang,
Der sternenden Sphäre Hinauf und Entlang,
Mehr als des Raumes tanzender Überschwang.
Im Schreiten der Menschen wird die Bahn
der Freiheit geboren.
Mit dem Schreiten der Menschen tritt
Gottes Anmut und Wandel aus allen Herzen und Toren.
Lächeln, Atem und Schritt
Sind mehr als des Lichtes, des Windes, der Sterne Bahn.
Die Welt fängt im Menschen an.
Im Lächeln, im Atem, im Schritt der Geliebten ertrinke!
Weine hin, kniee hin, sinke!

Willem Kloos
(1895–1938)

Kaum sichtbar wiegen sich auf leichtem hauch
Die weissen blüten in der dämmrung · sieh!
Wie raschen rauschens vor dem fenster noch
Ein einziger allzuspäter vogel flieht.

Und ferne dort die zartgefärbte luft
Perlmuttergleich wo jeder ton sich bricht
Und löst in weichheit . . ruhe – seltne lust ·
Denn alles ist bei tag so innig nicht ·

Ein jeder laut der noch von weitem sprach
Verstarb · der wind die wolken – alles regt
Sich leis und leiser · alles wird so still . .

Und ich weiss nicht warum dies herz so schwach
Das schon so müd ist immer lauter schlägt ·
Nur immer lauter und nicht ruhen will.

(George)

Bertolt Brecht
(1898–1956)

Die Liebenden

Sieh jene Kraniche in großem Bogen!
Die Wolken, welche ihnen beigegeben
Zogen mit ihnen schon, als sie entflogen
Aus einem Leben in ein andres Leben.
In gleicher Höhe und mit gleicher Eile

Scheinen sie alle beide nur daneben.
Daß so der Kranich mit der Wolke teile
Den schönen Himmel, den sie kurz befliegen
Daß also keines länger hier verweile
Und keines andres sehe als das Wiegen
Des andern in dem Wind, den beide spüren
Die jetzt im Fluge beieinander liegen
So mag der Wind sie in das Nichts entführen
Wenn sie nur nicht vergehen und sich bleiben
So lange kann sie beide nichts berühren
So lange kann man sie von jedem Ort vertreiben
Wo Regen drohen oder Schüsse schallen.
So unter Sonn und Monds wenig verschiedenen Scheiben
Fliegen sie hin, einander ganz verfallen.
Wohin, ihr? – Nirgend hin. – Von wem davon? – Von allen.
Ihr fragt, wie lange sind sie schon beisammen?
Seit kurzem. – Und wann werden sie sich trennen? – Bald.
So scheint die Liebe Liebenden ein Halt.

Fragen eines lesenden Arbeiters

Wer baute das siebentorige Theben?
In den Büchern stehen die Namen von Königen.
Haben die Könige die Felsbrocken herbeigeschleppt?
Und das mehrmals zerstörte Babylon –
Wer baute es so viele Male auf? In welchen Häusern
Des goldstrahlenden Lima wohnten die Bauleute?
Wohin gingen an dem Abend, wo die Chinesische
Mauer fertig war
Die Maurer? Das große Rom
Ist voll von Triumphbögen. Wer errichtete sie? Über wen
Triumphierten die Cäsaren? Hatte das vielbesungene Byzanz
Nur Paläste für seine Bewohner? Selbst in dem
sagenhaften Atlantis

Brüllten in der Nacht, wo das Meer es verschlang
Die Ersaufenden nach ihren Sklaven.

Der junge Alexander eroberte Indien.
Er allein?
Cäsar schlug die Gallier.
Hatte er nicht wenigstens einen Koch bei sich?
Philipp von Spanien weinte, als seine Flotte
Untergegangen war. Weinte sonst niemand?
Friedrich der Zweite siegte im Siebenjährigen Krieg. Wer
Siegte außer ihm?

Jede Seite ein Sieg.
Wer kochte den Siegesschmaus?
Alle zehn Jahre ein großer Mann.
Wer bezahlte die Spesen?

So viele Berichte.
So viele Fragen.

An die Nachgeborenen

I

Wirklich, ich lebe in finsteren Zeiten!
Das arglose Wort ist töricht. Eine glatte Stirn
Deutet auf Unempfindlichkeit hin. Der Lachende
Hat die furchtbare Nachricht
Nur noch nicht empfangen.

Was sind das für Zeiten, wo
Ein Gespräch über Bäume fast ein Verbrechen ist
Weil es ein Schweigen über so viele Untaten einschließt!
Der dort ruhig über die Straße geht

Ist wohl nicht mehr erreichbar für seine Freunde
Die in Not sind?

Es ist wahr: ich verdiene noch meinen Unterhalt
Aber glaubt mir: das ist nur ein Zufall. Nichts
Von dem, was ich tue, berechtigt mich dazu,
mich sattzuessen.
Zufällig bin ich verschont. (Wenn mein Glück aussetzt,
bin ich verloren.)

Man sagt mir: Iß und trink du! Sei froh, daß du hast!
Aber wie kann ich essen und trinken, wenn
Ich dem Hungernden entreiße, was ich esse, und
Mein Glas Wasser einem Verdurstenden fehlt?
Und doch esse und trinke ich.

Ich wäre gerne auch weise.
In den alten Büchern steht, was weise ist:
Sich aus dem Streit der Welt halten und die kurze Zeit
Ohne Furcht verbringen
Auch ohne Gewalt auskommen
Böses mit Gutem vergelten
Seine Wünsche nicht erfüllen, sondern vergessen
Gilt für weise.
Alles das kann ich nicht:
Wirklich, ich lebe in finsteren Zeiten!

II

In die Städte kam ich zur Zeit der Unordnung
Als da Hunger herrschte.
Unter die Menschen kam ich zu der Zeit des Aufruhrs
Und ich empörte mich mit ihnen.

So verging meine Zeit
Die auf Erden mir gegeben war.

Mein Essen aß ich zwischen den Schlachten
Schlafen legte ich mich unter die Mörder
Der Liebe pflegte ich achtlos
Und die Natur sah ich ohne Geduld.
So verging meine Zeit
Die auf Erden mir gegeben war.

Die Straßen führten in den Sumpf zu meiner Zeit.
Die Sprache verriet mich dem Schlächter.
Ich vermochte nur wenig. Aber die Herrschenden
Saßen ohne mich sicherer, das hoffte ich.
So verging meine Zeit
Die auf Erden mir gegeben war.

Die Kräfte waren gering. Das Ziel
Lag in großer Ferne
Es war deutlich sichtbar, wenn auch für mich
Kaum zu erreichen.
So verging meine Zeit
Die auf Erden mir gegeben war.

III

Ihr, die ihr auftauchen werdet aus der Flut
In der wir untergegangen sind
Gedenkt
Wenn ihr von unseren Schwächen sprecht
Auch der finsteren Zeit
Der ihr entronnen seid.

Gingen wir doch, öfter als die Schuhe die Länder wechselnd
Durch die Kriege der Klassen, verzweifelt
Wenn da nur Unrecht war und keine Empörung.

Dabei wissen wir doch:
Auch der Haß gegen die Niedrigkeit
Verzerrt die Züge.
Auch der Zorn über das Unrecht
Macht die Stimme heiser. Ach, wir
Die wir den Boden bereiten wollten für Freundlichkeit
Konnten selber nicht freundlich sein.

Ihr aber, wenn es so weit sein wird
Daß der Mensch dem Menschen ein Helfer ist
Gedenkt unsrer
Mit Nachsicht.

Federico García Lorca
(1898–1936)

Orange und Zitrone

Weh' dem Mädchen
der schlimmen Liebe!

Zitrone und Orange.

Weh' dem Mädchen,
dem weißen Mädchen!

Zitrone.

(Wie die Sonne
strahlte.)

Orange.

(Über die Kiesel
des Wassers.)

(Beck)

Rafael Alberti
(1902–1999)

Im Schatten eines Boots
an Land, am Meer, schlafend.

Barfuß, den Leib an der Luft.
Die Schultern gegen den Sand.

Und gegen den Sand den Traum,
im Schatten eines Boots,
an Land, am Meer, ohne Ruder.

(Siebenmann)

Peter Huchel
(1903–1981)

Chausseen

Erwürgte Abendröte
Stürzender Zeit!
Chausseen. Chausseen.
Kreuzwege der Flucht.
Wagenspuren über den Acker,
Der mit den Augen
Erschlagener Pferde
Den brennenden Himmel sah.

Nächte mit Lungen voll Rauch,
Mit hartem Atem der Fliehenden,
Wenn Schüsse
Auf die Dämmerung schlugen.
Aus zerbrochenem Tor
Trat lautlos Asche und Wind,
Ein Feuer,
Das mürrisch das Dunkel kaute.

Tote,
Über die Gleise geschleudert,
Den erstickten Schrei
Wie einen Stein am Gaumen.
Ein schwarzes
Summendes Tuch aus Fliegen
Schloß ihre Wunden.

Wystan Hugh Auden
(1907–1973)

Altersheim

Alle sind behindert, doch jeder hat seine eigene
Abstufung des Schadens. Die Besten können
sich selber anziehn,
ordentlich benehmen und sind beweglich mit
einem einzigen Stock.
Fähig ein Buch ganz auszulesen oder die sanften Takte
leichter Sonaten zu spielen. (Doch vielleicht ist die
Körperliche Freiheit ihres Geistes Verhängnis: wissend
was geschah und warum, sind sie unterworfen
Einem mürrischen Wesen weit über Tränen hinaus.)
Dann aber kommen
jene auf Rädern, der Durchschnitt, die Mehrheit,
die das Fernsehn
erdulden und, angeleitet von milden Therapeuten,
sich üben im Singen,
dann die Einsamen, murmelnd in der Vorhölle
der Vergessenheit,
Und zuletzt die ausweglos Unzulänglichen, so sündlos,
so unbekümmert, unansprechbar wie die Pflanzen,
Denen sie lächerlich nachgeraten. (Pflanzen können
verschwenderisch
schwitzen, doch besudeln sich nie.) Dennoch,
ein Band vereinigt
Alle: sie kamen, als die Welt, wenn auch manches
auf ihr verkehrt war,
sich geräumiger zeigte und freundlich, die älteren Leute
Zuhörer hatten und einen irdischen Standort.
(Damals konnte
ein Kind, erschreckt von der Mutter, Zuflucht
finden bei Oma,

Vom Geschichten-Erzählen getröstet.) Doch so wie es jetzt ist,
wir alle wissen was uns erwartet, sie aber waren die Ersten,
Die Generation die verschwindet, nicht zu Haus
sondern fortgeschickt,
in numerierte überfüllte Haft, verdrängt aus dem Gewissen
Wie ein ärgerliches Gepäckstück.
Wenn ich mit der Untergrundbahn
eine besuche, eine halbe Stunde ihr schenkend,
so hab ich vor Augen
Wer sie war im Pomp und den Ansprüchen ihrer Jugend,
als Wochenend-Besuche vermessene Freude
bedeuteten und kein
Gutes Werk. Bin ich kalt, wenn ich ein
schnelles, schmerzloses
Einschlafen wünsche, wenn ich bete, wie ich weiß,
daß sie betet,
Daß Gott oder die Natur ihre irdische Funktion
mög zerreißen?

(Staub)

Die Manager

In der schlechten alten Zeit war es gar nicht so schlecht:
Auf der obersten Sprosse
War gut sitzen; Erfolg, das hieß damals noch viel:
Freizeit und Schlemmen,
Paläste mit Sachen und Mädchen und Pferden,
soviel, daß man nie
Damit fertig wurde. Das hieß auch
Bequem den Berg hinauffahren und andre zu Fuß
gehen sehen.
Regieren war ein Vergnügen

Als man ein Todesurteil noch hinten auf das Pik-As
Hinschrieb und weiterspielte
Mit einem neuen Pack Karten. Heute sind Würden
nicht mehr
So leiblich und so vergnüglich.
Die Art von Machthabern, die wir gewohnt sind heute,
Sieht anders aus. Da ist keiner
Ein platonischer Heiliger oder ein tragischer Held.
Oder würde ein Maler
Einen von ihnen heut malen, auf einem Delphin
Den Fluten entsteigend,
Nackt, im Triumph, mit Englein als Ehrengeleit?
Können sie denn auch
Nur tun wie echte Cäsaren, alleine, oder beim Wein
Mit ihren Kumpanen?
Ohne Blatt vor dem Mund sich aussprechen über die Welt?
Das ist noch fraglich.
Das letzte Wort über unser Leben und Sterben liegt heute
Bei stillen Männern,
Die zu schwer arbeiten in zu großen Räumen und
In bloße Ziffern verwandeln
Die Dinge, um die es geht, die zu erledigen sind.
Belegte Brötchen
Auf einem Tablett stellt man vor jeden hin.
Die kann er essen
Mit einer Hand, ohne aufzublicken dabei
Von Papieren, zu deren
Einordnen zwei Sekretärinnen nötig sind,
Von Problemen, die ein Lächeln
Nicht abtun kann. Die Schreibmaschinen sind nie
Still, sondern schwirren
Durch die stille Siestahitze heuschreckengleich, indes
In jede Besprechung
Aus Wäldern, die wir nicht ändern mit Krieg und Vertrag,
Blumendüfte dringen

Und Stimmen von Vögeln, die niemals abstimmen
werden, und die
Sich nicht scheren
Um das besondere Merkmal, welches der Liebende spürt
Und der geschulte
Polizist erkennt. Hell, bis tief in die Nacht,
Sind die Fenster
Der Mächtigen, und dort hocken sie tiefgebeugt
Über irgendeinen
Erschöpfenden Bericht über dies oder das,
Immerzu, wie ein Gott oder eine Krankheit
Auf dieser Welt, die der große Grund ist, aus dem
Sie so müd sind,
Sie, die Herrscher, die – schwächlich und unachtsam –
Suchen den Sündenbock. Oder
Dann wieder, wenn sie ausgehn, um sich zu zerstreuen,
Stößt ihre Größe
Vielleicht auf des Küchenchefs Verbeugung oder den Blick
Der Ballerina,
Die nicht zugrundegeht, wenn ein Machthaber fällt.
Herrschen muß etwas
Besonderes sein, eine Art Berufung, vielleicht
Wie Bildhauer oder Chirurg sein;
Nicht Geld und nicht gute Worte verleihen ihm Reiz,
Sondern das nötige Wagnis,
Der Einsatz der eignen Gewandtheit, das schwere Problem
Ist Lohn an sich. Dann aber
Ist etwas noch zu erwähnen, was sie vielleicht
Tröstet beim Raten,
In Zeiten wie unsre, wo es leicht ist, so katastrophal
Danebenzuraten:
Das Wissen, daß sie unter den ganz Wenigen sind,
Den Auserlesenen,
Denen, wenns wirklich schiefgeht, im letzten Flugzeug
ein Platz

Sicher ist – hinaus aus der Katastrophe.
Nein; sie tun eigentlich keinem mit ihrem schweren Schritt
Leid, und mit ihren Mienen
Voll Sorge; sie wüßten auch keinem für solches Mitleid Dank.

(Fried)

Czesław Miłosz
(1911–2004)

Gabe

Der Tag war so glücklich.
Der Nebel fiel früh herab, ich hatte im Garten zu schaffen.
Die Kolibris rasteten an der Blüte des Kaprifoliums.
Es gab in der Welt kein Ding, das ich hätte haben wollen.
Ich kannte niemanden, den ich beneiden müßte.
Was Böses geschehen war, hab ich vergessen.
Ich schämte mich nicht zu denken, ich sei, wer ich bin.

(Dedecius)

Dylan Thomas
(1914–1953)

Die Hand die unterschrieb

Die Hand die unterschrieb hat eine Stadt ruiniert;
Fünf herrschende Finger brachten dem Atem Not,
Haben die Toten des Erdballs verdoppelt, ein Land halbiert;
Diese fünf Könige gaben einem König den Tod.

Zu einer fallenden Schulter führt die mächtige Hand,
Ihre Fingergelenke sind krampfig von Gicht;
Ein Gänsekiel machte dem Mord ein End',
Der hatte dem Gespräch ein End' gemacht.

Die Hand die unterschrieb brütete Fieber,
Und Hunger wuchs, Heuschrecken kamen;
Groß ist die Hand die Herrschaft ausübt über
Menschen durch einen Krähenfuß von Namen.

Die fünf Könige zählen die Toten, doch ohne die Stirne
Zu streicheln oder die krustige Wunde zu schließen;
Eine Hand regiert Mitleid wie eine Hand die Sterne;
Hände können keine Tränen vergießen.

(Fried)

Paul Celan
(1920–1970)

Todesfuge

Schwarze Milch der Frühe wir trinken sie abends
wir trinken sie mittags und morgens wir trinken sie nachts
wir trinken und trinken
wir schaufeln ein Grab in den Lüften da liegt man nicht eng
Ein Mann wohnt im Haus der spielt mit den Schlangen
der schreibt
der schreibt wenn es dunkelt nach Deutschland dein goldenes
Haar Margarete
er schreibt es und tritt vor das Haus und es blitzen die Sterne
er pfeift seine Rüden herbei

er pfeift seine Juden hervor läßt schaufeln ein Grab
in der Erde
er befiehlt uns spielt auf nun zum Tanz

Schwarze Milch der Frühe wir trinken dich nachts
wir trinken dich morgens und mittags wir trinken dich abends
wir trinken und trinken
Ein Mann wohnt im Haus der spielt mit den Schlangen
der schreibt
der schreibt wenn es dunkelt nach Deutschland dein goldenes
Haar Margarete
Dein aschenes Haar Sulamith wir schaufeln ein Grab in den
Lüften da liegt man nicht eng

Er ruft stecht tiefer ins Erdreich ihr einen ihr andern
singet und spielt
er greift nach dem Eisen im Gurt er schwingts
seine Augen sind blau
stecht tiefer die Spaten ihr einen ihr andern spielt
weiter zum Tanz auf

Schwarze Milch der Frühe wir trinken dich nachts
wir trinken dich mittags und morgens wir trinken dich abends
wir trinken und trinken
ein Mann wohnt im Haus dein goldenes Haar Margarete
dein aschenes Haar Sulamith er spielt mit den Schlangen
Er ruft spielt süßer den Tod der Tod ist ein Meister
aus Deutschland
er ruft streicht dunkler die Geigen dann steigt ihr
als Rauch in die Luft
dann habt ihr ein Grab in den Wolken da liegt man nicht eng

Schwarze Milch der Frühe wir trinken dich nachts
wir trinken dich mittags der Tod ist ein Meister
aus Deutschland

wir trinken dich abends und morgens wir trinken und trinken
der Tod ist ein Meister aus Deutschland sein Auge ist blau
er trifft dich mit bleierner Kugel er trifft dich genau
ein Mann wohnt im Haus dein goldenes Haar Margarete
er hetzt seine Rüden auf uns er schenkt uns ein Grab
in der Luft
er spielt mit den Schlangen und träumet der Tod ist ein
Meister aus Deutschland

dein goldenes Haar Margarete
dein aschenes Haar Sulamith

Ingeborg Bachmann
(1926–1973)

Alle Tage

Der Krieg wird nicht mehr erklärt,
sondern fortgesetzt. Das Unerhörte
ist alltäglich geworden. Der Held
bleibt den Kämpfen fern. Der Schwache
ist in die Feuerzonen gerückt.
Die Uniform des Tages ist die Geduld,
die Auszeichnung der armselige Stern
der Hoffnung über dem Herzen.

Er wird verliehen,
wenn nichts mehr geschieht,
wenn das Trommelfeuer verstummt,
wenn der Feind unsichtbar geworden ist
und der Schatten ewiger Rüstung
den Himmel bedeckt.

Er wird verliehen
für die Flucht von den Fahnen,
für die Tapferkeit vor dem Freund,
für den Verrat unwürdiger Geheimnisse
und die Nichtachtung
jeglichen Befehls.

Hans Magnus Enzensberger
(geb. 1929)

Ins Lesebuch für die Oberstufe

Lies keine Oden, mein Sohn, lies die Fahrpläne:
sie sind genauer. Roll die Seekarten auf,
eh es zu spät ist. Sei wachsam, sing nicht.
Der Tag kommt, wo sie wieder Listen ans
Tor schlagen und malen den Neinsagern auf die Brust
Zinken. Lern unerkannt gehn, lern mehr als ich:
das Viertel wechseln, den Paß, das Gesicht.
Versteh dich auf den kleinen Verrat,
die tägliche schmutzige Rettung. Nützlich
sind die Enzykliken zum Feueranzünden,
die Manifeste: Butter einzuwickeln und Salz
für die Wehrlosen. Wut und Geduld sind nötig,
in die Lungen der Macht zu blasen
den feinen tödlichen Staub, gemahlen
von denen, die viel gelernt haben,
die genau sind, von dir.

Nachwort

»Wenn je die Gottheit, tief und unerkenntlich
in einem Wesen auferstand und sprach,
so sind es Verse, da unendlich
in ihnen sich die Qual der Herzen brach;
die Herzen treiben längst im Strom der Weite,
die Strophe aber streift von Mund zu Mund,
sie übersteht die Völkerstreite
und überdauert Macht und Mörderbund.«

Die Verse des modernen Dichters Gottfried Benn über *Verse* mögen beim ersten Lesen pathetisch klingen. Man muß aber nicht jedes Wort teilen, um zu erkennen, daß er die langanhaltende Wirkung von Gedichten genau beschrieben hat. Fast zwei Jahrtausende früher heißt es bei Horaz, einem der großen Lyriker der Antike, in seiner berühmtesten Ode (Nr. 30, Drittes Buch): »Exegi monumentum aere perennius«: »Ich hab ein Werk vollbracht, dem Erz nicht zu vergleichen / Dem die Pyramiden an Höhe müssen weichen«. Im Unterschied zu dem sehr selbstbewußten Horaz schreibt Benn aber nicht über sich und seine Gedichte, sondern über die uns von alters her überlieferten Verse. Wenn man von der Lyrik des Abendlandes spricht, dann meint man zunächst solche Gedichte, die die Zeiten überstanden haben. Sie bilden eine eigene, außerordentlich reiche, mehr als zweieinhalb Jahrtausende umfassende Tradition.

Aber was ist das ›Abendland‹? Ist es ein ›Raum‹ oder ein ›Geist‹? Man kann den Begriff natürlich geographisch verstehen, im Unterschied zum ›Morgenland‹, dem Orient. Man kann ihn aber auch kulturgeschichtlich verstehen. Dann meint er die im weiteren Sinn europäische Kultur in der Tradition der Griechen und Römer. Lyrik des Abendlandes wird hier so aufgefaßt. Sie schließt vor allem die süd- und mitteleuropäische, auch die westeuropäische Literatur mitsamt der englischen ein, weiter die skandinavische, aber nur teilweise die osteuropäische, gar nicht hingegen die asiatische, die afrikanische und die amerikanische Literatur.

Und was heißt ›Lyrik‹? Es sind zunächst meist kürzere Gedichte gemeint, also nicht die großen Epen von der *Ilias* bis zur *Göttlichen Komödie*, auch nicht die großen Versdramen vom *König Ödipus* bis zum *Faust*. Ansonsten sind es Gedichte ganz unterschiedlicher Art: Hymnen, Oden, Elegien, Epigramme, Lieder, Sonette, Kanzonen, Terzinen und vieles andere mehr. Und sie sind den unterschiedlichsten Themen gewidmet: der Religion, der Natur, der Politik und, immer wieder, der Liebe. Die meisten dieser Formen und Themen sind früh ausgebildet worden: in der Dichtung der Antike.

Was die Lyrik des Abendlandes insgesamt auszeichnet, ist eine große Vielfalt. Ihr poetischer Bestand weist viele Gemeinsamkeiten auf: Vers- und Strophenmaße, Gedichtformen, Motive, Themen, Stile. Aber innerhalb dieses Bestandes gibt es zahllose Variationen, und es gibt auch nicht wenige Abweichungen von ihm. Nicht zuletzt das macht die Lyrik des Abendlandes so anziehend: ein großer literarischer Schatz, in dem jeder etwas finden kann, was ihm gefällt, ihn berührt, ihn bestärkt und ihn zum Nachdenken bringt.

Wer sind die großen Dichter des Abendlandes von Pindar über Goethe bis Pound? Wenn Lyrikkenner die bedeutendsten zehn von ihnen nennen sollten, gäbe es vermutlich sehr viele Übereinstimmungen. Einige Namen würden sehr häufig, vielleicht immer fallen. Es sind in aller Regel die vielgelesenen, die am weitesten verbreiteten Dichter der europäischen Literaturen: die Klassiker.

Welches dann die noch immer großen, aber nicht mehr ganz so großen Dichter sind, die in eine Sammlung gehören, ist dagegen öfter ein Anlaß zum Streit. Wer muß, wer kann berücksichtigt werden – und wer sollte es nicht? Darüber läßt sich kaum Einigkeit herstellen. Daß Schiller kein sehr großer Lyriker war, werden heute nicht mehr viele bestreiten. Aber wie steht es mit Lope de Vega oder Alessandro Manzoni – um nur zwei andere berühmte Autoren zu nennen, die auch Gedichte geschrieben haben? Als Lyriker reichen alle drei nicht an Goethe, Góngora oder Petrarca heran. Und doch sollten sie in einer größeren Sammlung nicht fehlen. Insofern haben nicht alle Autoren, die in dieser Anthologie vertreten sind, denselben Rang.

Nicht viel leichter ist es, sich auf die wichtigsten, größten oder schönsten Gedichte dieser Dichter zu einigen. Auch da dürften die Urteile häufig auseinandergehen. Das gilt besonders dann, wenn die Auswahl streng, also klein sein soll. Gottfried Benn hat in seinem Vortrag *Probleme der Lyrik* behauptet, daß keiner der großen Lyriker seiner Zeit »mehr als sechs bis acht vollendete Gedichte hinterlassen« habe. Vielleicht stimmt das. Benns Bemerkung ist so oft zitiert worden, daß man annehmen kann, sie werde von vielen geteilt. Doch daß alle, die sich ihr anschließen, sich auf jeweils sechs bis acht Gedichte eines Dichters einigen könnten, ist nicht sehr wahrscheinlich.

Man kann nicht nur fragen, welche von ihnen »vollendet« sind, sondern auch, welche die bekanntesten oder die beliebtesten, die besten oder die kühnsten Gedichte dieses einen Autors sind. Das eine ist keineswegs identisch mit dem anderen. In einer Anthologie finden sich meist Gedichte der einen wie der anderen Art. Das ist auch in dieser der Fall. Jeder Anthologist – und jede Anthologistin – bringt ein eigenes Urteil ins Spiel. Das ist unvermeidlich und aus der Sicht der Anthologisten auch wünschenswert.

Wenn man all das berücksichtigt, kann eine Auswahl wie die vorliegende nie ganz objektiv oder repräsentativ sein, und sie wäre vermutlich auch langweilig, wenn sie nur das wäre oder es sein wollte. Diese Anthologie enthält deshalb neben den wahrscheinlich unverzichtbaren Gedichten der großen unverzichtbaren Dichter auch weniger unstrittige Texte von weniger anerkannten Autoren. Nicht alle ausgewählten Gedichte dürften zu den unbezweifelbaren Anwärtern auf eine Anthologie wie diese zählen. Und doch gehören sie zu denjenigen, von denen die Herausgeberin wünscht, daß man sie einmal so ansehen möge: weil sie nämlich tiefsinnig, kunstvoll, anregend, ungewöhnlich oder schön formuliert sind.

Die Gedichte in dieser Sammlung sind der Übersichtlichkeit wegen chronologisch angeordnet, und zwar nach einer doppelten Chronologie. Da ist zum einen die Chronologie, die die Geburtsdaten der Autoren vorgibt, und zum anderen die Chronologie der Epochen, denen man die einzelnen Autoren und ihre Texte zurechnet. Dabei sind nur größere Zeitabschnitte der Literaturgeschichte zugrundegelegt worden, also z. B. nicht Petrarkismus und Anti-Petrarkismus, sondern Frühe Neuzeit, nicht Naturalismus, Symbolismus und Expressionismus, sondern Moderne. Natürlich ist dies nur eine äußerliche und oberflächliche Ordnung der sonst in ihrer Vielzahl schwer überschaubaren Gedichte. Es steht aber jedem Leser frei, sie in seine eigene, ihm sinnvoller erscheinende Ordnung zu überführen.

Nicht zuletzt aus Platzgründen wurde auf den Abdruck der fremdsprachlichen Originaltexte verzichtet, was bei Gedichten etwas problematisch ist. Doch dürfte es nur sehr wenige Leser geben, denen alle Sprachen geläufig sind, in denen die ausgewählten Gedichte geschrieben worden sind. Tatsächlich spielt auch für die Überlieferung von Gedichten die Übersetzung immer eine große Rolle.

Bei den Übersetzungen sind solche vorgezogen worden, die von Dichtern stammen. Dichter zählen einfach zu den besten und interessantesten Übersetzern wie z. B. Gotthold Ephraim Lessing, Christoph Martin Wieland, Johann Wolfgang Goethe, Eduard Mörike, Stefan George oder Rainer Maria Rilke. Es sind gerade ihre Übertragungen, die zum Zusammenhang der abendländischen Lyrik beitragen. Sie sind Teil der Rezeption eines Autors und zeigen an, wo und wie er den Weg in eine andere Literatur gefunden hat und in eine Tradition aufgenommen worden ist.

Zum Schluß der Schluß von Benns Gedicht *Verse*:

»Die Macht vergeht im Abschaum ihrer Tücken,
indes ein Vers der Völker Träume baut,
die sie der Niedrigkeit entrücken,
Unsterblichkeit im Worte und im Laut.«

Nicht alle Gedichte in dieser Sammlung sind unsterblich, einige nach unseren menschlichen Maßstäben aber vielleicht schon.

Für Mitarbeit bei der Auswahl und mancherlei Beratung danke ich Dieter Lamping.

Mainz, im Herbst 2009
Simone Frieling

Kleine Bibliographie

Folgende Anthologien sind für diese Sammlung, teils als Anregung, teils als Quellen, dankbar benutzt worden:

Abendländische Lyrik. Von den Troubadours bis zum 20. Jahrhundert in deutschen Übertragungen. Hrsg. und mit einem Nachwort versehen von Erwin Laaths. München 1969.

Antike Lyrik. Hrsg. von Carl Fischer. Mit einem Nachwort von Wolf-Hartmut Friedrich und Erläuterungen von Klaus Ries. München 1964.

Englische Gedichte aus sieben Jahrhunderten. Englisch – Deutsch. Hrsg. von Levin L. Schücking. Bremen 1956.

Epochen der deutschen Lyrik. Übersetzungen. Nach den Erstdrucken in zeitlicher Folge unter Mitarbeit von Rüdiger von Tiedemann hrsg. von Dieter Gutzen und Horst Rüdiger. 3 Bände. München 1977.

Französische Dichtung. Vier Bände. Erster Band: Von Villon bis Théophile de Viau. Hrsg. von Friedhelm Kemp und Werner von Koppenfels. Zweiter Band: Von Corneille bis Gérard de Nerval. Hrsg. von Hanno Helbling und Federico Hindermann. Dritter Band: Von Baudelaire bis Valéry. Hrsg. von Friedhelm Kemp und Hans T. Siepe. Vierter Band: Von Apollinaire bis zur Gegenwart. Hrsg. von Bernhard Böschenstein und Hartmut Köhler. München 1990.

Griechische Lyrik. Mit Übertragungen deutscher Dichter hrsg. von Horst Rüdiger. München [4]1972.

Die Lyra des Orpheus. Lyrik der Völker in deutscher Übertragung. Hrsg. von Felix Braun. München 1978.

Lyrik des Abendlands. Gemeinsam mit Hans Hennecke, Curt Hohoff und Karl Vossler ausgewählt von Georg Britting. München 1982.

Museum der modernen Poesie. Eingerichtet von Hans Magnus Enzensberger. Mehrsprachige Ausgabe. Frankfurt a. M. 2002.

Poesie der Welt: England. Hrsg. mit Prosaübersetzungen von Eva-Maria Schulz-Jander. Mit einem Nachwort von Jürgen von Stackelberg. Frankfurt a. M., Berlin, Wien 1985.

Poesie der Welt: Frankreich. Hrsg. mit einem Nachwort und Prosaübersetzungen von Walter Schmiele. Frankfurt a. M., Berlin, Wien 1985.

Poesie der Welt: Italien. Hrsg. mit einem Nachwort und Prosaübersetzungen von Hartmut Köhler. Frankfurt a. M., Berlin, Wien 1985.

Reclams großes Buch der deutschen Gedichte. Vom Mittelalter bis ins 21. Jahrhundert. Ausgewählt und hrsg. von Heinrich Detering. Stuttgart 2007.

Die Troubadours. Leben und Lieder. Deutsch von Franz Wellner. Neu hrsg. von Hans Gerd Tuchel. Mit 10 Miniaturen, 2 Handschriftenwiedergaben und 8 Melodien. Bremen ²1966.

Weitere Quellen und Copyrightnachweise:

Alberti, Rafael (Im Schatten eines Boots), aus: Spanische Lyrik des 20. Jahrhunderts. Spanisch / Deutsch. Ausgewählt, kommentiert und hrsg. von Gustav Siebenmann und José Manuel López. © Philipp Reclam jun. GmbH & Co., Stuttgart 1985.

Auden, W. H. (Altersheim; Die Manager), aus: Gedichte. Poems. Deutsch von Astrid Claes u. a. Wien 1976.

Bachmann, Ingeborg (Alle Tage), aus: Werke. Hrsg. von Christine Koschel u.a. Band 1: Gedichte. Hörspiele. Libretti. Übersetzungen. © Piper Verlag GmbH, München 1978.

Benn, Gottfried (Kleine Aster), aus: Sämtliche Werke. Stuttgarter Ausgabe. In Verbindung mit Ilse Benn hrsg. von Gerhard Schuster. Band 1: Gedichte 1. © Klett-Cotta, Stuttgart 1986.

Benn, Gottfried (Chopin; Verse (Auszüge im Nachwort)), aus: Statische Gedichte. Hrsg. von Paul Raabe © Arche Literatur Verlag AG, Zürich, Hamburg 1948, 2006.

Brecht, Bertolt (Die Liebenden; Fragen eines lesenden Arbeiters; An die Nachgeborenen), aus: Die Gedichte in einem Band. © Suhrkamp Verlag, Frankfurt a. M. 1981.

Brentano, Clemens: Werke. Hrsg. von Friedhelm Kemp. Band 1. München 1963–1968.

Celan, Paul (Todesfuge), aus: Gesammelte Werke. Band 1. © Suhrkamp Verlag, Frankfurt a. M. 1983.

Claudius, Matthias: Werke in einem Band. München 1976.

d'Annunzio, Gabriele, aus: Stefan George: Werke. Ausgabe in zwei Bänden. Düsseldorf, München ³1976.

Eichendorff, Joseph von: Werke in vier Bänden. Hrsg. von Wolfdietrich Rasch. Band 1. München 1970.

Eliot, T. S. (Wie heißen die Katzen), aus: Gesammelte Gedichte. Hrsg. und mit einem Nachwort versehen von Eva Hesse. © Suhrkamp Verlag, Frankfurt a. M. 1988.

Enzensberger, Hans Magnus (Ins Lesebuch für die Oberstufe), aus: Die Gedichte. © Suhrkamp Verlag, Frankfurt a. M. 1983.
Fontane, Theodor: Sämtliche Werke. Hrsg. von Edgar Gross. Band 20: Balladen und Gedichte. München 1959–1975.
George, Stefan: Das Jahr der Seele. Gesamtausgabe der Werke. Band 4. Berlin 1928.
Gerhardt, Paul: Dichtungen und Schriften. Hrsg. von Eberhard von Cranach-Sichart. München 1957.
Goethe, Johann Wolfgang von: Poetische Werke. Band 1–3. Berliner Ausgabe. Berlin 1964–1966.
Gryphius, Andreas: Gesamtausgabe der deutschsprachigen Werke. Hrsg. von Marian Szyrocki. Band 1. Tübingen 1963.
Heine, Heinrich: Sämtliche Schriften. Hrsg. von Klaus Briegleb. Band 4. München ²1978.
Hoddis, Jakob van (Weltende), aus: Dichtungen und Briefe. Hrsg. von Regina Nörtemann. Wallstein Verlag, Göttingen 2007. © Erbengemeinschaft Jakob van Hoddis.
Hofmannsthal, Hugo von: Gesammelte Werke in zehn Einzelbänden. Band 1: Gedichte. Dramen I. 1891–1898. Frankfurt a. M. 1979.
Hölderlin, Friedrich: Sämtliche Werke. Hrsg. von Friedrich Beißner. Band 1–2. Stuttgart 1946, 1953.
Huchel, Peter (Chausseen), aus: Chausseen Chausseen. Gedichte. © S. Fischer Verlag GmbH, Frankfurt a. M. 1963.
Hutten, Ulrich von: Deutsche Schriften. Hrsg. von Peter Ukena. München 1970.
Jiménez, Juan Ramón (Ich bin nicht ich), aus: Museum der modernen Poesie. Eingerichtet von Hans Magnus Enzensberger. Mehrsprachige Ausgabe. © Suhrkamp Verlag, Frankfurt a. M. 2002.
Keller, Gottfried: Sämtliche Werke in acht Bänden. Band 1: Gedichte. Berlin 1958.
Kloos, Willem, aus: Stefan George: Zeitgenössische Dichter. Erster Teil. Gesamtausgabe der Werke. Band 15. Berlin 1929.
Klopstock, Friedrich Gottlob: Werke. Band 1: Oden. Leipzig 1798.
Lasker-Schüler, Else (Mein blaues Klavier), aus: Werke und Briefe. Band I, 1: Gedichte. © Jüdischer Verlag, Frankfurt a. M. 1996.
Lorca, Federico García (Orange und Zitrone), aus: Die Gedichte. Spanisch – Deutsch. Hrsg. im Auftrag der Heinrich Enrique Beck-Stiftung, Basel von Ernst Rudin und José Manuel Lopez. Ausgewählt und übertragen von Enrique Beck. © Wallstein Verlag, Göttingen 2008.
Maeterlinck, Maurice, aus: Rainer Maria Rilke: Sämtliche Werke. Band VII: Die Übertragungen. Insel Verlag, Frankfurt a. M. 1997.
Meyer, Conrad Ferdinand: Sämtliche Werke in zwei Bänden. München 1968.

Miłosz, Czesław (Gabe), aus: Gedichte 1933–1981. In der Übertragung von Karl Dedecius und Jeannine Luczak-Wild mit einem Nachwort von Aleksander Fiut. © Suhrkamp Verlag, Frankfurt a. M. 1982.

Morgenstern, Christian: Ausgewählte Werke. Hrsg. von Klaus Schuhmann. Leipzig 1975.

Mörike, Eduard: Sämtliche Werke in zwei Bänden. München 1967.

Nietzsche, Friedrich: Kritische Studienausgabe. Hrsg. von Giorgio Colli und Mazzino Montinari. Band 4: Also sprach Zarathustra. Band 6: Der Fall Wagner u. a. Berlin 1988.

Novalis: Schriften. Die Werke Friedrich von Hardenbergs. Hrsg. von Paul Kluckhohn und Richard Samuel. Band 1: Das dichterische Werk. Stuttgart 1960.

Platen, August Graf von: Werke in zwei Bänden. Hrsg. von Kurt Wölfel und Jürgen Link. Band 1: Lyrik. München 1982.

Pound, Ezra (In einer Station der Metro; E. P. Ode pour l'élection de son sépulcre), aus: Personae. Sämtliche Gedichte 1908–1921. © Arche Literatur Verlag AG, Zürich, Hamburg 1959, 2006.

Rilke, Rainer Maria: Werke. Kommentierte Ausgabe in vier Bänden. Band 1 und 2. Hrsg. von Manfred Engel und Ulrich Fülleborn. Frankfurt a. M. 1996.

Schiller, Friedrich: Sämtliche Werke. Hrsg. von Herbert G. Göpfert. Band 1: Gedichte. Dramen. München 1958.

Stadler, Ernst: Dichtungen. Gedichte und Übertragungen mit einer Auswahl der kleinen kritischen Schriften und Briefe. Hrsg. von Karl Ludwig Schneider. Band 1. Hamburg 1954.

Thomas, Dylan (Die Hand die unterschrieb), aus: Windabgeworfenes Licht. Hrsg. und mit einem Nachwort von Klaus Martens. Aus dem Englischen von Erich Fried u. A. © Carl Hanser Verlag, München 1992.

Trakl, Georg: Das dichterische Werk. Auf Grund der historisch-kritischen Ausgabe von Walther Killy und Hans Szklenar. München 1972.

Ungaretti, Giuseppe (Morgen; Freude der Schiffbrüche), aus: Gedichte. Italienisch und deutsch. Übertragung und Nachwort von Ingeborg Bachmann. © Suhrkamp Verlag, Frankfurt a. M. 1961.

Valéry, Paul, aus: Rainer Maria Rilke: Sämtliche Werke. Band VII: Die Übertragungen. Insel Verlag, Frankfurt a. M. 1997.

Valle-Inclán, Ramón del (Rose des Ostens), aus: Abendländische Lyrik. Von den Troubadours bis zum 20. Jahrhundert in deutschen Übertragungen. Hrsg. und mit einem Nachwort versehen von Erwin Laaths. Winkler Verlag, München 1969.

Verwey, Albert, aus: Stefan George: Werke. Ausgabe in zwei Bänden. Düsseldorf, München ^{3}1976.

Weckherlin, Georg Rodolf: Auserlesene Gedichte. Hrsg. v. Wilhelm Müller. Leipzig 1823.

Werfel, Franz (Lächeln Atmen Schreiten), aus: Das lyrische Werk. Hrsg. von Adolf D. Klarmann. © S. Fischer Verlag GmbH, Frankfurt a. M. 1967.
Yeats, William Butler (Wenn du erst alt bist), aus: Werke I. Hrsg. von Werner Vordtriede. Übersetzung: Beate Schücking © Luchterhand Literaturverlag, München in der Verlagsgruppe Random House GmbH 1970.

Der Verlag dankt allen Lizenzgebern für die freundliche Genehmigung zum Abdruck der Gedichte und Übersetzungen. Leider waren die Rechteinhaber nicht in allen Fällen zu ermitteln. Rechtmäßige Ansprüche werden auf Anfrage abgegolten sowie eine entsprechende Änderung des Copyright-Eintrags bei weiteren Auflagen zugesichert.

Verzeichnis der Gedichtanfänge und -überschriften

Verzeichnis der Autorinnen und Autoren

Verzeichnis der Übersetzerinnen und Übersetzer